2019年第一季度

Quarter One, 2019

中国货币政策执行报告

CHINA MONETARY POLICY REPORT

中国人民银行货币政策分析小组

Monetary Policy Analysis Group of
the People's Bank of China

中国金融出版社
CHINA FINANCIAL PUBLISHING HOUSE

责任编辑：童祎薇
责任校对：潘　洁
责任印制：程　颖

图书在版编目（CIP）数据

2019年第一季度中国货币政策执行报告/中国人民银行货币政策分析小组编. —北京：中国金融出版社，2019.8
ISBN 978-7-5220-0198-2

Ⅰ.①2…　Ⅱ.①中…　Ⅲ.①货币政策—研究报告—中国—2019　Ⅳ.①F822.0

中国版本图书馆CIP数据核字（2019）第150218号

2019年第一季度中国货币政策执行报告
2019 nian Diyi Jidu Zhongguo Huobi Zhengce Zhixing Baogao

出版
发行　中国金融出版社

社址　北京市丰台区益泽路2号
市场开发部　（010）63266347，63805472，63439533（传真）
网 上 书 店　http：//www.chinafph.com
（010）63286832，63365686（传真）
读者服务部　（010）66070833，62568380
邮编　100071
经销　新华书店
印刷　北京侨友印刷有限公司
装订　保利达印务有限公司
尺寸　210毫米×285毫米
印张　12
字数　250千
版次　2019年8月第1版
印次　2019年8月第1次印刷
定价　108.00元
ISBN 978 -7-5220-0198-2
如出现印装错误本社负责调换　联系电话（010）63263947

本书执笔人

总　　纂：刘国强　　孙国峰

审　　稿：李　斌　　霍颖励　　纪志宏　　王景武　　阮健弘

　　　　　朱　隽　　王　信　　孙天琦

统　　稿：张　蓓

执　　笔：

第一部分：邱潮斌　　肖青云　　曾冬青　　李文喆

第二部分：黄海涛　　程艳芬　　陈　颖　　崔　旭　　陈修灿

第三部分：谢智健　　侍　荻

第四部分：王一飞　　胡新杰　　高　宏　　任羽菲

第五部分：苏小竞　　单敬雯

附录整理：段　炼　　时昱旻　　赵　北等

提供材料的还有：

　　　　　李　航　　张淳奕　　徐　琨　　刘定远　　徐　伟

　　　　　刘　琼　　管　化　　罗嗣源　　罗　振　　陈　磊

　　　　　庄静娴　　朱红宇　　王　宁　　牟锟键　　肖若洋

　　　　　赵瑞清　　戴　革　　刘　通　　刘　瑶　　刘　浏

　　　　　朱海燕　　杨　颖

英文总纂：朱　隽　　张正鑫

英文翻译：何君玲　　任　浩　　韩士皓　　黄　珊　　滕　锐

　　　　　仵　洁　　郑朝亮　　曹志鸿　　周　朔　　刘泓呈

　　　　　陈　松　　齐　喆　　舒　林　　马　辉　　王一飞

英文审校：Nancy Hearst（美国哈佛大学费正清东亚研究中心）

Contributors to This Report

CHIEF EDITORS:
LIU Guoqiang SUN Guofeng
READERS:
LI Bin HUO Yingli JI Zhihong WANG Jingwu RUAN Jianhong ZHU Jun
WANG Xin SUN Tianqi
EDITORS:
ZHANG Bei
AUTHORS:
PART ONE: QIU Chaobin XIAO Qingyun ZENG Dongqing LI Wenzhe
PART TWO: HUANG Haitao CHENG Yanfen CHEN Ying CUI Xu CHEN Xiucan
PART THREE: XIE Zhijian SHI Di
PART FOUR: WANG Yifei HU Xinjie GAO Hong REN Yufei
PART FIVE: SU Xiaojing SHAN Jingwen
APPENDIX: DUAN Lian SHI Yumin ZHAO Bei et al.
OTHER CONTRIBUTORS: LI Hang ZHANG Chunyi XU Kun LIU Dingyuan
XU Wei LIU Qiong GUAN Hua LUO Siyuan
LUO Zhen CHEN Lei ZHUANG Jingxian
ZHU Hongyu WANG Ning MOU Kunjian
XIAO Ruoyang ZHAO Ruiqing DAI Ge
LIU Tong LIU Yao LIU Liu ZHU Haiyan
YANG Ying

ENGLISH EDITION
CHIEF EDITORS: ZHU Jun ZHANG Zhengxin
TRANSLATORS: HE Junling REN Hao HAN Shihao HUANG Shan
TENG Rui WU Jie ZHENG Zhaoliang CAO Zhihong
ZHOU Shuo LIU Hongcheng CHEN Song QI Zhe
SHU Lin MA Hui WANG Yifei

PROOFREADER:
Nancy Hearst (Fairbank Center for East Asian Research, Harvard University)

内容摘要

2019年以来，中国经济运行总体平稳，好于预期，新旧动能转换步伐加快，经济增长保持韧性。工业、服务业较快增长，投资增长加快，消费价格涨势温和，就业形势总体稳定。但外部经济环境总体趋紧，经济仍存在下行压力，结构性矛盾还比较突出。

面对新情况和新变化，按照党中央、国务院部署，中国人民银行坚持稳中求进工作总基调，坚持金融服务实体经济的根本要求，深化金融供给侧结构性改革，继续实施稳健的货币政策，适时适度逆周期调节，疏通货币政策传导，着力解决融资难、融资贵问题，为供给侧结构性改革和高质量发展营造适宜的货币金融环境。一是通过降低存款准备金率、灵活开展公开市场操作等，保持流动性合理充裕，货币市场利率平稳运行，货币信贷和社会融资规模合理增长。二是在保持总量适度的同时，运用和创新结构性货币政策工具，加强宏观审慎管理，促进信贷结构优化。调整普惠金融小微企业贷款考核口径，扩大普惠金融定向降准优惠政策覆盖面；创设并按季开展定向中期借贷便利操作（TMLF）；发挥好宏观审慎评估（MPA）的逆周期调节和结构引导作用，进一步加大MPA在引导信贷支持民营企业和小微企业等方面的作用；创设央行票据互换工具（CBS）并开展首次操作，为银行发行无固定期限资本债即永续债补充资本提供流动性支持。三是继续深化利率市场化改革，完善人民币汇率形成机制改革。稳妥推进利率“两轨合一轨”，完善市场化的利率形成、调控和传导机制，更好服务实体经济。人民币汇率以市场供求为基础双向浮动，参考一篮子货币汇率变化，在合理均衡水平上保持了基本稳定。继续在香港发行中央银行票据，完善香港人民币收益率曲线。

上述政策具有三方面特征：一是注重预期引导，提振各方面信心，扭转了银行、市场和企业风险偏好下降的局面；二是抓准关键环节，针对前期一度出现的社会信用收缩问题，发挥银行作为货币创造中枢的作用，着力缓解流动性、资本和利率约束，采用市场化的手段鼓励银行主动加大对实体经济的支持力度；三是加强政策协调，发挥好货币、财政、税收、产业、就业等政策的合力，切实防止处置风险的风险。总体来看，政策效果逐步显现，有效应对了社会信用收缩压力，保持了流动性合理充裕和货币信贷合理增长，改善了市场预期，促进了国民经济实现平稳开局。2019年以来，M2和社会融资规模增速分别保持在8%和10%以上，与名义GDP增速基本匹配。第一季度人民币贷款新增5.8万亿元，同比多增9 526亿元，多增部分主要投向了民营和小微企业等薄弱环节。3月末，CFETS人民币汇率指数为95.04，人民币汇率预期平稳。主要宏观经济指标保持在合理区间，第一季度，国内生产总值（GDP）同比增长6.4%，居民消费价格（CPI）同比上涨1.8%。

当前，中国经济保持平稳发展的有利因素较多，三大攻坚战进展良好，供给侧结构性改革不断深化，改革开放有力推进，经济增长保持韧性，宏观政策的效果逐步显现。但世界经济形势仍然错综复杂，外部不确定性较多，我国发展长短期、内外部等因素变化带来的风险挑战增多，国内经济仍存在下行压力，内生增长动力还有待进一步增强。这些因素既有周期性的，但更多是结构性、体制性的，必须保持定力、增强耐力，勇于攻坚克难。下一阶段，中国人民银行将按照党中央、国务院部署，以习近平新时代中国特色社会主义思想为指导，坚持稳中求进工作总基调，落实“巩固、增强、提升、畅通”八字方针，注重以供给侧结构性改革的办法稳需求，坚持结构性去杠杆，稳健的货币政策保持松紧适度，适时适度实施逆周期调节，根据经济增长和价格形势变化及时预调微调，注重保持货币信贷合理增长、优化信贷结构和防范金融风险之间的平衡。创新货币政策工具，发挥各部门的政策合力，从供需两端共同夯实疏通货币政策传导的微观基础。协调好本外币政策，处理好内部均衡和外部均衡之间的平衡，保持人民币汇率在合理均衡水平上的基本稳定。深化金融供给侧结构性改革，扩大对外开放，通过增加供给和竞争改善金融服务。在实施稳健货币政策、增强微观主体活力和发挥资本市场功能之间形成三角良性循环，促进国民经济整体良性循环。

Executive Summary

Since 2019 the Chinese economy on the whole has operated smoothly and has performed better than expected, with the transition from old to new drivers of growth accelerating and economic growth remaining resilient. The industrial and service sectors grew rapidly, growth of investment accelerated, consumer prices went up moderately, and the employment situation was generally stable. Overall, however, the external economic environment tightened and the Chinese economy still faced downward pressures, and rather prominent structural issues.

Facing the new circumstances and changes and following the arrangements of the CPC Central Committee and the State Council, the PBC adhered to the overall strategy of seeking progress while maintaining stability and to the fundamental requirement of ensuring that the financial sector will serve the real economy well. The PBC deepened supply-side structural reforms in the financial sector, continued to implement sound monetary policies, conducted appropriate and timely counter-cyclical adjustments, and improved the transmission of monetary policies. It made great efforts to address the difficulties and high costs that private enterprises and small and micro businesses (SMBs) face in accessing financing. With these measures, the PBC provided a favorable monetary and financial environment for supply-side structural reforms and high-quality development. First, by reducing the reserve requirement ratios and flexibly conducting open market operations, the PBC kept liquidity at a reasonable and adequate level. Interest rates in the money market were stable. Money supply, bank credit, and total social financing aggregates all grew at reasonable paces. Second, the PBC employed and innovated structured monetary-policy tools to strengthen macro-prudential management and to improve the credit structure, while keeping aggregate money supply at an appropriate level. The assessment criteria, with which loans are granted to SMBs for inclusive financing purposes, were adjusted. Coverage of the preferential policy of targeted cuts in the reserve requirement ratios (RRR) for inclusive financing purposes was expanded. A Targeted Medium-term Lending Facility (TMLF) was introduced and implemented on a quarterly basis. The Macro-Prudential Assessment (MPA) was used to conduct counter-cyclical adjustments and to guide the structural adjustments, and its role in guiding credit to support private enterprises and SMBs was further enhanced. For the first time, the PBC introduced a Central Bank Bills

Swap (CBS) to provide liquidity support to banks that issue non-fixed-term capital bonds, namely perpetual bonds, to replenish their capital. Third, the PBC continued to deepen the market-based interest-rate reforms and to improve the RMB exchange-rate formation mechanism. It steadily promoted the merging of market rates and lending benchmark rates, and improved the formation, adjustment, and transmission mechanism for market-based interest rates so as to better serve the real economy. The RMB exchange rate, which showed two-way fluctuations based on market supply and demand and was based on a basket of currencies as reference, remained basically stable at a reasonable and equilibrium level. In the Hong Kong SAR, the PBC continued to issue central-bank bills and to improve the RMB yield curve there.

The above-mentioned policies are characterized by the following three features. First, emphasis was placed on guiding expectations and supporting confidence. This move reversed the declining risk preference of banks, markets, and enterprises. Second, key problems were precisely addressed. Targeting the previous problem of a crunch in social credit, the PBC allowed banks to play a pivotal role in money creation by alleviating their constraints in terms of liquidity, capital, and interest rates. The PBC also adopted market-oriented means to encourage banks to step up their support for the real economy. Third, policy coordination was strengthened so that a synergy was achieved among the monetary, fiscal, taxation, industrial, and employment policies, and so that the risks incurred by the disposal of risks were well prevented. In general, the policy effects were revealed. The PBC has effectively dealt with the pressures from the social credit crunch, maintained liquidity at a reasonable and adequate level, ensured that money supply and bank credit growth proceed at a reasonable speed, improved market expectations, and helped achieve a smooth start for the national economy in 2019. Since the beginning of the year, growth of broad money (M2) and all-system financing aggregates remained above 8 percent and 10 percent respectively, basically in line with that of nominal GDP. The first quarter witnessed an increase in RMB loans by RMB 5.8 trillion, up by RMB 952.6 billion year on year. The newly added amount mainly flowed to the weak links in the economy, such as private enterprises and SMBs. At end-March, the CFETS RMB exchange-rate index was 95.04 and market expectations were stable. The main macro-economic indicators remained within a reasonable range. In Q1, GDP grew 6.4 percent year on year and the CPI rose 1.8 percent year on year.

At present, there are numerous factors that are favorable to the Chinese economy. Good progress has been made in the "three critical battles", the supply-side structural reforms have been continuously deepened, and the reform and opening-up has been forcefully promoted. Economic growth has remained resilient and the effects of the macro-economic policies have gradually been felt. That said, as the global economic situation remains complicated and external uncertainties are still elevated, China is facing mounting challenges at home and abroad for both the long and the short term. These challenges place downward pressures on the economy and call for further enhancing the momentum for endogenous growth. Some of these headwinds are cyclical, whereas more are structural and institutional. Therefore, we must remain focused, improve our stamina, and always be ready to overcome difficulties.

Going forward, under the overall arrangements of the CPC Central Committee and the State Council and with *Xi Jinping Thought on Socialism with Chinese Characteristics for a New Era* as guidance, the PBC will adhere to the principle of "seeking progress while maintaining stability" and will implement the guidelines of "consolidation, enhancement, improvement, and smooth operations". It will put an emphasis on stabilizing demand through supply-side structural reforms and will adhere to structural deleveraging. It will implement a sound monetary policy with appropriate intensity and conduct timely and proper counter-cyclical adjustments. It will make preemptive adjustments and fine-tunings according to changes in growth and prices, and will strike a balance among maintaining reasonable growth of money and credit, optimizing the credit structure, and preventing financial risks. The PBC will provide innovative monetary-policy instruments, seek synergies from policy coordination among the various authorities, and improve monetary-policy transmission at the micro level on both the supply and the demand sides. It will coordinate RMB and foreign-exchange policies to strike a balance between an internal and external equilibrium, and it will keep the RMB exchange rate basically stable at a reasonable and equilibrium level. It will deepen the supply-side structural reforms in the financial sector, expand the opening-up, and improve financial services by increasing supply and introducing competition. The PBC will support healthy economic development by establishing a virtuous cycle among implementation of the sound monetary policy, enhancement of the vitality of market participants at the micro level, and making full use of the capital markets.

目　录

图

① 数据来源：中国人民银行、国家统计局、商务部、海关总署、国家外汇管理局、世界银行、国际货币基金组织、世界贸易组织、联合国贸易和发展会议等。
② 数据来源：相关中央银行、国家统计机构、世界银行、国际货币基金组织等。

Contents

Tables

Figure

1. Sources: The People's Bank of China, National Bureau of Statistics, Ministry of Commerce, General Administration of Customs, State Administration of Foreign Exchange, the World Bank, International Monetary Fund, World Trade Organization, and United Nations Conference on Trade and Development, etc..

1. Source: Central banks, national statistical agencies in relevant countries, the World Bank, IMF, etc..

第一部分　货币信贷概况

2019年以来，按照党中央、国务院决策部署，中国人民银行实施稳健的货币政策，有效应对了社会信用收缩压力，保持了流动性合理充裕，M2和社会融资规模增长与名义GDP增速基本匹配，金融有力地支持实体经济尤其是小微企业和民营企业，人民币汇率在合理均衡水平上基本稳定，汇率预期总体平稳。

一、流动性合理充裕

第一季度，中国人民银行通过降低存款准备金率、开展定向中期借贷便利（TMLF）操作、实施普惠金融定向降准动态考核等增加中长期资金供给，在此基础上适时适度开展公开市场操作，及时熨平流动性短期波动，保持银行体系流动性合理充裕和货币市场利率平稳运行。3月末，金融机构超额准备金率为1.3%，与上年同期持平。

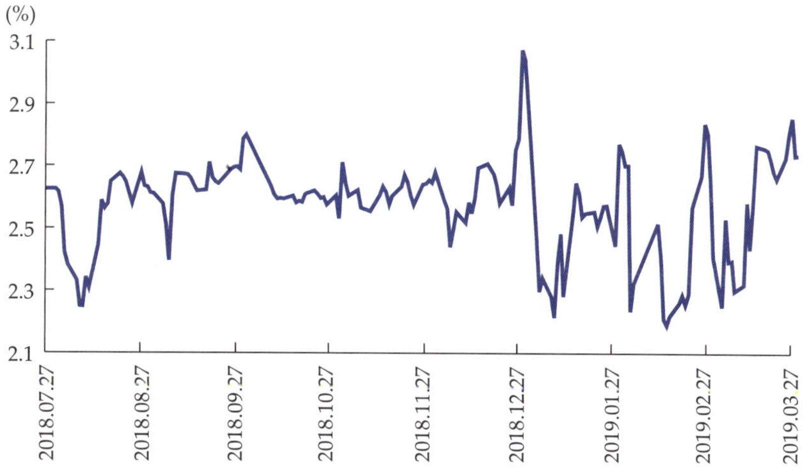

数据来源：中国货币网。

图1　货币市场利率走势

二、金融机构贷款增长较快

贷款保持较快增长，金融有力支持实体经济。随着前期有针对性的货币政策逆周期调节效果逐步显现，政策传导改善，加之信贷需求有所好转，贷款保持较快增长。3月末，金融机构本外币贷款余额为147.8万亿元，同比增长13.3%，比年初增加6.0万亿元，同比多增1.2万亿元。人民币贷款余额为142.1万亿元，同比增长13.7%，比年初增加5.8万亿元，同比多增9 526亿元。

信贷结构继续优化，小微企业贷款明显多增，中长期贷款增长有所加快。2019年以

表 1　2019 年第一季度人民币贷款结构

单位：亿元、%

	3 月末余额	同比增速	当年新增额	同比多增额
人民币各项贷款	1 421 057	13.7	58 078	9 526
住户贷款	496 985	17.6	18 096	565
非金融企业及机关团体贷款	913 048	11.9	44 793	13 846
非银行业金融机构贷款	5 881	–5.4	–4 879	–4 737
境外贷款	5 143	9.2	68	–148

数据来源：中国人民银行。

表 2　2019 年第一季度分机构新增人民币贷款情况

单位：亿元

	新增额	同比多增
中资大型银行①	25 393	5 946
中资中小型银行②	32 370	5 561
小型农村金融机构③	8 583	1 887
外资金融机构	535	–191

注：①中资大型银行是指本外币资产总量大于等于2万亿元的银行（以2008年末各金融机构本外币资产总额为参考标准）。

②中资中小型银行是指本外币资产总量小于2万亿元的银行（以2008年末各金融机构本外币资产总额为参考标准）。

③小型农村金融机构包括农村商业银行、农村合作银行、农村信用社。

数据来源：中国人民银行。

来，中国人民银行继续引导金融机构加大对小微企业的贷款支持力度，效果逐步显现。第一季度，普惠小微贷款新增5 529亿元，同比多增2 900亿元，3月末余额增速为19.1%，较上年末提高3.9个百分点，高出全部贷款增速5.4个百分点。从人民币贷款部门分布看，住户贷款增速高位略有放缓，3月末为17.6%，比上年末低0.6个百分点。其中，个人住房贷款增速为17.6%，较上年末低0.2个百分点，第一季度增量为1.1万亿元，同比多增1 172亿元，增量占比为19.1%，较上年同期低1.3个百分点。个人住房贷款之外的其他住户贷款比年初增加6 980亿元，同比少增607亿元。非金融企业及机关团体贷款比年初增加4.5万亿元，同比多增1.4万亿元。从人民币贷款期限看，中长期贷款多增。第一季度，新增中长期贷款4.0万亿元，同比多增2 096亿元。

贷款加权平均利率基本稳定，企业贷款利率有所下降，社会综合融资成本继续下行。3月，贷款加权平均利率①为5.69%，比上年12月略升0.05个百分点，同比下降0.22个百分点。其中，一般贷款加权平均利率为6.04%，比上年12月上升0.13个百分点，同比

① 贷款包括一般贷款、票据融资和个人住房贷款（不含公积金贷款）。

表 3　贷款加权平均利率

单位：%

月份	利率
2016 年 3 月	5.24
2016 年 6 月	5.20
2016 年 9 月	5.15
2016 年 12 月	5.22
2017 年 3 月	5.45
2017 年 6 月	5.60
2017 年 9 月	5.71
2017 年 12 月	5.71
2018 年 3 月	5.91
2018 年 6 月	5.94
2018 年 9 月	5.92
2018 年 12 月	5.64
2019 年 3 月	5.69

注：自2019年第一季度起，非金融企业及其他部门贷款加权平均利率更名为贷款加权平均利率。贷款加权平均利率在原有非金融企业及其他部门贷款（含一般贷款、票据融资）加权平均利率的基础上，增加个人住房贷款（不含公积金贷款）加权平均利率，较为全面地反映了实体经济部门从银行获得贷款融资的成本。

数据来源：中国人民银行。

表 4　2019 年 1～3 月金融机构人民币贷款各利率区间占比

单位：%

月份	下浮	基准	上浮					
			小计	(1.0，1.1]	(1.1，1.3]	(1.3，1.5]	(1.5，2.0]	2.0 以上
1 月	15.67	16.56	67.77	13.84	19.63	11.58	14.37	8.35
2 月	17.78	16.07	66.15	13.09	18.14	10.33	13.97	10.63
3 月	16.35	15.77	67.88	12.77	19.11	11.41	15.09	9.50

数据来源：中国人民银行。

上升0.03个百分点；票据融资加权平均利率为3.64%，比上年12月下降0.2个百分点，同比下降1.94个百分点；个人住房贷款加权平均利率为5.68%，比上年12月下降0.07个百分点，同比上升0.26个百分点。从历史数据看，第一季度贷款利率季节性特征较为明显，经季节调整后，贷款加权平均利率较上年12月略有下降。前期出台的支持民营、小微企业的政策效果逐步显现，企业贷款利率比上年高点下降0.27个百分点。包括银行贷款、债券、表外融资等在内的社会综合融资成本继续下行。

执行上浮利率的贷款占比略有上升，执行基准利率的贷款占比略有下降，执行下浮利率的贷款占比基本平稳。3月，一般贷款中执行上浮利率的贷款占比为67.9%，比上年12月上升2.6个百分点；执行基准利率的贷款占比为15.8%，比上年12月下降2.7个百分点；执行下浮利率的贷款占比为16.4%，比上年12月上升0.1个百分点。

表 5　2019 年 1～3 月大额美元存款与美元贷款平均利率

单位：%

月份	大额存款						贷款				
	活期	3 个月以内	3（含 3 个月）~6 个月	6（含 6 个月）~12 个月	1 年	1 年以上	3 个月以内	3（含 3 个月）~6 个月	6（含 6 个月）~12 个月	1 年	1 年以上
1 月	0.42	2.74	3.40	3.64	3.77	3.77	3.94	4.06	3.72	3.99	4.90
2 月	0.45	2.70	3.29	3.44	3.63	3.53	3.62	3.90	3.58	3.79	4.32
3 月	0.44	2.67	3.26	3.38	3.39	3.58	3.63	3.59	3.87	3.66	4.65

数据来源：中国人民银行。

表 6　2019 年第一季度人民币存款结构

单位：亿元、%

	3 月末余额	同比增速	当年新增额	同比多增额
人民币各项存款	1 838 227	8.7	63 059	12 419
住户存款	776 654	13.1	60 679	17 944
非金融企业存款	565 751	6.9	3 328	15 398
机关团体存款	292 107	8.4	6 663	1 054
财政性存款	42 190	3.3	1 651	1 932
非银行业金融机构存款	150 222	-3.2	-9 671	-24 604
境外存款	11 303	11.0	408	695

数据来源：中国人民银行。

在美联储加息预期减弱、国际金融市场运行相对平稳等因素的综合作用下，外币存贷款利率基本稳定。3月，活期、3个月以内大额美元存款加权平均利率分别为0.44%和2.67%，分别较上年12月上升0.04个和0.03个百分点；3个月以内、3（含）~6个月美元贷款加权平均利率分别为3.63%和3.59%，分别较上年12月上升0.02个和下降0.30个百分点。

存款增长平稳，定期存款增量占比下降。3月末，金融机构本外币各项存款余额为189.0万亿元，同比增长8.3%，增速比上年同期低0.1个百分点，比年初增加6.5万亿元，同比多增1.3万亿元。人民币各项存款余额为183.8万亿元，同比增长8.7%，增速与上年同期持平，比年初增加6.3万亿元，同比多增1.2万亿元。外币存款余额为7689亿美元，比年初增加413亿美元。第一季度，住户存款和非金融企业存款增量中定期存款占比为101.8%，比上年同期低21.0个百分点。从人民币存款部门分布看，住户存款、非金融企业存款、机关团体存款和财政性存款分别同比多增1.8万亿元、1.5万亿元、1 054亿元和1 932亿元；非银行业金融机构存款同比少增2.5万亿元。

三、货币供应量适度增长

M2增速与名义GDP增长率基本匹配。3月末，广义货币供应量M2余额为188.9万亿元，同比增长8.6%，增速比上年末高0.5个百分点。狭义货币供应量M1余额为54.8万亿元，同比增长4.6%。流通中货币M0余额为7.5万亿元，同比增长3.1%。第一季度现金净投放1 733亿元，同比少投放314亿元。2019年以来M2增速与名义GDP增长率基本匹配，以适度的货币增长支持了高质量发展。

专栏1 以适度的货币增长支持高质量发展

稳健货币政策力度把握是否合适，主要看货币条件是否与保持经济平稳增长及物价稳定的要求相匹配，即广义货币M2增速与国内生产总值（GDP）名义增速要匹配。近年来，M2增速与名义GDP增速趋近，从满足实体经济合理需求的角度看，M2增速是适度的。

过去较长一段时期，M2增速高于名义GDP增速，主要与我国经济结构特征和较多依赖投资的发展模式有关。一是我国相对较高的储蓄水平和以间接融资为主的融资结构，使得我国货币需求较之其他经济体更大一些。二是住房货币化和金融深化进程也显著增加了全社会的货币需求。房地产在交易环节基本不创造GDP，却需要大量货币来支持，金融深化也会使得金融资产以快于非金融资产的速度积累，在宏观上表现为M2增速高于名义GDP增速。三是过去较长时间我国经济主要依靠出口与投资驱动，2008年国际金融危机爆发后，外需明显减弱，经济增长对投资等内需的依赖增强，各方面需求叠加导致货币增速相对较高。我国在保持经济平稳较快增长的同时维持了物价基本稳定。当然，2018年末我国M2存量为182.7万亿元，M2/GDP比例在200%左右，M2/GDP持续上升往往意味着债务积累，这不利于经济结构调整优化，也容易产生金融风险隐患。

推动经济高质量发展，要求货币政策松紧适度，把好货币供给总闸门，引导广义货币M2与国内生产总值名义增速相匹配。一方面，伴随我国经济从高速增长转向高质量发展，经济增长更趋“轻型”，消费、服务业和技术进步的贡献逐步上升。同时，住房货币化、储蓄结构、融资结构等过去推升M2增速的结构性因素也正在发生变化。较以往相对慢一点的货币增速可以满足经济运行保持在合理区间的需要。另一方面，货币政策也需要为高质量发展营造适宜的货币条件。在现代信用货币制度下，银行通过贷款创造存款货币来发挥组织生产的作用，在经济转型期需要更加重视对银行行为的引导。不仅要通过建立激励相容机制，提升银行服务实体经济的意愿与能力，还要合理运用资本与流动性工具，引导商业银行加强自身的风险管理，优化信贷资源的配置，提升银行服务实体经济的效率。

近年来，M2增速与名义GDP增速趋近，以适度的货币增长支持了高质量发展。近两年来我国M2保持个位数增长，2017年和2018年增速均为8.1%，同期名义GDP增速分别为10.9%和9.7%。宏观杠杆率总体稳定，2018年底我国宏观杠杆率为249.4%，较上年降低1.5个百分点。一方面，货币政策在保持总量适度的前提下，下大力气、出实招，加强政策协调，疏通政策传导，不断优化信贷结构，中长期贷款、普惠小微贷款和民营企业贷款占比不断提高；另一方面，坚持结构性去杠杆的基本方向，提高存量货币流通速度和资金周转效率，在防范风险的同时发挥存量货币的作用，积累了兼顾总量适度、结构优化和防范风险的调控经验。

当前我国经济运行保持在合理区间，是在不搞“大水漫灌”的情况下实现的，成果来之不易。下一阶段，要继续实施好稳健的货币政策，根据经济增长和价格形势变化及时预调微调，为供给侧结构性改革与高质量发展营造适宜的货币金融环境。

社会融资规模合理增长。初步统计，3月末社会融资规模存量为208.41万亿元，同比增长10.7%，增速比上年末高0.9个百分点。第一季度社会融资规模增量为8.18万亿元，比上年同期多2.34万亿元，呈现以下特点：一是对实体经济发放的人民币贷款增加较多。第一季度金融机构对实体经济发放的人民币贷款增加6.29万亿元，同比多增1.44万亿元，占同期社会融资规模增量的76.9%。二是表外三项融资显著增加。第一季度信托贷款、委托贷款和未贴现银行承兑汇票共增加607亿元，同比多增1 969亿元。三是企业债券融资增长较快，股票融资少于上年同期。第一季度企业债券净融资为9 071亿元，比上年同期多3 801亿元；非金融企业境内股票融资531亿元，比上年同期少752亿元。四是地方政府专项债券

表 7　2019 年第一季度社会融资规模

	2019 年 3 月末		2019 年第一季度	
	存量（万亿元）	同比增速(%)	增量（亿元）	同比增减(亿元）
社会融资规模	208.41	10.7	81 773	23 396
其中：人民币贷款	140.98	13.8	62 893	14 419
外币贷款（折合人民币）	2.18	−11.3	241	−251
委托贷款	12.15	−11.0	−2 278	1 031
信托贷款	7.88	−7.9	836	109
未贴现银行承兑汇票	4.01	−12.1	2 049	829
企业债券	20.79	10.5	9 071	3 801
地方政府专项债券	7.81	40.4	5 391	4 622
非金融企业境内股票融资	7.06	4.2	531	−752
其他融资	5.36	39.8	1 183	−624
其中：存款类金融机构资产支持证券	1.26	80.7	−220	−324
贷款核销	3.18	46.0	1 676	−139

注：1. 社会融资规模存量是指一定时期末实体经济从金融体系获得的资金余额。社会融资规模增量是指一定时期内实体经济从金融体系获得的资金额。
2. 从2018年7月起，中国人民银行完善社会融资规模统计方法，将“存款类金融机构资产支持证券”和“贷款核销”纳入社会融资规模统计，在“其他融资”项下反映。从2018年9月起，中国人民银行将“地方政府专项债券”纳入社会融资规模统计，地方政府专项债券按照债权债务在托管机构登记日统计。
3. 表中同比数据为可比口径。

数据来源：中国人民银行、中国银行保险监督管理委员会、中国证券监督管理委员会、中央国债登记结算有限责任公司、银行间市场交易商协会等。

同比显著增加。第一季度地方政府专项债券净融资5 391亿元，比上年同期多4 622亿元。五是存款类金融机构资产支持证券融资和贷款核销均同比下降。第一季度存款类金融机构资产支持证券融资为-220亿元，比上年同期少324亿元；贷款核销1 676亿元，比上年同期少139亿元。

四、人民币汇率总体稳定，跨境资本流动趋于平衡

跨境资本流动和外汇供求基本平衡，人民币汇率在合理均衡水平上保持了基本稳定，汇率预期总体平稳。2019年以来，人民币汇率以市场供求为基础，参考一篮子货币汇率变化，有贬有升，双向浮动，在合理均衡水平上保持了基本稳定。第一季度，国民经济开局平稳，积极因素逐渐增多，提振了市场信心，人民币对美元汇率和对一篮子货币汇率都有所升值。3月末，CFETS人民币汇率指数报95.04，较上年末升值1.89%；参考SDR货币篮子的人民币汇率指数报95.23，较上年末升值2.24%。根据国际清算银行的计算，第一季度，人民币名义有效汇率升值2.26%，实际有效汇率升值2.79%；2005年人民币汇率形成机制改革以来至2019年3月末，人民币名义有效汇率升值34.79%，实际有效汇率升值46.43%。3月末，人民币对美元汇率中间价为6.7335元，较上年末升值1.93%。2005年人民币汇率形成机制改革以来至2019年3月末，人民币对美元汇率中间价累计升值22.92%。第一季度，人民币对美元汇率中间价年化波动率为3.69%，汇率继续保持弹性，发挥了调节宏观经济和国际收支“自动稳定器”的作用。

跨境人民币业务保持增长，收支基本平衡。第一季度，跨境人民币收付金额合计4.35万亿元，同比增长19.0%，其中实收2.4万亿元，实付1.95万亿元。经常项目下跨境人民币收付金额合计1.29万亿元，同比增长23%。其中，货物贸易收付金额为0.96万亿元，服务贸易及其他经常项目下收付金额为0.33万亿元；资本项目下人民币收付金额合计3.06万亿元，同比增长17%。

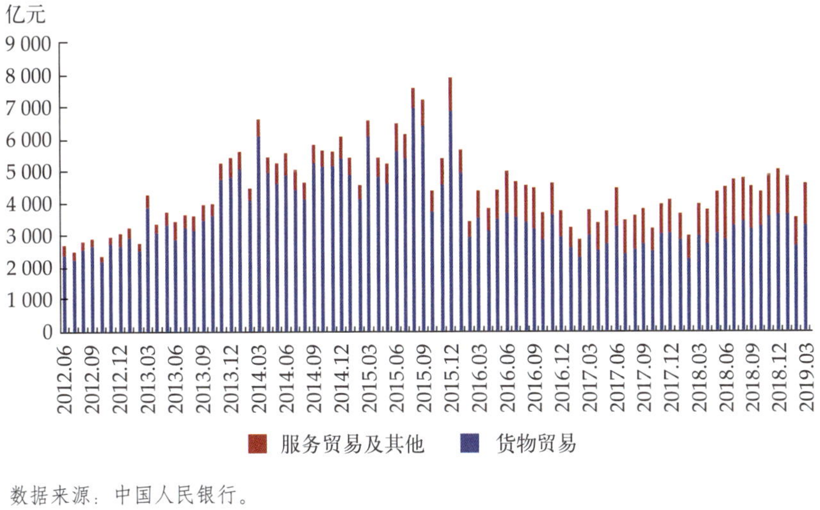

数据来源：中国人民银行。

图2 经常项目人民币收付金额按月情况

第二部分　货币政策操作

2019年以来，面对经济金融运行中的新情况新变化，中国人民银行认真贯彻落实党中央、国务院决策部署，深化金融供给侧结构性改革，积极应对内外部风险挑战，实施好稳健的货币政策，采取一系列符合实际的有力措施，保持流动性合理充裕和货币信贷合理增长，有效改善了市场预期，为供给侧结构性改革和高质量发展营造了适宜的货币金融环境。

一、灵活开展公开市场操作

适时适度开展逆回购操作。第一季度，影响银行体系流动性的季节性、临时性因素较多，流动性形势较为复杂。年初至春节前，为应对春节现金投放、税收高峰、地方政府债提前发行等多种因素的冲击，中国人民银行在运用降准、定向中期借贷便利（TMLF）等工具投放中长期流动性的基础上，灵活开展公开市场逆回购操作，及时提供跨春节短期资金。根据节前现金投放节奏，中国人民银行合理安排公开市场逆回购操作的规模和期限结构，既满足了节前流动性需求，又使节后逆回购到期与现金回笼节奏相匹配，与中期借贷便利（MLF）到期共同对冲节后过剩流动性。总的来看，春节前后银行体系流动性运行平稳，市场预期稳定，资金面平稳程度好于往年。2月下旬以来，中国人民银行根据流动性形势变化，主要在税期等时点适时适度开展7天期逆回购操作，及时弥补短期流动性缺口，重在发挥公开市场操作对流动性的边际调节作用。

引导货币市场利率在合理区间平稳运行。综合考虑调控需要和货币政策框架转型等要求，中国人民银行强化公开市场操作对短端利率的有效调节，第一季度，公开市场7天期逆回购操作利率稳定在2.55%，保持货币市场基准性利率平稳运行。春节和季末等时点也没有出现大的波动，基本达到了预期的操作效果，有利于稳定市场预期和提高央行政策利率的传导效率。

创设央行票据互换工具（CBS）并开展首次操作。为提升银行永续债的市场流动性，支持银行发行永续债补充资本，中国人民银行创设了央行票据互换工具（CBS），并于2月20日开展首次操作，费率为0.25%，操作量为15亿元，期限1年。本次操作的中标机构既有股份制商业银行、政策性银行、城市商业银行等银行类金融机构，也有证券公司等非银行金融机构。央行开展CBS操作有利于在银行永续债发行初期提高市场接受度，改善市场预期，启动和培育市场。下一步，中国人民银行将继续按照市场化原则稳慎开展CBS操作。

二、开展常备借贷便利和中期借贷便利操作

第一季度，中国人民银行综合运用中期借贷便利（MLF）、常备借贷便利（SLF）等货币政策工具，进一步增强央行流动性管理的灵活性和有效性，维护流动性合理充裕。

及时开展常备借贷便利操作，对地方法人金融机构按需足额提供短期流动性支持，

发挥常备借贷便利利率作为利率走廊上限的作用，促进货币市场平稳运行。第一季度，累计开展常备借贷便利操作753亿元，3月末常备借贷便利余额为327亿元。常备借贷便利利率较上年末保持不变，隔夜、7天、1个月利率分别为3.40%、3.55%和3.90%。第一季度，中国人民银行运用降准资金置换到期中期借贷便利。3月末中期借贷便利余额为37 265亿元，比年初下降12 050亿元。

三、降低金融机构存款准备金率并确立“三档两优”的存款准备金率新框架

降低金融机构存款准备金率并置换部分中期借贷便利，扩大普惠金融定向降准优惠政策覆盖面。一是于2019年1月下调金融机构存款准备金率1个百分点，分两次实施，于1月15日和1月25日分别下调0.5个百分点。同时，金融机构2019年第一季度到期的中期借贷便利不再续做。降准置换中期借贷便利释放长期资金3 000多亿元。二是自2019年起将普惠金融定向降准小型和微型企业贷款考核标准由“单户授信小于500万元”调整为“单户授信小于1 000万元”，扩大了普惠金融定向降准优惠政策的覆盖面，使更多的小微企业受益。三是开展了2018年度普惠金融定向降准动态考核，在政策激励下，与上年相比，更多金融机构达到普惠金融定向降准标准，净释放长期资金约2 500亿元。

对中小银行实行较低存款准备金率，确立“三档两优”的存款准备金率新框架。为进一步深化金融供给侧结构性改革，引导农村金融机构服务县域，加强对“三农”和小微企业的支持，从2019年5月15日开始，中国人民银行将服务县域的农村商业银行与农村信用社的存款准备金率并档，对仅在本县级行政区域内经营，或在其他县级行政区域设有分支机构但上年末资产规模小于100亿元的农村商业银行，执行与农村信用社相同的存款准备金率。县级行政区域是指农村商业银行注册所在的县、自治县、县级市、市辖区、旗、自治旗等行政区划单位。此次并档约有1 000家服务县域的农村商业银行可以享受该项政策，释放长期流动性约3 000亿元，相当于一次定向降准。此次调整于5月15日、6月17日、7月15日分三次实施。实施到位后，我国的存款准备金制度形成“三档两优”的新框架。

专栏 2　“三档两优”存款准备金率新框架

2019年5月6日，中国人民银行宣布将服务县域的农村商业银行存款准备金率与农村信用社并档，简化准备金率档次，分三次于7月15日实施到位后，我国存款准备金制度“三档两优”的新框架将确立。

“三档”是指根据金融机构系统重要性程度、机构性质、服务定位等，将存款准备金率设为三个基准档：第一档是大型银行存款准备金率，目前为13.5%，体现防范系统性风险和维护金融稳定的要求，大型银行包括中国工商银行、中国农业银行、中国银行、中国建设银行、交通银行和中国邮政储蓄银行6家商业银行；第二档是中型银行存款准备金率，较第一档略低，目前为11.5%，中型银行主要包括股份制商业银行和城市商业银行；第三档是

小型银行存款准备金率，目前为8%，小型银行包括农村信用社、农村合作银行、村镇银行和服务县域的农村商业银行。

“两优”是指在三个基准档的基础上还有两项优惠：一是第一档和第二档银行达到普惠金融定向降准政策考核标准的，可享受0.5个或1.5个百分点的存款准备金率优惠；二是服务县域的银行达到新增存款一定比例用于当地贷款考核标准的，可享受1个百分点存款准备金率优惠。考虑到服务县域的银行作为普惠金融机构已经享受了低档的存款准备金率，因此不再享受普惠金融定向降准考核的优惠。享受“两优”后，金融机构实际的存款准备金率水平要比基准档更低一些。

四、完善宏观审慎政策框架

进一步加强宏观审慎管理，发挥好宏观审慎评估（MPA）的逆周期调节和结构引导作用。自2019年第一季度评估时起，将小微企业贷款考核口径调整为与普惠金融定向降准口径一致。调整信贷节奏相关分项，督促金融机构把握好政策的“度”，避免信贷投放大起大落。进一步加大MPA对民营和小微企业等领域的鼓励引导，充分发挥结构引导作用。适当增加同业负债占比考核弹性，促进金融机构多渠道补充资金，缓解企业融资难融资贵问题。

加强系统重要性金融机构监管。按照党中央、国务院决策部署，中国人民银行会同相关部门，充分借鉴国际经验，立足我国金融行业发展和监管实践，制定了《关于完善系统重要性金融机构监管的指导意见》（以下简称《指导意见》）。2018年11月27日，中国人民银行、银保监会、证监会联合发布《指导意见》，标志着我国系统重要性金融机构监管框架的初步建立。《指导意见》发布后，中国人民银行正会同相关部门，抓紧开展相关配套政策的制定工作，拟逐步出台银行业、证券业、保险业系统重要性金融机构的评估方法和附加监管要求。

五、创设定向中期借贷便利，多措并举支持扩大重点领域和薄弱环节的信贷投放

创设并按季开展定向中期借贷便利操作。中国人民银行于2018年12月宣布创设定向中期借贷便利（TMLF），TMLF具有长期限、低成本的优势，可以通过市场化的方式激励银行增加民营、小微企业信贷投放，降低民营、小微企业融资成本，有利于疏通货币政策传导机制，打通货币政策传导的“最后一公里”。2019年1月和4月，中国人民银行按季开展了两次TMLF操作，金额分别为2 575亿元和2 674亿元，期末余额为5 249亿元。期限均为1年，利率为3.15%，到期后可根据金融机构需求续做两次，实际使用期限可达到3年。总体来看，TMLF实现了较好的激励引导效果，金融机构对民营、小微企业贷款明显增多。

中国人民银行积极运用信贷政策支持再贷款、再贴现和抵押补充贷款等工具，引导金融机构加大对小微和民营企业、“三农”、扶贫以及棚改、水利等国民经济重点

领域和薄弱环节的支持力度。在全国范围继续推进信贷资产质押和央行内部评级试点，有效解决地方中小金融机构借用再贷款合格抵押品不足问题。3月末，全国支农再贷款余额为2 586亿元，支小再贷款余额为2 253亿元，扶贫再贷款余额为1 679亿元，再贴现余额为3 858亿元。第一季度，中国人民银行对政策性银行和开发性银行发放抵押补充贷款共1 614亿元，3月末余额为35 410亿元。

六、充分发挥窗口指导和信贷政策的结构引导作用

将推进供给侧结构性改革与加强信贷政策结构性调整有机结合，做好制造业高质量发展、优化现代服务业、国家重大战略、民生普惠领域等金融服务，引导金融资源配置到经济社会发展重点领域、薄弱环节，满足实体经济融资需求。一是提升供给侧结构性改革和制造业高质量发展金融服务。加强产融信息对接和银证保多方合作，促进制造业高质量发展。进一步完善“无还本续贷”，减轻制造业企业“过桥”融资负担。稳妥退出对产能过剩、长期资不抵债、经营亏损企业的贷款。通过破产重整、债务重组等方式，妥善处置“僵尸企业”债务。二是优化现代服务业等领域金融服务。持续做好基础设施建设和棚改、地下管廊、铁路、能源等重点产业和领域金融服务。推动实体零售、物流、软件、数字电子商务等上下游企业订单融资、应收应付账款融资。优化消费金融服务，支持教育、养老、医疗、文化、旅游、家政等重点消费领域发展。三是配合落实国家重大战略。做好京津冀协同发展、“一带一路”、长江经济带、粤港澳大湾区、军民融合等金融服务。四是深入开展金融精准扶贫。推动建立健全产业扶贫利益联结机制，促进金融支持与产业扶贫有效融合；鼓励金融机构将新增资金、新增项目、新增服务优先投向深度贫困地区。做好易地扶贫搬迁安置后综合金融服务。大力发展普惠金融，推动贫困地区信用体系、支付体系建设，改善贫困地区金融生态环境。关注金融扶贫领域风险，推动金融扶贫可持续。五是全面做好乡村振兴金融服务。联合相关部门印发《关于金融服务乡村振兴的指导意见》，明确金融服务组织体系、支持领域、金融产品和服务创新、资金供给体系、金融基础设施建设等重点任务，要求金融机构将更多资源配置到乡村振兴领域。做好“两权”抵押贷款试点到期衔接，研究全面推广农村承包土地的经营权抵押贷款业务，将农民住房财产权抵押贷款试点纳入宅基地制度改革统筹考虑。六是不断深化民营小微金融服务。督促金融机构优化信贷资源配置，完善绩效考核方案和内部激励机制；推动落实民营小微企业授信尽职免责；加强互联网、大数据等科技手段运用，提高金融机构发放民营小微贷款积极性。七是持续做好金融支持就业创业。围绕就业优先政策，加大创业担保贷款实施力度，发挥金融支持就业创业“活水”作用；研究金融支持退役军人、高校毕业生创业就业。八是坚持做好助学、农民工、民族地区等薄弱环节和弱势群体金融服务。优化资产证券化市场运行机制，统筹推动资产证券化市场发展。

七、深化利率市场化改革

继续深化利率市场化改革，稳妥推进利率“两轨合一轨”。完善市场化的利率形成、调控和传导机制，进一步疏通利率传

导，尤其是疏通央行政策利率向信贷利率的传导。提升金融机构自主定价能力，充分发挥上海银行间同业拆放利率（Shibor）、贷款基础利率（LPR）以及中期借贷便利（MLF）等利率的市场化定价参考作用，拓展定价空间，适度增强市场竞争，促使金融机构更准确地进行风险定价，更好地服务实体经济。

专栏3 稳妥推进利率“两轨合一轨”

利率市场化是金融领域最核心的改革之一。按照党中央、国务院决策部署，我国的利率市场化改革从20世纪90年代中期起步，稳妥推进，成效显著。一是利率管制基本放开。2013年7月全面放开金融机构贷款利率管制，2015年10月对商业银行和农村合作金融机构等不再设置存款利率浮动上限。二是以上海银行间同业拆放利率（Shibor）、贷款基础利率（LPR）、国债收益率曲线等为代表的金融市场基准利率体系已基本形成。三是初步构建起利率走廊机制，央行市场化的利率调控能力和传导效率进一步增强。四是市场利率定价自律机制建立健全，对金融机构自主定价行为进行自律约束，有效维护了市场竞争秩序。

当前，利率市场化改革的一个核心问题是稳妥推进利率“两轨合一轨”，理顺资金价格决定机制。所谓“利率两轨”指的是存贷款基准利率和市场化无风险利率并存。一方面，存贷款基准利率仍是我国存贷款市场利率定价的锚。虽然目前存贷款利率浮动的上下限已经放开，但央行仍继续公布存贷款基准利率，作为金融机构利率定价的参考。其中，贷款基准利率一直作为金融机构内部测算贷款利率时的参考基准和对外报价、签订合同时的计价标尺。另一方面，我国市场化无风险利率发展良好。目前市场上的质押式回购利率、国债收益率和公开市场操作利率等指标性利率，对金融机构利率定价的参考作用日益增强。

“利率两轨”的存在影响了货币政策的有效传导。《政府工作报告》明确提出，要深化利率市场化改革，降低实际利率水平。目前银行体系流动性合理充裕，货币市场利率稳定，贷款的实际利率受风险溢价影响较大。深化利率市场化改革，目前的重点是推动贷款利率“两轨合一轨”，这有利于增强市场竞争，促使金融机构更准确地进行风险定价，降低风险溢价，并进一步疏通货币市场利率向贷款利率的传导，促进降低小微企业融资成本。

稳妥推进贷款利率“两轨合一轨”，重点是要进一步培育市场化贷款定价机制。从国际经验看，美国、日本、印度等经济体都曾建立起类似贷款基础利率（LPR）的报价机制，作为金融机构贷款利率定价的参考，在推动贷款利率市场化改革过程中发挥了重要作用。借鉴国际经验，2013年10月25日，我国的LPR集中报价和发布机制正式运行。LPR是由中国人民银行授权全国银行间同业拆借中心发布、由主要商业银行根据市场供求等因素报出的优质客户贷款利率，并由市场利率定价自律机制在中国人民银行的指导下负责监督和管理。自正式运行以来，LPR的市场认可度和公信力逐步增强，已成为金融机构贷款利率定价的重要参考。

下一阶段，按照党中央、国务院决策部署，中国人民银行将稳妥推进“两轨合一轨”，深化利率市场化改革。在此过程中，继续发挥好市场利率定价自律机制作用，维护存款市场竞争秩序，保持银行负债端成本基本稳定，为降低企业融资成本创造有利条件。

八、完善人民币汇率市场化形成机制

2019年以来，跨境资本流动和外汇供求基本平衡，汇率预期平稳。中国人民银行根据市场情况灵活应对，坚持以我为主，并适当兼顾国际因素，在多目标中把握好综合平衡。人民币汇率以市场供求为基础双向浮动，参考一篮子货币汇率变化，有贬有升，在合理均衡水平上保持了基本稳定。

第一季度，人民币对美元汇率中间价最高为6.6850元，最低为6.8631元，58个交易日中32个交易日升值、26个交易日贬值，最大单日升值幅度为0.70%（469点），最大单日贬值幅度为0.61%（414点）。人民币对其他主要货币汇率总体走强。3月末，人民币对欧元、英镑、日元汇率中间价分别为1欧元兑7.5607元人民币、1英镑兑8.7908元人民币、100日元兑6.0867元人民币，分别较2018年末升值3.79%、贬值1.30%和升值1.68%。2005年人民币汇率形成机制改革以来至2019年3月末，人民币对欧元汇率累计升值32.45%，对日元汇率累计升值20.03%。银行间外汇市场人民币直接交易成交活跃，流动性明显提升，降低了微观经济主体的汇兑成本，促进了双边贸易和投资。

表8 2019年第一季度银行间外汇即期市场人民币对各币种交易量

单位：亿元人民币

币种	美元	欧元	日元	港元	英镑	澳大利亚元	新西兰元
交易量	128 492.45	2 391.33	798.86	433.19	81.78	272.80	53.97
币种	新加坡元	瑞士法郎	加拿大元	马来西亚林吉特	俄罗斯卢布	南非兰特	韩元
交易量	381.05	36.89	144.30	7.09	51.19	0.22	42.28
币种	阿联酋迪拉姆	沙特里亚尔	匈牙利福林	波兰兹罗提	丹麦克朗	瑞典克朗	挪威克朗
交易量	5.05	5.57	0.06	0.11	10.08	10.60	5.36
币种	土耳其里拉	墨西哥比索	泰铢	柬埔寨瑞尔	哈萨克斯坦坚戈	越南盾	蒙古图格里克
交易量	0.68	0.05	116.95	0	0	0	0

数据来源：中国外汇交易中心。

3月末，在中国人民银行与境外货币当局签署的双边本币互换协议下，境外货币当局动用人民币余额为330.41亿元，中国人民银行动用外币余额折合4.80亿美元，对促进双边贸易投资发挥了积极作用。

继续在香港发行中央银行票据。2019年2月13日和5月15日，中国人民银行通过香港金融管理局债务工具中央结算系统（CMU）债券投标平台招标发行了共400亿元人民币中央银行票据。两次发行规模均为200亿元人民币，其中3个月期和1年期品种各100亿元。从发行情况看，离岸市场众多投资者踊跃认购，市场反应积极。香港人民币央行票据的连续成功发行，有利于丰富香港高信用等级人民币金融产品，完善香港人民币债券收益率曲线，有助于推动人民币国际化。

九、深入推进金融机构改革

全面落实开发性、政策性金融机构改革方案。中国人民银行会同改革工作小组成员单位有序推动建立健全董事会及完善治理结构、划分业务范围等改革举措，国家开发银行新一届董事会、中国进出口银行董事会已成立并有效运转，中国农业发展银行董事会正在组建过程中。继续推动国家开发银行、中国进出口银行和中国农业发展银行强化职能定位，完善分类管理，加强风险防控，更好服务国家战略，发挥开发性、政策性金融机构作用。

十、深化外汇管理体制改革

提升外汇管理服务实体经济能力。一是深化依法行政和“放管服”改革，持续开展简政放权和法规清理，优化外汇管理服务。二是提升贸易投资自由化便利化水平。开展货物贸易收支便利化试点，修订发布《跨国公司跨境资金集中运营管理规定》，实行资本项目外汇收入结汇支付便利化，营造良好的营商环境。三是研究支持自贸试验区、粤港澳大湾区建设及海南全面深化改革开放的外汇管理举措。

深化重点领域改革。一是将合格境外机构投资者（QFII）总额度由1 500亿美元增加至3 000亿美元，满足境外投资者对中国资本市场的投资需求。二是研究推动QFII、人民币合格境外机构投资者（RQFII）制度改革，放宽准入条件，扩大投资范围。三是发布《境内上市公司外籍员工参与股权激励资金管理办法》，便利境内上市外籍员工参与股权激励资金收付。

切实维护外汇市场健康秩序。加强高风险业务的监测核查。保持对地下钱庄违法犯罪活动及其交易对手的高压打击态势，稳妥处置非法网络炒汇平台。

第三部分 金融市场运行

2019年第一季度，货币市场、债券市场整体运行平稳，股市波动中上升。货币市场利率下行，交易量快速增长；国债收益率曲线整体下行，公司信用类债券发行利率明显下降，债券交易量和发行量同比增加较多；股票市场指数显著回升，成交量大幅增加。

一、金融市场运行概况

（一）货币市场利率下行，交易量较快增长

银行体系流动性合理充裕，货币市场利率下行。3月拆借月加权平均利率为2.42%，比上年12月低15个基点；质押式回购月加权平均利率为2.47%，比上年12月低21个基点。银行业存款类金融机构间利率债质押式回购月加权平均利率为2.35%，比上年12月下降8个基点，低于质押式回购月加权平均利率12个基点。Shibor整体有所下行。3月末，隔夜和1周Shibor分别为2.49%和2.70%，分别较上年末下降6个和20个基点；3个月和1年期Shibor分别为2.80%和3.05%，分别较上年末下降55个和47个基点。

银行间回购、拆借交易量快速增长，中

表 9　2019 年第一季度金融机构回购、同业拆借资金净融出、净融入情况

单位：亿元

	回购市场		同业拆借	
	2019 年第一季度	2018 年第一季度	2019 年第一季度	2018 年第一季度
中资大型银行①	-516 915	-386 504	-83 417	-65 814
中资中型银行②	-212 088	-215 385	-39 830	-37 281
中资小型银行③	52 584	132 983	37 387	45 250
证券业机构④	190 239	134 676	66 229	41 784
保险业机构⑤	19 818	9 377	93	82
外资银行	26 569	18 860	-6 838	579
其他金融机构及产品⑥	439 794	305 994	26 376	15 399

注：①中资大型银行包括中国工商银行、中国农业银行、中国银行、中国建设银行、国家开发银行、交通银行、中国邮政储蓄银行。

②中资中型银行包括政策性银行、招商银行等9家股份制商业银行、北京银行、上海银行、江苏银行。

③中资小型银行包括恒丰银行、浙商银行、渤海银行、其他城市商业银行、农村商业银行和合作银行、民营银行、村镇银行。

④证券业机构包括证券公司、基金公司和期货公司。

⑤保险业机构包括保险公司和企业年金。

⑥其他金融机构及产品包括城市信用社、农村信用社、财务公司、信托投资公司、金融租赁公司、资产管理公司、社保基金、基金、理财产品、信托计划、其他投资产品等，其中部分金融机构和产品未参与同业拆借市场。

⑦负号表示净融出，正号表示净融入。

数据来源：中国外汇交易中心。

表 10　2019 年第一季度利率互换交易情况

	交易笔数（笔）	交易量（亿元）
2019 年第一季度	49 493	38 146.87
2018 年第一季度	42 456	52 882.92

数据来源：中国外汇交易中心。

资大中型银行仍是资金的净融出方，证券和保险业机构融入资金大幅增长。第一季度，银行间市场债券回购累计成交196.6万亿元，日均成交3.3万亿元，同比增长21.3%；同业拆借累计成交41万亿元，日均成交6 833亿元，同比增长36.3%。从期限结构看，回购和拆借隔夜品种的成交量分别占各自总量的84.2%和91.7%。回购隔夜品种占比较上年同期上升5.8个百分点，拆借隔夜品种占比较上年同期上升3.0个百分点。交易所债券回购累计成交56.6万亿元，同比下降3.2%。从融资主体结构看，主要呈现以下特点：一是中资大中型银行为资金的融出方，融出量较快增长。第一季度大中型银行经回购和拆借净融出资金85.2万亿元，同比增长20.9%。二是保险业机构融入资金大幅增长，第一季度净融入2.0万亿元，是上年同期的2.1倍。三是其他金融机构及产品、证券业机构净融入资金快速增长。其他金融机构及产品净融入46.6万亿元，同比增长45.0%；证券业机构净融入25.6万亿元，同比增长45.3%。

同业存单和大额存单业务有序发展。第一季度，银行间市场陆续发行同业存单5 617只，发行总量为4.03万亿元，二级市场交易总量为38.66万亿元，同业存单发行交易全部参照Shibor定价。同业存单发行利率与中长端Shibor的相关性进一步提高。第一季度，3个月期同业存单发行加权平均利率为2.82%，比3个月Shibor低5个基点。金融机构陆续发行大额存单13 578期，发行总量为4.44万亿元，同比增加2.19万亿元。大额存单发行的有序推进，进一步扩大了金融机构负债产品市场化定价范围，有利于培养金融机构的自主定价能力，健全市场化利率形成和传导机制。

利率互换交易量有所下降。第一季度，人民币利率互换市场达成交易4.9万笔，同比增长16.6%；名义本金总额为3.81万亿元，同比下降27.9%。从期限结构来看，1年及1年期以下交易最为活跃，名义本金总额达2.28万亿元，占总量的59.8%。从参考利率来看，人民币利率互换交易的浮动端参考利率主要包括7天回购定盘利率和Shibor，与之挂钩的利率互换交易名义本金占比为74.2%和24.4%。

（二）国债收益率曲线整体下行，公司信用类债券发行利率明显下降，债券交易量和发行量同比多增

国债收益率曲线整体下行。第一季度，国债各期限品种收益率整体下行。3月末，1年期、3年期、5年期、7年期和10年期收益率分别为2.44%、2.71%、2.96%、3.11%和3.07%，分别较上年末下行16个、16个、1个、5个和16个基点；1年期和10年期国债利差为63个基点，较上年末保持不变。债券市场指数小幅上行。中债综合净价指数由年初的102.07点上升至3月末的102.14点，涨幅为0.07%；中债综合全价指数升至119.36点，涨幅为0.32%。交易所上证国债指数升至172.02

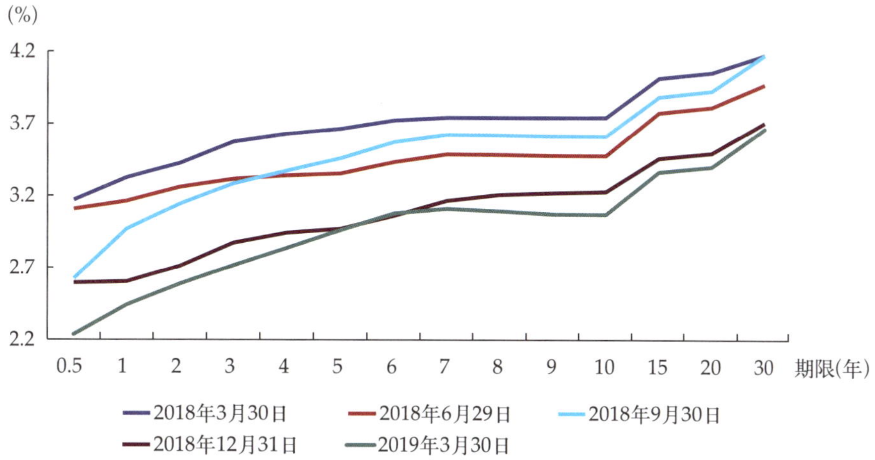

数据来源：中央国债登记结算有限责任公司。

图3　银行间市场国债收益率曲线变化情况

点，涨幅为1.18%。

国债发行利率基本平稳，公司信用类债券发行利率继续下降。3月发行的10年期国债发行利率为3.25%，与上年12月发行的同期限国债利率持平；国家开发银行发行的10年期金融债利率为3.65%，比上年12月发行的同期限金融债利率高6个基点；主体评级AAA的企业发行的1年期短期融资券（债券评级A-1）平均利率为3.42%，比上年12月低60个基点；5年期中期票据平均发行利率为4.67%，比上年12月低44个基点。Shibor对债券产品定价继续发挥重要的基准作用。第一季度，发行以Shibor为基准定价的浮动利率债券及同业存单10只，总量为85.5亿元；发行固定利率企业债104只，总量为851.59亿元，全部参照Shibor定价；发行参照Shibor定价的固定利率短期融资券688亿元，占固定利率短期融资券发行总量的51.8%。

债券现券交易量大幅上升。第一季度，银行间债券市场现券交易43.3万亿元，日均成交7 219亿元，同比增长80.2%。从交易主体看，中资中小型银行和证券业机构是净卖出方，净卖出现券2.0万亿元；其他金融机构及产品是主要的净买入方，净买入现券1.9万亿元；中资大型银行自2017年第二季度以来首次由净卖出方转为净买入方，净买入现券1 162亿元。从交易品种看，银行间债券市场政府债券现券交易累计成交7.2万亿元，占银行间市场现券交易的16.6%；金融债券和公司信用类债券现券交易分别累计成交31.0万亿元和5.1万亿元，占比分别为71.5%和11.8%。交易所债券现券成交1.9万亿元，同比增长18.4%。

债券发行同比增加较多。第一季度累计发行各类债券10.2万亿元，同比增加1.4万亿元。地方政府债和公司信用类债券发行增加较多。3月末，国内各类债券余额为88.8万亿元，同比增长16.4%。

表 11　2019 年第一季度各类债券发行情况

单位：亿元

债券品种	发行额	较上年同期增减
国债	5 090	−109
地方政府债券	14 067	11 871
中央银行票据	0	0
金融债券①	59 381	−5 618
其中：国家开发银行及政策性金融债	9 652	459
同业存单	40 482	−11 942
公司信用类债券②	23 859	7 872
其中：非金融企业债务融资工具	18 567	5 721
企业债券	820	−302
公司债	4 278	2 401
国际机构债券	85	−127
合计	102 482	13 889

注：①金融债券包括国家开发银行金融债、政策性金融债、商业银行普通债、商业银行次级债、商业银行混合资本债、证券公司债券、同业存单等。

②公司信用类债券包括非金融企业债务融资工具、企业债券以及公司债、可转债、可分离债、中小企业私募债等。

数据来源：中国人民银行、中国证券监督管理委员会、中央国债登记结算有限责任公司。

专栏4　中国金融开放取得积极成果

党中央、国务院高度重视金融业开放工作。党的十九大报告明确指出，要推动形成全面开放新格局，大幅度放宽市场准入，扩大服务业对外开放。2018年4月，习近平主席在博鳌亚洲论坛强调，中国将大幅放宽市场准入，推动对外开放重大措施落地“宜早不宜迟，宜快不宜慢”。为贯彻落实党中央、国务院的有关指示要求，中国人民银行会同有关部门，加快推出对外开放措施，取得了一系列积极成果。

银行、证券、保险业推出新一轮开放措施。取消银行和金融资产管理公司的外资持股比例限制；对商业银行新发起设立的金融资产投资公司和理财公司，不设置外资持股比例限制；将证券公司、基金管理公司、期货公司、人身险公司的外资持股比例上限放宽至51%，2021年不再设限。大幅扩大外资银行业务范围，不再对合资证券公司业务范围单独设限，实现内外资一视同仁，放开外资保险经纪公司经营范围，与中资机构一致。

不断放开征信、评级、支付等领域的准入限制。允许外资机构在中国开展企业征信业务和信用评级服务，明确银行卡清算机构和非银行支付机构的外资准入政策，给予外资国民待遇。

稳步推进资本市场双向开放。提高债券市场的开放程度，完善配套的会计、税收和交易制度，深化境内外金融市场互联互通，推出面向国际投资者以人民币计价的原油期货，在铁矿石等商品期货中引入境外交易者。

金融业开放举措得到国际社会积极响应，外资机构市场准入和在华展业取得明显进展。中国人民银行会同银保监会审查通过了美国运通发起设立的“连通公司”的银行卡清算机构筹备申请，迈出中国银行卡市场开放的重要一步。美国标普公司作为首家外资公司获准进入中国信用评级市场。银保监会批准德国安联保险集团筹建安联（中国）保险控股有限公司，成为首家外资控股保险公司。证监会正式批准瑞银集团增持瑞银证券的股权比例至51%，成为首家外资控股证券公司。截至2019年3月末，共有1 443家境外机构进入境内银行间债券市场，持债总面额1.77万亿元，同比增长31%；香港投资者通过沪股通和深股通持有的内地股票市值为10 330亿元，同比增长80%；境外主体持有境内人民币金融资产（股票、债券、贷款以及存款等）5.4万亿元，同比增长19%。2019年4月1日，彭博正式开始将人民币计价的中国国债和政策性银行债券纳入彭博巴克莱全球综合指数（BBGA），5月起中国A股在MSCI全球基准指数中的纳入因子由5%逐步提高至20%。

扩大金融业对外开放是我国实现高质量发展的内在要求，有利于构建多元化的金融体系，推动金融供给侧结构性改革。中国经济正从高速增长阶段迈向高质量发展阶段。在经济结构转型过程中，金融业也需寻找适应未来经济结构的新模式。进一步扩大金融业开放，将引入外来资金、管理经验和产品服务，促进市场竞争，提高金融资源配置效率，更好服务实体经济。

扩大金融业对外开放是中国深度融入全球经济的必然选择。中国经济已融入全球化进程，中国企业“走出去”的金融需求越来越大，需要中资金融机构“走出去”提供服务。中资金融机构要在世界舞台上参与国际竞争，必须通过对外开放，建立内外一致的金融管理制度，建立公平、开放、透明、与国际接轨的市场规则，这样才能更好地适应复杂的国际环境，提升全球综合服务能力。

下一步，中国金融业开放将继续遵循三条原则：一是准入前国民待遇和负面清单原则。二是金融业对外开放将与汇率形成机制改革和资本项目可兑换进程相互配合，共同推进。三是在开放的同时重视防范金融风险，使金融监管能力与金融开放度相匹配。中国人民银行将按照党中央、国务院的决策部署，坚定不移地继续推进金融业改革开放，继续与有关部门加强软环境建设，推动完善对外开放的配套政策支持，完善跨境资金交易和结算机制，提高境外投资者入市便利性，持续做好高水平对外开放工作，促进中国经济增长和金融稳定。

（三）票据融资增长较快，利率保持低位，有助于缓解小微企业融资难、融资贵问题

票据承兑业务平稳增长。第一季度，企业累计签发商业汇票4.8万亿元，同比上升18.6%；3月末商业汇票未到期金额为10.6万亿元，同比上升25.1%。3月末票据承兑余额

表 12　2019 年 3 月末主要保险资金运用余额及占比情况

单位：亿元、%

	余额		占资产总额比重	
	2019 年 3 月末	2018 年 3 月末	2019 年 3 月末	2018 年 3 月末
资产总额	191 082	172 242	100.0	100.0
其中：银行存款	26 189	20 182	13.7	11.7
投资	144 364	132 451	75.6	76.9

数据来源：中国银行保险监督管理委员会。

较年初上升1.2万亿元。从行业结构看，银行承兑汇票余额集中在制造业、批发和零售业；从企业结构看，由中小微企业签发的银行承兑汇票约占三分之二。

票据融资增长较快，票据市场利率低位震荡。第一季度，金融机构累计贴现10.0万亿元，同比上升41.0%；3月末贴现余额为6.6万亿元，同比上升71.3%。票据融资余额延续上年增长趋势，3月增长放缓，当月增量占第一季度增量的12%。3月末较年初增加7 834亿元，占各项贷款的比重为4.6%，同比上升1.5个百分点。第一季度银行体系流动性合理充裕，剔除春节因素，票据市场利率低位小幅震荡，票据交易供需两旺。票据期限短、便利性高、流动性好，是中小企业重要的融资渠道。目前中小微企业在票据融资中占比超过六成。票据融资主要支持实体经济发展，有助于缓解小微企业融资难、融资贵问题。

（四）股票市场指数显著回升，成交量大幅增加

股票市场指数显著回升。3月末，上证综合指数收于3 091点，比上年末上涨23.9%；深证成份指数收于9 907点，比上年末上涨36.8%；创业板指数收于1 694点，比上年末上涨35.4%。3月末，沪市A股加权平均市盈率从上年末的12.5倍升至15.5倍，深市A股加权平均市盈率从上年末的20.2倍升至26.3倍。

股票市场成交量大幅增加。第一季度，沪、深股市累计成交34.1万亿元，日均成交5 875亿元，同比增长22.7%；创业板累计成交5.6万亿元，同比增长30.3%。3月末，沪、深股市流通市值为45.6万亿元，同比增长2.4%；创业板流通市值为3.4万亿元，同比增长3.3%。

股票市场筹资额同比减少。第一季度，境内各类企业和金融机构在境内外股票市场上通过发行、增发、配股、权证行权等方式累计筹资1 005亿元，同比下降50.3%，其中A股筹资908亿元，同比下降50%。

（五）保险业保费收入增速回升，资产增速提高

第一季度，保险业累计实现保费收入1.6万亿元，同比增长15.9%，比2018年增速高17.4个百分点；累计赔款、给付3 318亿元，同比增长1.5%，其中，财产险赔付同比增长13.7%，人身险赔付同比下降6.1%。

保险业资产增速提高。3月末，保险业总资产为19.1万亿元，同比增长10.9%，增速比上年末高1.5个百分点。其中，银行存款同比增长29.8%，投资类资产同比增长9.0%。

（六）外汇掉期交易增长较快

外汇市场交易活跃。第一季度，人民

币外汇即期成交1.97万亿美元，同比增长32.4%；人民币外汇掉期交易累计成交金额折合4.53万亿美元，同比增长30.1%，其中隔夜美元掉期成交2.6万亿美元，占掉期总成交额的58.3%；人民币外汇远期市场累计成交192亿美元，同比减少7.9%。“外币对”累计成交金额折合795亿美元，同比增长145.9%，其中成交最多的产品为欧元对美元，占比约为52.1%。

外汇市场交易主体进一步扩展。3月末，银行间外汇市场共有即期市场会员686家，远期、外汇掉期、货币掉期和期权市场会员分别有221家、217家、182家和129家，即期市场做市商32家，远掉期市场做市商27家。

（七）黄金价格冲高回落

上海黄金交易所黄金价格冲高回落，小幅收跌。第一季度，伦敦黄金市场定盘价最高为1 345.75美元/盎司，最低为1 278.70美元/盎司，3月末收于1 295.40美元/盎司，较上年末上涨1.07%。上海黄金交易所AU9999最高价为293.8元/克，最低价为278元/克，3月末收于281元/克，较上年末下跌1.26%。

上海黄金交易所黄金交易规模保持增长。第一季度，上海黄金交易所黄金累计成交1.46万吨，同比增长9.95%；成交金额为4.15万亿元，同比增长14.55%。

二、金融市场制度建设

（一）提升银行间债券市场对外开放水平

2019年1月17日，在中国人民银行指导下，中国银行间市场交易商协会组织市场成员制定了《境外非金融企业债务融资工具业务指引（试行）》，促进了境外非金融企业债务融资工具规范发展，进一步提升了银行间债券市场对外开放水平。

（二）加强证券期货业监管制度建设

科创板主要制度规则公布。证监会于1月发布《关于在上海证券交易所设立科创板并试点注册制的实施意见》，并于3月陆续发布《科创板首次公开发行股票注册管理办法（试行）》等多项配套措施。明确由上交所负责发行上市审核，证监会负责股票发行注册，探索建立以信息披露为中心的发行制度；设置了以市值为基础、多元化的科创板上市标准，允许尚未盈利企业、特殊股权结构企业和红筹企业上市，支持新一代信息技术、高端装备、生物医药等高新技术产业和战略性新兴产业的发展，对退市、涨跌幅限制等也明确了机制安排。

证券期货经营机构监管规则进一步健全。证监会于1月发布《公开募集证券投资基金投资信用衍生品指引》，要求公募基金进行信用衍生品投资应以风险对冲为目的，合理确定信用衍生品的投资金额和期限，加强风险管理和信息披露，并进一步明确货币市场基金不得投资信用衍生品。证监会于2月发布修订后的《期货公司分类监管规定》，完善了期货公司分类评价程序，对原监管评价计分标准进行了调整，鼓励期货公司服务国家战略、服务实体经济，新设资产管理业务投向期货市场情况等评价指标。

（三）完善保险市场基础性制度建设

支持保险机构帮助商业银行充实资本。银保监会于1月发布公告，支持保险机构投资商业银行发行的二级资本债券和无固定期限资本债券，帮助商业银行进一步充实资本、优化资本结构。

进一步促进保险业服务实体经济。银保监会于2月发布《关于进一步加强金融服务民营企业有关工作的通知》，要求保险机构要在风险可控情况下提供更灵活的民营企业贷款保证保险服务，为民营企业获得融资提供增信支持；鼓励保险机构加大对民营企业债券的投资力度；支持保险资金通过监管部门认可的私募股权基金等机构，参与化解处置民营上市公司股票质押风险。

加强车险市场监管。银保监会于1月下发《关于进一步加强车险监管有关事项的通知》，要求建立车险费率数据的监测机制和对投诉举报的受理、核查制度，加大力度查处保险公司未按照规定报批和使用车险条款、费率等违法违规行为。

第四部分　宏观经济形势

一、国际经济金融形势

2018年下半年以来，全球经济增长动能减弱，主要发达经济体增长势头略有放缓。2019年第一季度，国际金融市场整体表现有所改善，但改善的基础并不牢固，不确定因素较多，全球经济下行风险仍然存在。

（一）主要经济体经济形势

主要发达经济体经济表现出现分化。美国经济总体稳健，但出现放缓迹象。GDP增速在2018年第二季度达到4.2%的高点后逐季滑落，2018年第四季度GDP环比折年率增速为2.2%，全年增长2.9%；2019年第一季度受净出口改善、库存增加等因素影响，GDP增速反弹至3.2%，重回3%以上，远超市场预期。2019年3月美国供应管理协会（ISM）制造业PMI为55.3，高于荣枯线，持续处于扩张区间；密歇根消费者信心指数有所波动，2月、3月与4月分别为93.8、98.4和97.2。通胀自2018年12月以来持续处在2%的目标以下，2019年3月为1.9%；剔除波动性较高的能源、食品后，核心通胀温和上涨，3月为2.0%。

表 13　主要发达经济体宏观经济金融指标

经济体	指标	2018 年第一季度			2018 年第二季度			2018 年第三季度			2018 年第四季度			2019 年第一季度		
		1 月	2 月	3 月	4 月	5 月	6 月	7 月	8 月	9 月	10 月	11 月	12 月	1 月	2 月	3 月
美国	实际 GDP 增速（环比折年率，%）	2.2			4.2			3.4			2.2			3.2		
	失业率 (%)	4.1	4.1	4.0	3.9	3.8	4.0	3.9	3.8	3.7	3.8	3.7	3.9	4.0	3.8	3.8
	CPI（同比，%）	2.1	2.2	2.4	2.5	2.8	2.9	2.9	2.7	2.3	2.5	2.2	1.9	1.6	1.5	1.9
	道琼斯工业平均指数（期末）	26 149	25 029	24 103	24 163	24 416	24 271	25 415	25 965	26 458	25 116	25 538	23 327	24 999	25 916	25 929
欧元区	实际 GDP 增速（当季同比，%）	2.4			2.2			1.6			1.2			—		
	失业率 (%)	8.6	8.5	8.5	8.4	8.2	8.2	8.1	8.0	8.0	8.0	7.9	7.9	7.8	7.8	—
	HICP 综合物价指数（同比，%）	1.3	1.1	1.4	1.2	2.0	2.0	2.2	2.1	2.1	2.3	1.9	1.5	1.4	1.5	1.4
	EURO STOXX 50（期末）	3 609	3 439	3 362	3 537	3 407	3 396	3 525	3 393	3 399	3 198	3 173	3 001	3 159	3 298	3 352
英国	实际 GDP 增速（同比，%）	1.2			1.4			1.6			1.4			—		
	失业率 (%)	4.3	4.2	4.2	4.2	4.2	4.0	4.0	4.0	4.1	4.1	4.0	4.0	3.9	3.9	3.8
	CPI（同比，%）	3.0	2.7	2.5	2.4	2.4	2.4	2.5	2.7	2.4	2.4	2.3	2.1	1.8	1.9	1.9
	富时 100 指数（期末）	7 534	7 232	7 057	7 509	7 678	7 637	7 749	7 432	7 510	7 128	6 980	6 728	6 969	7 075	7 279
日本	实际 GDP 增速（环比折年率，%）	−0.4			1.9			−2.4			1.9			...		
	失业率 (%)	2.4	2.5	2.5	2.5	2.2	2.4	2.5	2.4	2.3	2.4	2.5	2.4	2.5	2.3	2.5
	CPI（同比，%）	1.4	1.5	1.1	0.6	0.7	0.7	0.9	1.3	1.2	1.4	0.8	0.3	0.2	0.2	0.5
	日经 225 指数（期末）	23 098	22 068	21 454	22 468	22 202	22 304	22 554	22 865	24 120	21 920	22 351	20 015	20 773	21 385	21 206

数据来源：各经济体相关统计部门及中央银行。

劳动力市场不断改善，2019年2月、3月失业率均为3.8%。欧元区经济增长放缓，不确定性加大。经济增速持续放缓，2018年四个季度GDP同比分别增长2.4%、2.2%、1.6%和1.2%；全年增长1.9%，低于2017年的2.4%。消费者信心低迷，消费者信心指数2019年2月、3月分别为-7.4、-7.2；制造业PMI继续走低，2019年2月、3月连续跌破荣枯线，分别为49.3、47.5。通胀水平总体较为温和，HICP综合物价指数2019年3月为1.4%；核心CPI较为疲软，2019年3月为0.8%。失业率有所改善，2019年1月、2月均为7.8%。日本经济波动性增大，受自然灾害等因素影响，2018年第三季度GDP环比折年率为-2.4%，创2014年第二季度以来最大跌幅，第四季度增速为1.9%，全年增长0.8%。劳动力市场接近充分就业，但受制于企业涨薪动力不足、通胀预期低迷等结构性因素，通胀仍处于低位，3月CPI为0.5%。英国经济持续低速增长，脱欧带来的不确定性加大。2018年全年GDP增长1.4%。2019年以来CPI低于2%，3月为1.9%。英国内部连续否决现有脱欧协议并向欧盟提出延长脱欧期限，脱欧带来的不确定性正在加大。

新兴市场经济体表现分化。巴西经济增长动能有所复苏，2018年第三、第四季度GDP同比分别增长1.3%、1.1%，全年增长1.1%。俄罗斯经济增长加快，2018年第三、第四季度GDP同比分别增长2.2%、2.7%，全年增长2.3%；通胀在得到控制后近期略有反弹。印度经济增长较快，2018年第三、第四季度GDP同比分别增长6.9%、6.6%，全年增长7.1%；通胀压力略有下降。南非经济2018年下半年略有起色，但失业率仍居高不下。阿根廷、土耳其受金融市场动荡影响，2018年GDP增速均有较大下滑，其中阿根廷全年GDP萎缩2.5%。

（二）国际金融市场概况

2019年以来，国际金融市场预期一度改善，全球股市第一季度总体上涨，国债收益率下行，但近期波动有所加大。

美元指数震荡上涨，日元、欧元对美元贬值。3月末，美元指数收于97.284，较上年末上涨1.16%。欧元收于1.1217美元/欧元，较上年末贬值2.20%。英镑收于1.3031美元/英镑，较上年末升值2.15%。日元收于110.84日元/美元，较上年末贬值1.15%。新兴市场经济体方面，阿根廷比索、土耳其里拉、巴西雷亚尔对美元较上年末分别贬值13.08%、4.56%和1.11%；俄罗斯卢布、墨西哥比索与印度卢比对美元较上年末分别升值6.11%、1.13%和0.55%。

主要经济体国债收益率普遍下行。3月末，美国10年期国债收益率收于2.414%，较上年末下降27.7个基点。法国、德国、英国、日本10年期国债收益率较上年末分别下降39个、31.7个、26.9个和9.4个基点。新兴市场经济体方面，墨西哥、俄罗斯、巴西、印度10年期国债收益率较上年末分别下降61个、31个、28.5个和2.4个基点，但阿根廷9年期国债收益率较上年末上升139个基点，土耳其10年期国债收益率较上年末上升203个基点。

主要经济体股市反弹。3月末，美国道琼斯工业平均指数较上年末上涨11.15%。欧元区STOXX50指数、德国法兰克福DAX指数、英国富时100指数、日本日经225指数分别较上年末上涨11.67%、9.16%、8.19%和5.95%。新兴市场经济体中，俄罗斯RTS指数、阿根廷BUSE MERVAL指数、巴西

BOVESPA指数、印度SENSEX指数、墨西哥MXX指数、土耳其BIST30指数分别较上年末上涨12.38%、10.48%、8.56%、7.22%、3.94%和2.80%。

受美联储加息预期减弱等因素影响，伦敦同业拆借市场美元Libor略有下降。3月29日，1年期Libor为2.7106%，比上年末下降29个基点。受欧央行货币政策收紧预期等因素影响，欧元区同业拆借利率Euribor略有上行。3月29日，1年期Euribor为–0.1120%，比上年末上升0.5个基点。

（三）主要经济体货币政策

发达经济体货币政策正常化步伐放缓。美联储1月30日会议维持联邦基金利率目标区间在2.25%~2.50%不变，同时继续按2017年10月启动的缩表计划，维持每月缩减规模分别为300亿美元国债与200亿美元机构抵押支持证券（MBS）。3月20日会议仍维持联邦基金利率目标不变，维持缩表规模暂时不变，但计划从5月起将国债缩减规模上限从300亿美元下调至150亿美元，并于9月末停止缩表。将2019年预期加息次数从2018年12月会议时的两次下调至零次，维持2020年加息一次的预期不变。会议声明表示，考虑到全球经济和金融形势以及通胀压力的缓解，美联储在决定未来利率调整时将保持耐心。欧央行1月24日例会维持主要再融资操作利率、边际贷款便利利率及存款便利利率在0、0.25%、–0.40%不变。3月7日例会上，出于对经济增长放缓的担忧，欧央行决定维持当前政策利率不变至少至2019年底，仍维持资产到期再投资（即维持资产负债表规模不变）直至首次加息以后，并推出新一轮定向长期再融资操作（TLTRO-Ⅲ）。4月10日例会上，欧央行决定维持政策利率不变，维持资产到期再投资至首次加息后较长一段时间。日本银行1月23日和3月15日例会决定继续实施收益率曲线管理下的量化和质化宽松货币政策（QQE），维持部分超额准备金利率为–0.1%，10年期国债收益率在0左右，维持资产购买计划不变。4月25日例会上表示，计划继续保持目前极低的利率水平至少到2020年春季左右。英格兰银行2月7日和3月21日两次例会均决定维持基准利率0.75%不变，维持4 350亿英镑的资产购买规模和100亿英镑的投资级非金融公司债购买计划不变。加拿大银行于1月9日、3月6日和4月24日宣布维持隔夜利率目标在1.75%不变，但在3月声明中删去“随着时间的推移逐步将政策利率提升至中性区间”的表述，并表示未来加息时机的不确定性增加。

多数新兴市场经济体货币政策保持不变，少数经济体下调基准利率。由于通胀压力减弱，为了促进私人投资以增强经济增长动力，印度央行于2月7日和4月4日两次下调基准利率各25个基点至6.0%，货币政策立场由“校准型紧缩”（calibrated tightening）调整为“中性”。俄罗斯央行于2月8日、3月22日和4月26日宣布维持关键利率在7.75%不变，并表示如果形势发展符合预期，俄罗斯央行有可能在2019年第二季度至第三季度降息。韩国央行保持宽松的货币政策立场，于1月24日、2月28日和4月18日宣布维持基准利率在1.75%不变。此外，第一季度巴西央行维持基准利率在6.50%，南非央行维持回购利率在6.75%，印度尼西亚央行维持7天逆回购利率在6.00%，墨西哥央行维持隔夜银行间利率目标在8.25%。

（四）国际经济展望及值得关注的问题

国际货币基金组织在2019年4月更新的《世界经济展望》中预计2019年全球经济将增长3.3%，较2019年1月预测下调0.2个百分点，其中发达经济体、新兴市场经济体与发展中国家2019年增速预测均有所下调。展望未来，全球经济可能面临以下风险：

一是短期内全球经济增长动能偏弱，政策应对空间有限。当前，主要经济体增长前景减弱，可能拖累全球经济增长。与此同时，各国应对空间有限：货币政策方面，央行进一步扩大资产负债表的空间有限，长期自然利率走低也限制了政策利率调整空间；财政政策方面，一些发达经济体财政赤字与政府债务保持高位，进一步减税代价较大，且效果可能不彰。

二是贸易摩擦与政策不确定性仍为显著风险。贸易摩擦带来的不确定性及对全球供应链的影响逐渐显现，企业选择推迟投资决策或考虑调整供应链，部分供应链上下游国家面临外部需求放缓等冲击，全球金融市场也随着贸易摩擦局势的紧张、缓和而呈现震荡态势。未来，贸易摩擦与政策的不确定性还可能通过推高通胀、损害家庭与企业信心、引发金融市场波动等方式对全球经济产生不利冲击。

三是多种不确定性交织，可能放大各经济体的脆弱性。目前，各国资产价格仍处在历史高位，部分经济体企业杠杆率偏高或面临资本流出压力。若经济放缓或贸易摩擦等因素引发全球金融市场恐慌情绪，可能造成全球金融环境突然收紧，加剧偿债及再融资风险，放大各经济体的脆弱性。

此外，地缘政治冲突多点爆发，风险因素和不确定性加速累积，对经济金融的影响加大。与此同时，与金融科技等新技术相伴而生的新风险亦不容忽视，对全球金融监管构成新的挑战。

二、中国宏观经济形势

2019年第一季度，中国经济开局平稳，经济结构继续优化。工业服务业较快增长，投资增速稳步回升。消费价格涨势温和，就业形势总体稳定。初步核算，第一季度国内生产总值为21.34万亿元，按可比价格计算，同比增长6.4%，与上年第四季度持平，CPI同比上涨1.8%。

专栏5 经济潜在增速分析

经济潜在增速是指不引起通货膨胀的情况下，经济增长所能取得的可持续的最大增速。从增长核算看，经济潜在增速主要受劳动力、资本及全要素生产率（TFP）影响，其中TFP受技术进步、制度、资源、环境等因素影响。

从国际经验看，劳动力增加和资本积累在经济发展初期对经济增长贡献较大，但长期存在较大约束。一般而言，一国劳动人口增长率随经济发展呈下降趋势。20世纪90年代以后，日本步入老龄化社会，劳动力对经济增长的贡献从1%左右下降至负数。另外，资本边际收益率会随着资本存量上升而下降，对经济拉动逐渐减弱。例如，20世纪60年代及70年代，韩国工业化起步，轻纺工业和重化工业等快速发展，资本积累对经济增长的拉动曾超过10%。80年代后，资本存量水平较高，资本积累对经济的拉动减弱，到2000年以后已经降至2%以下。

提升潜在产出的核心是提高全要素生产率。研究表明，人均GDP水平越高的经济体，TFP对经济增长的贡献往往越大。经济体工业化早期，市场的快速扩张鼓励大规模生产以及对基础设施的大规模投资，表现为资本积累的贡献较大。随着生产结构进入更复杂阶段，需要更多的高技能工人和研发投资，表现为TFP的贡献率上升。TFP增长还可以通过促进资本形成拉动经济增长。技术进步往往伴随着产业结构升级，新产业能够带动对基础设施和产能的需求，促进资本积累。20世纪80年代，日本经济结构向高附加值转型，TFP保持较高增速，同期资本也快速形成，对经济增长的拉动从2%左右提升至超过4%。80年代至90年代初，韩国在原有发展模式难以为继的情况下，大力改造传统产业，使得资本形成对经济的拉动保持在6%左右的水平，并持续了相当长一段时间，经济实现了平稳换挡。

初步估算，我国潜在经济增速近十年来有所下行，当前经济实际增速与潜在增速相近，产出缺口接近零，实体经济供需基本平衡，失业率、通胀水平总体保持稳定。未来我国经济潜在增速存在一些制约因素：从劳动力看，当前我国面临人口老龄化问题，劳动人口数量基本见顶。从资本看，我国经济增长从投资驱动为主向消费驱动为主转换、经济向“轻型”转型、人口老龄化等因素导致储蓄率下降、资本边际收益率降低，未来资本积累可能放缓，当然人力资本提升、产业升级与区域协调发展等也会对资本积累形成一定支撑。未来看，通过技术进步、体制机制改革等提高全要素生产率，有助于拓展经济潜在增速的空间。在继续增加教育、基础技术研发投入的同时，更要注重通过体制机制改革，处理好知识产权投入、归属、使用和收益分享之间的关系，打破行政主导和部门分割，建立主要由市场决定技术创新项目和经费分配、评价成果的机制，加快科技成果产业化，有效提升全要素生产率。要坚持以供给侧结构性改革为主线，坚持深化市场化改革、扩大高水平开放，加快建设现代化经济体系，使经济增速与潜在增速相近，促进经济高质量平稳发展。

（一）工业服务业生产总体稳定，产业结构持续优化

第三产业增加值占比继续提高。第一季度，三次产业增加值占GDP比重分别为4.1%、38.6%和57.3%，第三产业占比高于第二产业18.7个百分点，比上年同期提高0.7个百分点。其中，第一产业增加值为8 769亿元，同比增长2.7%；第二产业增加值为8.23万亿元，同比增长6.1%；第三产业增加值为12.23万亿元，同比增长7.0%。

农业生产基本稳定，猪肉产量有所下降。第一季度，农业（种植业）增加值同比增长4.4%。牛肉、羊肉和禽肉产量同比分别增长1.7%、1.4%和2.1%，猪肉产量同比下降5.2%。

工业生产有所加快，结构持续优化。第一季度，全国规模以上工业增加值同比增长6.5%，增速比上年第四季度高0.8个百分点。高技术产业、战略性新兴产业同比分别增长7.8%、6.7%，增速比规模以上工业分别高1.3个和0.2个百分点。中国人民银行第一季度5 000户工业企业调查显示，企业经营景气指数为54.8%，连续十一个季度高于50%。企业盈利能力有所下降。第一季度，全国规模以上工业企业利润同比下降3.3%，5 000户工业企业盈利指数比上个季度回落6.4个百分点。

服务业较快增长，主要行业增速回升。第一季度，全国服务业生产指数同比增长7.4%，增速比上年第四季度高0.2个百分点。租赁和商务服务业、金融业、住宿和餐饮业以及批发和零售业增加值同比分别增长8.3%、7%、6%和5.8%，增速比上年第四季度均有所提升，信息传输、软件和信息技术服务业同比增速达到21.2%。

（二）消费平稳增长，投资增速稳步回升

消费总体平稳，网上零售保持快速增长。第一季度，最终消费支出增长对经济增长的贡献率为65.1%，继续成为主导力量。社会消费品零售总额为9.8万亿元，同比增长8.3%。乡村消费品零售额同比增长9.2%，比城镇高1个百分点。网上零售额为2.2万亿元，同比增长15.3%。居民收入增长加快，对消费形成较强支撑。第一季度，居民人均可支配收入为8 493元，同比名义增长8.7%，扣除价格因素实际增长6.8%，比上年同期高0.2个百分点。收入分配结构持续改善，农村居民收入增速高于城镇1个百分点。城乡居民人均收入倍差为2.53，比上年同期下降0.02。中国人民银行第一季度城镇储户问卷调查显示，倾向于“更多消费”的居民占25.9%，比上年同期高1.1个百分点。

投资增速稳步回升，高技术产业投资增长较快。第一季度，全国固定资产投资（不含农户）10.2万亿元，同比增长6.3%，增速比上年全年高0.4个百分点。其中基础设施投资同比增长4.4%，房地产开发投资同比增长11.8%，增速比上年全年分别高0.6个和2.3个百分点。制造业投资增速有所回落，但高技术制造业投资同比增长11.4%，增速比全部投资高5.1个百分点。民间投资同比增长6.4%；国有及国有控股单位投资同比增长6.7%，增速比上年全年高4.8个百分点。

进出口总额增长加快，外贸结构持续优化。按人民币计价，第一季度外贸进出口总值为7.01万亿元人民币，同比增长3.7%。其中，出口3.77万亿元，同比增长6.7%；进口3.24万亿元，同比增长0.3%；贸易顺差5 297亿元，同比扩大75.2%。贸易结构进一步优化。一般贸易进出口增长6%，占进出口总额的59.6%，比重比上年同期高1.3个百分点。机电产品出口增长5.4%，占出口总额的58.8%，为出口主力。民营企业进出口增长9.9%，占我国进出口总值的40.6%，比上年同期高2.3个百分点。对“一带一路”沿线国家进出口增长7.8%，高出外贸整体增速4.1个百分点。

外商直接投资增长加快，对外投资结构持续优化多元。第一季度，全国新设立外商投资企业9 616家；实际使用外资2 422.8亿元

人民币，同比增长6.5%，增速比上年同期高6个百分点。高技术制造业和高技术服务业实际使用外资大幅增长，同比分别增长14.8%和88%。全行业对外直接投资252.1亿美元，同比增长4.8%。对“一带一路”沿线的49个国家有新增投资37.6亿美元，同比增长4.2%。对外投资主要流向租赁和商务服务业、制造业、批发和零售业、信息传输/软件和信息技术服务业等领域，占比分别为27.4%、21.0%、9.1%和8.8%。房地产业、体育和娱乐业对外投资没有新增项目，非理性投资继续得到有效遏制。

国际收支保持基本平衡，直接投资和证券投资持续净流入。初步统计，2019年第一季度经常账户顺差586亿美元，其中，货物贸易顺差945亿美元，仍是经常账户顺差的基础，服务贸易逆差634亿美元，同比下降14%；资本和金融账户中，资本账户逆差0.3亿美元，直接投资顺差214亿美元，证券投资项下据不完全统计净流入约150亿美元，同比继续增长。2019年3月末，外汇储备余额为30 988亿美元。2018年末，全口径（含本外币）外债余额为19 652亿美元，较上年末增加2 073亿美元。其中，短期外债余额为12 716亿美元，占外债余额的65%。

（三）居民消费价格温和上涨，生产价格涨幅回落

GDP平减指数涨幅回落。第一季度，GDP平减指数（按当年价格计算的GDP与按固定价格计算的GDP的比率）同比上涨1.4%，涨幅比上个季度回落0.2个百分点。

居民消费价格温和上涨。第一季度，居民消费价格（CPI）同比上涨1.8%，涨幅比上个季度回落0.4个百分点，其中各月涨幅分别为1.7%、1.5%和2.3%。主要受鲜菜、猪肉等价格波动影响，食品价格波动明显，第一季度同比上涨2.2%，涨幅比上个季度低0.6个百分点；非食品价格涨幅回落，第一季度同比上涨1.7%，涨幅比上个季度低0.4个百分点。消费品价格涨幅回落，服务价格涨幅回升。第一季度，消费品价格同比上涨1.6%，涨幅比上个季度低0.6个百分点；服务价格同比上涨2.2%，涨幅比上个季度高0.1个百分点。

生产价格涨幅总体有所回落。第一季度，工业生产者出厂价格（PPI）同比上涨0.2%，涨幅比上个季度回落2.1个百分点，各月涨幅分别为0.1%、0.1%和0.4%。其中，生活资料价格涨幅相对稳定，生产资料价格涨幅明显下降。生活资料价格同比上涨0.5%，涨幅比上年回落0.2个百分点；生产资料价格与上年同期持平，涨幅比上年回落2.8个百分点。工业生产者购进价格（PPIRM）上涨0.1%，涨幅比上个季度回落2.9个百分点。企业商品价格（CGPI）同比下降0.1%，比上个季度下降0.7个百分点；农产品生产价格同比下降1.7%，涨幅比上个季度回落2个百分点。

（四）财政支出增长加快，就业形势保持稳定

财政收入增长放缓。第一季度，全国一般公共预算收入为5.37万亿元，同比增长6.2%，增速比上年同期低7.4个百分点。其中，税收收入4.67万亿元，同比增长5.4%；非税收入6 950亿元，同比增长11.8%。国内增值税、国内消费税同比分别增长10.7%、29.3%，企业所得税、个人所得税同比分别增长15.8%、29.7%。

财政支出增长加快。第一季度，全国一般公共预算支出5.86万亿元，同比增长15%，

增速比上年同期高4.1个百分点。从支出结构看，增长较快的有交通运输、节能环保、科学技术和城乡社区支出，同比分别增长47.4%、30.6%、26.5%和22.8%。

第一季度，全国政府性基金预算收入1.43万亿元，同比下降6.2%。其中，国有土地使用权出让收入下降9.5%。全国政府性基金预算支出1.89万亿元，同比增长55.9%。

调查失业率保持稳定。3月，全国城镇调查失业率为5.2%，比上月下降0.1个百分点。第一季度，全国城镇新增就业人员324万人。中国人民银行第一季度城镇储户问卷调查显示：居民就业感受指数为45.8%，比上个季度回升0.3个百分点。

（五）行业分析

1. 房地产行业

2019年第一季度，房价上涨区域有所扩大，全国商品房销售面积、销售额增速放缓，施工面积增速有所提高，新开工和竣工面积增速下降。房地产开发投资增长加快，房地产贷款增速继续平稳回落。

房价上涨城市数量较上年末有所增加，房价环比涨幅回落、同比涨幅提高。2019年3月，全国70个大中城市中，新建商品住宅价格环比上涨的城市有65个，比上年末增加6个，平均涨幅较上年末低0.2个百分点；同比上涨的城市有70个，比上年末增加1个，平均涨幅较上年末提高0.8个百分点。二手住宅价格环比上涨的城市有57个，比上年末增加10个；同比上涨的城市有67个，比上年末增加1个。

商品房销售面积、销售额增速放缓。第一季度，全国商品房销售面积3.0亿平方米，同比下降0.9%，增速较上年全年下降2.2个百分点。商品房销售额2.7万亿元，同比增长5.6%，增速较上年全年下降6.6个百分点。其中，商品住宅销售面积和销售额分别占商品房销售面积和销售额的87%和85.9%。

房地产开发投资保持较快增长，施工面积增速有所提高。第一季度，全国房地产开发投资累计完成2.38万亿元，同比增长11.8%，增速较上年全年提高2.3个百分点。其中，住宅开发投资额累计达1.73万亿元，同比增长17.3%，增速较上年全年提高3.9个百分点，占房地产开发投资的比重为72.5%。全国房屋施工面积69.9亿平方米，同比增长8.2%，增速较上年全年提高3.0个百分点。全国房屋新开工面积3.87亿平方米，同比增长11.9%，增速较上年全年下降5.3个百分点。全国房屋竣工面积1.85亿平方米，同比下降10.8%，降幅较上年全年扩大3个百分点。

房地产贷款增速平稳回落。3月末，全国主要金融机构（含外资）房地产贷款余额为40.5万亿元，同比增长18.7%，增速较上年末下降1.3个百分点。房地产贷款余额占各项贷款余额的28.5%。其中，个人住房贷款余额为26.97万亿元，同比增长17.5%，增速较上年末下降0.25个百分点；住房开发贷款余额为7.92万亿元，同比增长26.8%，增速较上年末下降5.1个百分点；地产开发贷款余额为1.4万亿元，同比下降3.2%，降幅较上年末扩大7.1个百分点。

棚改融资转由地方政府专项债承担，保障房信贷增长有所放缓。3月末，全国保障性住房开发贷款余额为4.55万亿元，同比增长20.2%，增速较上年末回落9.3个百分点；第一季度累计新增2 277.9亿元，较上年少增2 201亿元，占同期房产开发贷款新增量的35.6%。截至3月末，已有85个城市的373个保障房建设项目通过贷款审批，并按进度发放872.2亿元，收回贷款本金835.8亿元。

2. 养老服务业

养老服务业是为老年人提供生活照顾和护理服务，满足老年人特殊生活需求和精神需求的服务行业，是养老产业及现代服务业的重要组成部分。加快发展养老服务业既是积极应对人口老龄化、满足老年群体多层次多样化的养老服务需求的客观需要，也是推进供给侧结构性改革、培育经济发展新动能，促进经济结构转型升级的重要途径。

经过多年发展，我国养老服务体系逐步完善，初步形成了以居家为基础、社区为依托、机构为补充、医养相结合的养老服务体系，老年宜居环境建设持续推进，老年文化、体育、教育事业快速发展，老年人的获得感和幸福感增强。一是照护服务资源供给显著增加，供给结构更加合理。2018年末，全国注册登记的养老服务机构2.98万个，床位746.4万张（每千名老年人29.9张），比2015年末分别增加1 800个和252.7万张（每千名老年人增加5.5张），社区养老床位占比由2015年的44.3%提升至2018年的47.7%。二是养老服务内容多层次、多样化，服务体系更加健全，产业融合态势明显。养老服务已突破基本生活照料，养老与健康、旅游、文化健身休闲等产业不断融合，养老新模式、新业态加快涌现。至2017年底，全国共有老年学校49 427家，在校人数704万人，老年医院2 717家，老年临终关怀医院637家，老年法律援助中心19 647家，各类老年活动设施3.5万个。三是竞争与合作并存的多元化养老服务供给格局初步形成。社会资本投资积极性显著增强，央企、外资、险资、民资纷纷加入养老服务行业。2018年6月末，社会力量办养老机构占比已经超过46%，比2015年末提高4.5个百分点。

庞大的老龄人口基础和加速发展的老龄化促进了养老服务产业的发展，但也要看到，养老服务和产品供给不足、质量有待提升、市场发育不健全、城乡区域发展不平衡等问题还十分突出。第一，总体供需矛盾突出，养老服务设施不足且人才队伍短缺。到2018年底，我国65岁以上人口规模达到了1.67亿人，但机构养老床位仅392.8万张，社区养老床位353.5万张，供需缺口较大，社区及机构养老尚不足以形成有效依托和补充。第二，养老机构服务质量仍存在安全隐患突出、硬件设施条件差距较大、管理规范化水平良莠不齐、养老服务队伍建设亟待加强等问题，不利于养老服务业良性发展。第三，市场发育不健全，产业碎片化，市场化的养老服务体系尚未建立。第四，城乡、区域发展不平衡。东部地区养老设施覆盖面明显高于中部和西部；与城市相比，农村地区社会养老服务起步晚、底子弱、投入少、服务市场尚未形成、服务设施和从业人员较少。2017年，城市社区服务中心（站）覆盖率为78.6%，农村社区服务中心（站）覆盖率仅15.3%，农村养老服务机构的在职员工数仅为11.8万人，较城市机构少6万余人。

下一步，要多措并举推进养老服务业发展。健全基本养老服务体系，发挥公办养老机构（含公建民营）兜底保障作用，优先满足失能老年人的基本养老服务需求。加快完善全国统一的养老服务质量标准和评价体系，加大养老服务人才培养力度，推动优质服务资源延伸下沉和提质扩容。发挥政府资金作用，引导社会资本向养老服务业聚焦，积极创新适合养老服务业特点的金融产品和服务。大力发展农村互助养老服务，统筹规划建设公益性养老服务设施，鼓励城市资金、资产和资源投向农村养老服务。

第五部分　货币政策趋势

一、中国宏观经济展望

展望未来一段时期，中国经济保持平稳发展的有利因素较多。全球经济增长面临的下行风险有所增加，但总体仍保持平稳增长。中国发展仍处于并将长期处于重要战略机遇期。三大攻坚战进展良好，供给侧结构性改革不断深化，总供求基本平衡，经济增长保持韧性，改革开放有力推进，就业形势保持稳定，人民生活持续改善，保持了经济持续健康发展和社会大局稳定。积极财政政策和稳健货币政策逐步发力，金融支持实体经济力度稳固，信用收缩明显缓解，大规模减税降费等政策效果逐步显现。目前，货币政策应对空间充足，货币政策工具箱丰富，有能力应对各种内外部不确定性。2019年第一季度宏观经济指标保持在合理区间，市场信心提升，新旧动能转换加快实施，经济运行总体平稳、好于预期。国际货币基金组织4月将中国2019年GDP增速预测值上调了0.1个百分点。同时，坚持结构性去杠杆，金融风险防控成效显现，金融服务实体经济的质量和效率逐步提升，经济结构继续优化。中国人民银行2019年第一季度企业家问卷调查显示，企业家信心指数环比上升；城镇储户问卷调查显示，居民就业预期指数为53.7%，环比上升0.4个百分点，保持在相对高位。

也要看到，经济运行仍存在一些深层次问题和突出矛盾。从国际环境看，世界经济形势错综复杂，地缘政治风险依然较大，外部经济环境总体趋紧。从国内经济形势看，部分传统支柱产业进入调整期，制造业投资和民间投资增长有所放缓，经济增长对房地产和基建投资依赖较高，经济内生增长动力有待进一步增强。这些因素既有周期性的，但更多是结构性、体制性的，必须保持定力、增强耐力，勇于攻坚克难。

物价形势总体较为稳定，不确定因素有所增加。物价涨幅主要取决于经济基本面状况和供求的相对变化。近期国内经济运行总体平稳，总供求基本平衡，核心CPI大体稳定；供给侧结构性改革深入推进，市场机制作用得到更好发挥，产能过剩问题明显缓解，这些都有利于物价保持平稳。也要看到，近期非洲猪瘟疫情导致生猪存栏量减少较多，对猪肉价格影响较大；国际原油价格逐步走高，国内成品油、钢材等工业品价格也有所回升。此外，减税措施还可能对不同部门的物价指数产生不同影响。总体来看，未来一段时间物价水平受到供求两端影响，存在一些不确定性，对未来变化需持续监测。

专栏6　结构性去杠杆与稳健的货币政策

2018年中央财经委员会第一次会议指出，要以结构性去杠杆为基本思路，分部门、分债务类型提出不同要求，地方政府和企业特别是国有企业要尽快把杠杆降下来，努力实现宏观杠杆率稳定和逐步下降。结构性去杠杆是打好防范化解金融风险攻坚战的基本思路，稳健的货币政策是我国宏观经济调控的重要政策安排，两者相辅相成，以深化供给侧结构性改革为主线，共同助力推动经济高质量发展。

稳健的货币政策有助于为结构性去杠杆提供适宜的宏观经济和货币金融环境。对于结构性去杠杆而言，保持经济金融稳定既是目的也是前提。近两年来，我国GDP年均增速为6.7%，CPI年均涨幅为1.8%，广义货币（M2）、社会融资规模和名义GDP的年均增速分别为8.1%、11.6%和10.3%，三者之间更加匹配，较好地实现了经济平稳增长、物价稳定、宏观杠杆率基本稳定的较好宏观经济组合。

稳健的货币政策保持松紧适度，有助于把握好处置存量债务和控制新增债务间的平衡，坚持总体稳杠杆和结构性去杠杆的协调有序推进。杠杆率变化是经济主体债务融资新增、运用、滚动、获益、偿还等动态影响的综合结果，就货币政策对其的影响也需全面考量。若货币政策失之于松，虽然存量债务短期内可以获得更大的转圜余地，但也可能导致新增债务无序扩张，催生经济体系资金空转、脱实向虚。若货币政策失之于紧，虽然可以比较有力地控制新增债务，但也可能导致存量债务兑付压力过大，造成信贷、债券市场等偿付紧张。可见，结构性去杠杆过程中货币政策过松或过紧都有可能偏离维护金融稳定、促进经济持续健康发展的初衷。稳健的货币政策讲求松紧适度，有助于找好债务存量和增量、杠杆总量和结构的平衡点，是稳中求进工作总基调的具体体现。

还应看到，深化金融供给侧结构性改革，适当运用结构性货币政策工具，发挥好“精准滴灌”作用，基于市场化原则提高对民营企业、小微企业等国民经济重点领域和薄弱环节的支持，有助于不断优化调整对不同部门、不同主体的金融供给，有保有压、稳妥高效地推进结构性去杠杆。结构性去杠杆过程中，必要的市场出清也能更好地释放沉淀资源、提高资金效率，疏通货币政策传导，形成良性循环。下一阶段，稳健的货币政策要松紧适度，保持流动性合理充裕，与结构性去杠杆进程协调推进，平衡好稳增长和防风险之间的关系。

二、下一阶段主要政策思路

下一阶段，中国人民银行将按照党中央、国务院部署，以习近平新时代中国特色社会主义思想为指导，稳中求进、突出主线、守住底线、把握好度。注重以供给侧结构性改革的办法稳需求，坚持结构性去杠杆，在推动高质量发展中防范化解风险，坚决打好三大攻坚战。紧紧围绕服务实体经济、防控金融风险、深化金融改革三项任务，创新和完善金融宏观调控。立足于推动高质量发展，更加注重质的提升，更加注重激发市场活力。深化金融供给侧结构性改革，调整优化金融体系结构，不断改进金融服务。面对内外部经济环境变化，因时因势更有针对性地实施宏观调控。稳健的货币政策要松紧适度，适时适度实施逆周期调节，根据经济增长和价格形势变化及时预调微调，进一步加强政策协调，疏通货币政策传导，创新货币政策工具和机制，进一步降低实体经济尤其是小微企业融资成本，提高金融服务实体经济的能力和意愿。把好货币供给总闸门，不搞“大水漫灌”，同时保持流动性合理充裕，广义货币M2和社会融资规模增速要与国内生产总值名义增速相匹配。推动稳健货币政策、增强微观主体活力和发挥资本市场功能之间形成三角良性循环，促进国民经济整体良性循环。

一是稳健的货币政策保持松紧适度，根据经济增长和价格形势变化及时预调微调，保持流动性合理充裕和市场利率水平合理稳定。健全货币政策和宏观审慎政策双支柱调控框架，增强调控前瞻性、针对性和有效性，精准把握好调控的度，加强预期引导，稳定市场预期，继续灵活运用多种货币政策工具组合，强化政策协调，适时预调微调。平衡好总量和结构之间的关系，发挥各部门的政策合力，从供需两端共同夯实疏通货币政策传导的微观基础，保持货币信贷和社会融资规模合理增长。加强宏观审慎管理，推动商业银行多渠道补充资本。继续组织实施好宏观审慎评估（MPA）相关工作，并不断改进完善，引导金融机构加大对民营、小微企业和“三农”等领域的支持力度，提高金融服务实体经济的效率。

二是促进结构优化，更好地服务实体经济。发挥货币信贷政策促进经济结构调整的作用，做好金融支持供给侧结构性改革各项工作。运用好定向降准、定向中期借贷便利、再贷款、再贴现等多种货币政策工具，创新和丰富货币政策工具组合，发挥结构性货币政策工具精准滴灌的作用，引导金融机构继续做好重点领域和薄弱环节的金融服务。深化金融供给侧结构性改革，畅通货币政策传导机制，着力缓解小微和民营企业融资难融资贵问题。开展小微企业信贷政策导向效果评估，强化评估结果运用。指导大型商业银行下沉金融服务重心、转变金融服务理念，推动民营银行和社区银行发展，引导地方法人金融机构业务回归本源，专注小微等实体经济金融服务。持续优化扶贫再贷款管理，鼓励和支持金融机构加大扶贫领域信贷投放。加大产业扶贫、基础设施建设等扶贫领域重点工作的落实力度，加强金融扶贫领域风险防范，统筹做好金融支持脱贫攻坚与乡村振兴金融服务，推动金融扶贫可持续，不断改善农村金融服务。继续做好“两权”抵押贷款试点衔接工作。做好支持制造业高质量发展、去化过剩产能等重点领域的金融服务，加大对养老、教育、健康等新消费领域，以及创业创新、科技、文化、海洋经济、战略性新兴产业等国民经济重点领域的金融支持力度。持续研究金融支持退役军人、高校毕业生、妇女等重点人群创业就业的政策措施，进一步做好助学、农民工、民族地区等薄弱环节和弱势群体金融服务。统筹做好京津冀协同发展、“一带一路”、粤港澳大湾区、长江经济带、军民融合等国家重大战略金融服务。

三是进一步深化利率市场化和人民币汇率形成机制改革，提高金融资源配置效率，完善金融调控机制。稳妥推进利率“两轨合一轨”，强化央行政策利率体系的引导功能，完善利率走廊机制，增强利率调控能力，重点疏通央行政策利率向市场利率尤其是信贷利率的传导，提升金融机构贷款定价能力，适度增强市场竞争，更好地服务实体经济。继续培育市场基准利率和完善国债收益率曲线，健全市场化的利率形成机制。加强对金融机构非理性定价行为的监督管理，发挥好市场利率定价自律机制的引导作用，采取有效方式激励约束利率定价行为，强化行业自律和风险防范，维护公平定价秩序，保持银行负债端成本基本稳定。稳步深化汇率市场化改革，完善以市场供求为基础、参考一篮子货币进行调节、有管理的浮动汇率制度，保持人民币汇率弹性，加强宏观审慎管理，稳定市场预期，保持人民币汇率在合理均衡水平上的基本稳定。加快发展外汇市场，坚持金融服务实体经济的原则，为基于实需原则的进出口企业提供汇率风险管理服务。稳步推进人民币资本项目可兑换，推进人民币对其他货币直接交易市场发展，完善人民币跨境使用的政策框架和基础设施，坚持发展、改革和风险防范并重，支持人民币在跨境贸易和投资中的使用。

四是完善金融市场体系，切实发挥好金融市场在稳增长、调结构、促改革和防风险方面的作用。增强金融服务实体经济能力，坚持市场化法治化原则，推动商业银行通过发行永续债等方式多渠道补充资本，继续推进民营企业债券融资支持工具，强化债券违约风险防范和处置机制，加大对债券市场违法行为监管力度，发展商业银行柜台市场，促进公司信用类债券发行准入和信息披露规则统一，加强绿色金融债券存续期监督管理。继续稳步有序推动债券市场双向开放，支持境外机构在境内市场发行债券及境内机构赴境外发行债券融资，推动境外机构投资境内债券市场。持续推动债券二级市场发展，不断优化交易、清算和结算等相关制度安排，完善做市商制度等市场化评价体系，提升债券市场流动性，为市场参与者创造更加友好、便利的投资环境。建立健全金融市场基础设施的统筹管理框架，进一步加强市场基础设施建设，确保金融市场整体稳定和安全高效运行。进一步完善分工明确、密切配合、协同有效的统一执法协作机制，打击市场违法犯罪行为，保护投资者利益，推动债券市场健康稳定发展。

五是深化金融供给侧结构性改革，扩大对外开放，通过优化供给和增强竞争改善金融服务。坚决贯彻落实新发展理念，强化金融服务功能，以服务实体经济、服务人民生活为本，以金融体系调整优化为重点，优化融资结构和金融机构体系、市场体系、产品体系，为实体经济发展提供更高质量、更有效率的金融服务，更好满足高质量发展的合理金融需求。持续深化大型商业银行和其他大型金融企业改革，完善公司治理，规范股东大会、董事会、监事会与管理层关系，完善经营授权制度，形成有效的决策、执行、制衡机制，提高经营管理水平和风险控制能力。继续推动农业银行“三农金融事业部”深化管理体制和运行机制改革，采取有效措施进一步激发县事业部活力，不断提高服务县域经济的能力和水平。推动全面落实开发性金融机构、政策性银行改革方案，抓紧做好健全治理结构、业务范围划分等后续工作，通过深化改革加快建立符合中国特色、能更好地为当前经济发展服务、可持续运营的开发性和政策性金融机构及其政策环境。

六是打好防范化解重大金融风险攻坚战。在国务院金融稳定发展委员会的牵头抓总下，充分发挥金融委办公室作用，推动落实防范化解重大金融风险攻坚战的思路和举措，有序推进结构性去杠杆，注重在稳增长的基础上防风险，更好地支持实体经济发展，防范金融市场异常波动风险，精准有效处置重点领域风险，进一步补齐监管制度短板，强化金融机构防范风险的主体责任，务实推动金融业改革开放。争取到2020年，金融结构适应性提高，金融服务实体经济能力明显增强，金融工作法治化水平明显提升，硬约束制度建设全面加强，系统性风险得到有效防控，为全面建成小康社会创造良好的金融环境。

PART 1 Money and Credit Analysis

From the beginning of 2019, following the policy arrangements of the CPC Central Committee and the State Council, the PBC implemented a sound monetary policy, which addressed the pressures from the contraction of credit and maintained liquidity at a reasonable and ample level. Growth of M2 and all-system financing aggregates matched the growth of nominal GDP. Financial support for the real economy, especially for small and micro businesses (SMBs) and private enterprises was strong. The RMB exchange rates were basically stable at an adaptive and equilibrium level, and exchange-rate expectations remained well-anchored.

I. Liquidity was ample and appropriate

In Q1, the PBC increased the medium- and long-term liquidity supply via cuts in the required reserve ratio (RRR), the use of a Targeted Medium-term Lending Facility (TMLF), and dynamic assessments of the targeted RRR cuts for inclusive financing. To ensure ample and appropriate liquidity in the banking system and to keep money-market interest rates stable, the PBC conducted open market operations as necessary to smooth short-term liquidity fluctuations. At end-March, the excess reserve ratio for financial institutions was 1.3 percent, the same rate as that in the previous year.

Figure 1 Interest Rates in the Money Market

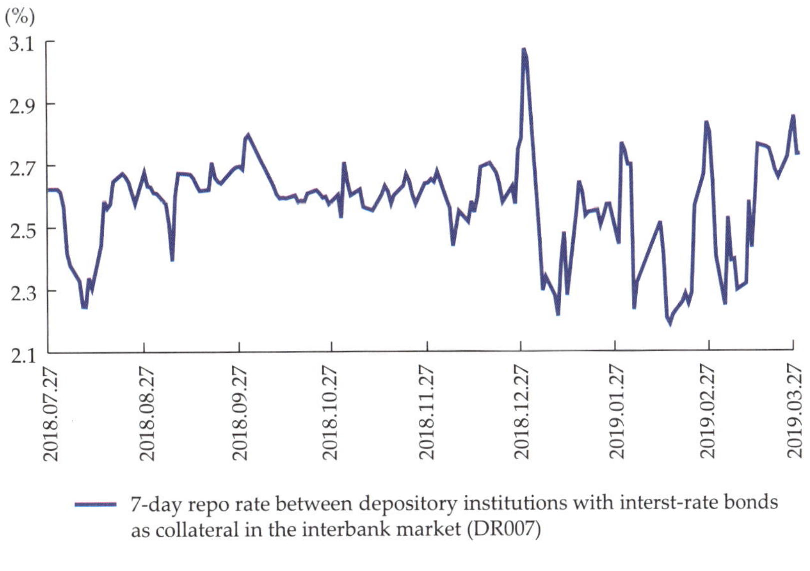

Source: www.chinamoney.com.cn.

II. Lending by financial institutions grew rapidly

Lending grew rapidly, providing strong support for the real economy. Lending continued its rapid growth, not only because the monetary-policy transmission mechanism had improved due to the previous targeted counter-cyclical adjustments but also because credit demand picked up. At end-March, outstanding loans by financial institutions in domestic and foreign currencies grew 13.3 percent year on year to RMB 147.8 trillion, which marked an increase of RMB 6.0 trillion from the beginning of the year and represented a year-on-year acceleration of RMB 1.2 trillion. Outstanding RMB-denominated loans grew 13.7 percent year on year to reach RMB 142.1 trillion, which marked an increase of RMB 5.8 trillion from the beginning of the year and represented a year-on-year acceleration of RMB 952.6 billion.

The credit structure continued to improve as loans to SMBs increased notably, and medium- and long-term loans grew at a faster pace. Since 2019, the PBC has continued to encourage financial institutions to increase credit support to SMBs, which has gradually yielded good results. Small and micro loans for inclusive- growth purposes increased by RMB 552.9 billion in Q1, representing a year-on-year acceleration of RMB 290 billion; the amount outstanding at end-March grew by 19.1 percent year on year, up 3.9 percentage points from the previous year and 5.4 percentage points higher than the growth of total loans. Broken down by sectors, the growth of RMB loans to the household sector moderated somewhat from an elevated level, registering 17.6 percent at end-March, down 0.6 percentage point from end-2018. In particular, mortgage loans grew by 17.6 percent, down 0.2 percentage point from end-2018. Mortgage loans increased by RMB 1.1 trillion in the first quarter, representing an acceleration of RMB 117.2 billion year on year and constituting 19.1 percent of the total new loans, down 1.3 percentage points year on year. Other loans to the household sector increased by RMB 698 billion from the beginning of the year, representing a deceleration of RMB 60.7 billion year on year. Loans to non-financial enterprises, government departments, and organizations increased by RMB 4.5 trillion from the beginning of the year, representing an acceleration of RMB 1.4 trillion year on year. In terms of the maturities of RMB loans, medium- and long-term loan growth accelerated, with an increase of RMB 4.0 trillion in Q1, representing an acceleration of RMB 209.6 billion year on year.

The weighted average interest rate on loans was basically stable, with the rates of loans to enterprises dropping and the comprehensive costs of all-system financing continued to fall. In March, the weighted average interest rate on loans stood at 5.69 percent, up 0.05 percentage point from December 2018 and down 0.22 percentage point year on year. In particular, the weighted average interest rate on ordinary loans was 6.04 percent, up 0.13 percentage point from December 2018 and 0.03 percentage point year on year; the weighted average interest rate on bill financing was 3.64 percent, down 0.2 percentage point from December

Table 1 Structure of RMB Loans in Q1 of 2019

Unit: RMB 100 million, %

	Outstanding amount at end-March	YOY growth	Increase from the beginning of the year	YOY acceleration
RMB loans to	1,421,057	13.7	58,078	9,526
Households	496,985	17.6	18,096	565
Non-financial enterprises, government departments, and organizations	913,048	11.9	44,793	13,846
Non-banking financial institutions	5,881	−5.4	−4,879	−4,737
Overseas	5,143	9.2	68	−148

Source: The People's Bank of China.

Table 2 New RMB Loans by Financial Institutions in Q1 of 2019

Unit: RMB 100 million

	New loans	YOY acceleration
Chinese-funded large-sized banks[1]	25,393	5,946
Chinese-funded small- and medium-sized banks[2]	32,370	5,561
Small-sized rural financial institutions[3]	8,583	1,887
Foreign-funded financial institutions	535	-191

Notes: 1. Chinese-funded large-sized banks refer to banks with assets (both in domestic and foreign currencies) of RMB 2 trillion or more (according to the amount of total assets in both domestic and foreign currency at end-2008).
2. Chinese-funded small- and medium-sized banks refer to banks with total assets (both in domestic and foreign currency) of less than RMB 2 trillion (according to the amount of total assets in both domestic and foreign currencies at end-2008).
3. Small-sized rural financial institutions include rural commercial banks, rural cooperative banks, and rural credit cooperatives.
Source: The People's Bank of China.

2018 and 1.94 percentage points year on year; the weighted average interest rate on mortgage loans was 5.68 percent, down 0.07 percentage point from December 2018 yet up 0.26 percentage point year on year. As the historical data suggest, loan interest rates in the first quarter tended to exhibit strong signs of seasonality. Therefore, the seasonally adjusted weighted average rate on loans actually declined slightly from December 2018. In addition, the previously unveiled policies to support private enterprises and SMBs have gradually yielded good results. As a result, the weighted average interest rate on enterprise loans fell 0.27 percentage point from the peak reached during the previous year. Meanwhile, the comprehensive costs of all-system financing, including bank loans, bonds, and off-balance-sheet financing continued to drop.

The share of loans with interest rates above the benchmark rates rose slightly, the share of loans with interest rates at the benchmark rates fell a bit, and the share of loans with interest rates below the benchmark rates changed little. In March, the share of loans with interest rates above the benchmark rates registered 67.9 percent, up 2.6 percentage points from December 2018; the share of loans with interest rates at the benchmark rates registered 15.8 percent, down 2.7 percentage

Table 3 Weighted Average Interest Rates on Loans

Unit: %

Month	Interest Rate
March 2016	5.24
June 2016	5.20
September 2016	5.15
December 2016	5.22
March 2017	5.45
June 2017	5.60
September 2017	5.71
December 2017	5.71
March 2018	5.91
June 2018	5.94
September 2018	5.92
December 2018	5.64
March 2019	5.69

Notes: Since the first quarter of 2019, the weighted average interest rates on loans to non-financial enterprises and other sectors was renamed the weighted average interest rates of loans. The latter includes the weighted average interest rates of mortgage loans (excluding those issued through the housing provident fund) in addition to the previous weighted average interest rates on loans (including ordinary loans and bill financing) to non-financial enterprises and other sectors, thus comprehensively reflecting the costs of financing via bank loans.
Source: The People's Bank of China.

Table 4 Shares of RMB Loans with Rates Below, At, or Above the Benchmark Rates, January through March 2019

Unit: %

Month	Lower than the benchmark	At the benchmark	Higher than the benchmark					
			Subtotal	(1.0,1.1]	(1.1,1.3]	(1.3,1.5]	(1.5,2.0]	Above 2.0
January	15.67	16.56	67.77	13.84	19.63	11.58	14.37	8.35
February	17.78	16.07	66.15	13.09	18.14	10.33	13.97	10.63
March	16.35	15.77	67.88	12.77	19.11	11.41	15.09	9.50

Source: The People's Bank of China.

points from December 2018; and the share of loans with interest rates below the benchmark rate registered 16.4 percent, up 0.1 percentage point from December 2018.

Interest rates on foreign-currency deposits and loans were basically stable, reflecting factors such as lower expectations of rate hikes by the Federal Reserve and the relatively stable international financial market. In March, the weighted average interest rates on large-value USD demand deposits and deposits with maturities within 3 months registered 0.44 percent and 2.67 percent respectively, up 0.04 percentage point and 0.03 percentage point from December 2018. The weighted average interest rates of USD loans with maturities within 3 months and with maturities between 3 months (including 3 months) and 6 months registered 3.63 percent and 3.59 percent respectively, up 0.02 percentage point and down 0.30 percentage point respectively from December 2018.

Deposits grew at a solid rate, with term

Table 5 Average Interest Rates of Large-value Deposits and Loans in US Dollar, January through March 2019

Unit: %

Month	Large-value deposits						Loans					
	Demand deposits	Within 3 months	3~6 months (including 3 months)	6~12 months (including 6 months)	1 year	More than 1 year	Within 3 months	3~6 months (including 3 months)	6~12 months (including 6 months)	1 year	More than 1 year
January	0.42	2.74	3.40	3.64	3.77	3.77	3.94	4.06	3.72	3.99	4.90
February	0.45	2.70	3.29	3.44	3.63	3.53	3.62	3.90	3.58	3.79	4.32
March	0.44	2.67	3.26	3.38	3.39	3.58	3.63	3.59	3.87	3.66	4.65

Source: The People's Bank of China.

Table 6 Structure of RMB Deposits in Q1 of 2019

Unit: RMB 100 million, %

	Deposits at end-March	YOY growth	Increase from the beginning of the year	YOY acceleration
RMB deposits	1,838,227	8.7	63,059	12,419
Households	776,654	13.1	60,679	17,944
Non-financial enterprises	565,751	6.9	3,328	15,398
Agencies and organizations	292,107	8.4	6,663	1,054
Government	42,190	3.3	1,651	1,932
Non-banking financial institutions	150,222	-3.2	-9,671	-24,604
Overseas	11,303	11.0	408	695

Source: The People's Bank of China.

deposits accounting for a smaller share of the total new deposits. At end-March, outstanding deposits in domestic and foreign currencies in all financial institutions posted RMB 189.0 trillion, up 8.3 percent and a deceleration of 0.1 percentage point year on year. This also marked an increase of RMB 6.5 trillion from the beginning of the year and an acceleration of RMB 1.3 trillion year on year. Outstanding RMB deposits registered RMB 183.8 trillion, up 8.7 percent year on year and on par with that during the same period of the last year. This represented an increase of RMB 6.3 trillion from the start of the year and an acceleration of RMB 1.2 trillion year on year. Outstanding deposits in foreign currencies stood at USD 768.9 billion, an increase of USD 41.3 billion from the beginning of the year. Term deposits accounted for 101.8 percent of new deposits by households and non-financial enterprises in Q1, down 21.0 percentage points year on year. Broken down by sectors, deposits by households, non-financial enterprises, agencies and organizations, and the government sector registered a year-on-year acceleration of RMB 1.8 trillion, RMB 1.5 trillion, RMB 105.4 billion, and RMB 193.2 billion respectively, whereas deposits by non-banking financial institutions recorded a year-on-year deceleration of RMB 2.5 trillion.

III. The money supply increased moderately

M2 growth was roughly equivalent to nominal GDP growth. At end-March, outstanding M2 stood at RMB 188.9 trillion, up 8.6 percent year on year, an acceleration of 0.5 percentage point from the end of the last year. Outstanding M1 stood at RMB 54.8 trillion, up 4.6 percent year on year. Outstanding M0 reached RMB 7.5 trillion, up 3.1 percent year on year. In Q1, the PBC injected RMB 173.3 billion of cash into the economy, a decrease of RMB 31.4 billion year on year. M2 growth since the beginning of 2019 has generally been in line with nominal GDP growth, supporting high-quality economic development via moderate increases in money supply.

Box 1 Supporting High-quality Development with Moderate Money-supply Growth

Whether or not the sound monetary policy is being conducted appropriately can be assessed by examining whether monetary conditions are in line with the need to support stable economic growth and price stability—that is, if the growth of broad money (M2) is aligned with nominal GDP growth. In recent years, the growth rate of M2 has moved closer to that of nominal GDP, implying that M2 growth is appropriate in terms of meeting the reasonable demands of the real economy.

For a long period of time, the growth rate of M2 exceeded that of nominal GDP, primarily reflecting the characteristics of China's economic structure and its development model that heavily relied on investment. First, the relatively higher savings rate and the over-reliance on indirect financing led to a higher demand for money in China. Second, the monetization of housing and the financial deepening also significantly increased the total demand for money. Specifically, real-estate transactions made little contribution to GDP but required a sizable amount of money, while the financial deepening resulted in a faster accumulation of financial assets as opposed to non-financial assets, which, on both counts, meant that at the macro level M2 growth would outstrip GDP growth. Third, China's economy had long been driven by exports and investments, but as external demand plummeted after the 2008 financial crisis, the economy relied more on domestic demand, such as investments, for growth, and, as a result, this rising demand led to a higher growth rate of the money supply. Hence, China maintained steady and relatively rapid economic growth while prices remained generally stable. That said, outstanding M2 at end-2018 stood at RMB 182.7 trillion, with the M2/GDP ratio at around 200 percent. Continued increases in the M2/GDP ratio can imply a piling up of debt, which may prevent an upgrading of the economic structure and generate financial vulnerabilities.

Promoting high-quality economic development requires a monetary policy that is neither too loose nor too tight; therefore efforts are needed to make sure that the valve of the aggregate monetary supply is well controlled and that

M2 growth is in line with nominal GDP growth. For one thing, as China's economy is transitioning from a phase of rapid growth to a stage of high-quality development, it now depends less on investments in physical capital. Thus, the contributions of consumption, the service sector, and technological advances have gradually increased. Meanwhile, structural factors, such as the monetization of housing, the composition of savings, and the financing structure, which formerly used to drive M2 growth, have been changing. These shifts suggest that a slightly slower increase in money supply may be sufficient to keep economic growth within an appropriate range. In addition, monetary policy should create favorable monetary conditions for high-quality development. As banks support production activities through money creation under a modern money system, stronger emphasis must be placed on guiding bank behavior during the period of economic transition. Hence, efforts should be made not only to design an incentive-compatible mechanism that is able to enhance the willingness and ability of banks to serve the real economy but also to properly use regulatory capital and liquidity instruments so as to encourage banks to strengthen their risk management, optimize their credit allocations, and improve their efficiency so as to serve the real economy.

In recent years, the growth rate of M2 has converged toward that of nominal GDP growth, supporting high-quality economic development with moderate money-supply growth. During the recent two years, China's M2 has maintained single-digit growth, at 8.1 percent in both 2017 and 2018, while the growth rate of nominal GDP posted 10.9 percent in 2017 and 9.7 percent in 2018. On balance, the macro-leverage ratio has been stable, with a rate of 249.4 percent at end-2018, down 1.5 percentage points from the previous year. In addition to maintaining the aggregate money supply at an appropriate level, efforts have been made to enhance policy coordination, smooth the monetary-policy transmission channels, and further optimize the credit structure, as the share of medium- and long-term loans, small and micro loans for inclusive growth purposes, as well as loans to private enterprises have continuously increased. Moreover, in line with the strategy of promoting structural deleveraging, efforts have also been made to increase the velocity of money flows and the efficiency of capital turnovers so as to support development while preventing risks. Thus, experience has been gained in taking coordinated action to maintain a good balance among appropriate monetary aggregates, structural optimization, and risk prevention.

Currently China is keeping economic growth within a reasonable range without a massive indiscriminate monetary stimulus, which is not easy to achieve. Going forward, a sound monetary policy shall be maintained, and preemptive adjustments and fine-tunings shall be conducted in a timely manner in light of economic growth and price changes so as to create favorable monetary conditions for supply-side structural reforms as well as for high-quality economic development.

All-system financing aggregates increased reasonably. According to preliminary statistics, outstanding all-system financing aggregates reached RMB 208.41 trillion at end-March, up 10.7 percent year on year, an acceleration of 0.9 percentage point from the end of the last year. In Q1, incremental all-system financing aggregates reached RMB 8.18 trillion, up RMB 2.34 trillion year on year. Incremental all-system financing aggregates were characterized by the following: first, growth of RMB loans to the real economy registered a year-on-year acceleration. In Q1, RMB loans by financial institutions to the real economy increased by RMB 6.29 trillion, an acceleration of RMB 1.44 trillion year on year and accounting for 76.9 percent of the increment in all-system financing aggregates. Second, the three types of off-balance- sheet financing activities registered significant increases. In Q1, entrusted loans, trust loans, and undiscounted bankers' acceptance bills increased by RMB 60.7 billion, an acceleration of RMB 196.9

Table 7 All-system Financing Aggregates in Q1 of 2019

Unit: RMB 100 million

	At End-March 2019		In Q1, 2019	
	Stocks (RMB 1 trillion)	YOY change	Increment (RMB 100 million)	YOY change (RMB 100 million)
All-system financing aggregates	208.41	10.7	81,773	23,396
Of which: RMB loans	140.98	13.8	62,893	14,419
Foreign currency loans (converted into RMB)	2.18	−11.3	241	−251
Entrusted loans	12.15	−11.0	−2,278	1,031
Trust loans	7.88	−7.9	836	109
Undiscounted bankers' acceptance bills	4.01	−12.1	2,049	829
Corporate debt	20.79	10.5	9,071	3,801
Specific bonds issued by local governments	7.81	40.4	5,391	4,622
Domestic equity financing by non-financial enterprises	7.06	4.2	531	−752
Other financing	5.36	39.8	1,183	−624
Of which: Asset-backed securities by deposit-taking financial institutions	1.26	80.7	−220	−324
Loan write-offs	3.18	46.0	1,676	−139

Notes: 1. The stock of all-system financing aggregates refer to the balance of financing provided by the financial system to the real economy at the end of a certain period of time. The increment in the all-system financing aggregates refers to the volume of financing provided by the financial system to the real economy during a certain period of time.

2. Since July 2018, the PBC has improved its statistical method for all-system financing aggregates and has included "asset-backed securities by deposit-taking financial institutions" and "loan write-offs" in the all-system financing aggregates, under the category of "other financing".

Beginning in September 2018, the PBC began to include "specific bonds issued by local governments" in the statistics of the all-system financing aggregates and data on specific bonds issued by local governments are calculated based on the registration date of the claim and the debt.

Sources: The People's Bank of China, China Banking and Insurance Regulatory Commission, China Securities Regulatory Commission, China Central Depository & Clearing Co., Ltd., National Association of Financial Market Institutional Investors, and so forth.

billion year on year. Third, corporate debt financing registered a significant year-on-year acceleration, while equity financing registered a year-on-year deceleration. In Q1, corporate debt financing registered RMB 907.1 billion, a year-on-year increase of RMB 380.1 billion, and equity financing by non-financial enterprises recorded RMB 53.1 billion, a year-on-year decrease of RMB 75.2 billion. Fourth, special bonds issued by local governments registered strong year-on-year growth. In Q1, local government special bond financing was recorded at RMB 539.1 billion, up RMB 462.2 billion from the same period of the previous year. Fifth, asset-backed securities and loan write-offs by deposit-taking financial institutions registered a year-on-year deceleration. In Q1, asset-backed security financing by deposit-taking financial institutions recorded RMB –22.0 billion, a year-on-year deceleration of RMB 32.4 billion; loan write-offs recorded RMB 167.6 billion, a year-on-year deceleration of RMB 13.9 billion.

IV. The RMB exchange rate was basically stable, and cross-border capital flows became more balanced

Cross-border capital flows and supply and demand of foreign exchange were basically at an equilibrium; the RMB exchange rate against a basket of currencies remained basically stable; and exchange-rate expectations were well-anchored. Since the beginning of 2019, based on market supply and demand with reference to a basket of currencies, the RMB exchange rate moved in both ways and remained basically stable at a reasonable and equilibrium level. In Q1, the Chinese economy had a stable beginning with increasing positive factors, which boosted market confidence, and the RMB exchange rate appreciated against the USD and the basket of currencies. At end-March, the CFETS RMB exchange-rate index closed at 95.04, up 1.89 percent from end-2018; the RMB exchange-rate index based on the SDR basket closed at 95.23, up 2.24 percent from end-2018. According to calculations by the Bank for International Settlements (BIS), in Q1 the NEER and REER of the RMB appreciated by 2.26 percent and 2.79 percent respectively. From the launch of the reform of the exchange-rate formation regime in 2005 to end-March 2019, the NEER and REER of the RMB appreciated by 34.79 percent and 46.43 percent respectively. At end-March, the central parity of the RMB against the USD was 6.7335, an appreciation of 1.93 percent from end-2018. From the launch of the reform of the exchange-rate formation regime in 2005 to end-March 2019, the central parity of the RMB against the USD appreciated by 22.92 percent on a cumulative basis. In Q1, the annualized volatility rate of the central parity of the RMB against the USD was 3.69 percent, the exchange rate continued to be flexible and it played the role of an "automatic stabilizer" in adjusting the macro-economy and the balance of payments.

Cross-border RMB transactions continued to grow with roughly balanced receipts and payments. In Q1, cross-border receipts and payments in RMB totaled RMB 4.35 trillion, up 19.0 percent year on year. In particular, RMB receipts and payments registered RMB 2.4 trillion and RMB 1.95 trillion

Figure 2 Monthly RMB Payments and Receipts under the Current Account

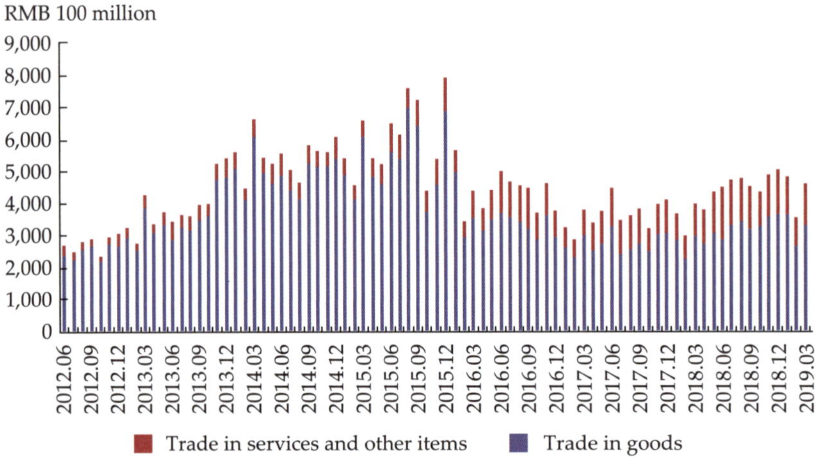

Source: The People's Bank of China.

respectively. RMB cross-border receipts and payments under the current account posted RMB 1.29 trillion, up 23 percent year on year. In particular, settlement of trade in goods registered RMB 0.96 trillion, whereas settlement of trade in services and other items registered RMB 0.33 trillion. RMB cross-border receipts and payments under the capital account posted RMB 3.06 trillion, up 17 percent year on year.

PART 2 Monetary Policy Operations

Since the beginning of 2019, facing new situations and developments in economic and financial operations, the PBC has earnestly implemented the decisions and arrangements of the Central Committee of the Communist Party of China (CPC) and the State Council, deepened supply-side structural reforms in the financial sector and actively responded to internal and external risks and challenges, implemented a prudent monetary policy, and adopted a series of practical and effective measures to maintain liquidity at reasonable and adequate levels and reasonable growth of money and credit, effectively improving market expectations and creating a proper monetary and financial environment for supply-side structural reforms and high-quality development.

I. Conducting Open Market Operations (OMOs) in a Flexible Manner

Carrying out repo operations in a timely and appropriate manner. In Q1, many seasonal and temporary factors affected liquidity in the banking system and the liquidity situation was relatively complex. From the beginning of the year to the Spring Festival, to address various factors, such as the massive cash demand in the run-up to the Spring Festival, the tax payment peak, and the issuance of local government bonds scheduled earlier than in previous years, the PBC flexibly carried out repo operations in the open market and provided short-term funds that would become due in a timely manner after the Spring Festival, on the basis of supplying medium-term and long-term liquidity through RRR cuts, targeted medium-term lending facilities (TMLFs) and so forth. Based on the pace of the pre-holiday cash supply, the PBC reasonably arranged the scale and term structure of repo operations to meet the pre-holiday liquidity demand and to match the due date of such repo operations with the anticipated pace of cash flows into the banking system after the Spring Festival so that the maturity of repos and the MLF would sterilize the excess liquidity after the holiday. Overall, liquidity in the banking system and market expectations were stable at about the time of the Spring Festival, with the liquidity supply facing a better situation than in previous years. Since late February, in view of the changes in the liquidity situation, the PBC has carried out 7-day repo operations in a timely and appropriate manner, mainly during the tax payment period and at other times, to make up for the short-term liquidity gap and to tap the marginal role of open market operations in liquidity adjustment.

Guiding the steady movement of money-market interest rates within a reasonable range. Considering the regulatory needs and the transformation of the monetary-policy framework, the PBC strengthened the role of open market operations by effective adjustments of the short-end interest rate. In Q1, the interest rate of 7-day repo operations was stable at 2.55 percent and the movement of the benchmark interest rate in the money market was steady. The absence of significant fluctuations during the Spring Festival and at quarter-end meant that the intended outcome had been achieved, which was conducive to stable market expectations and the effective transmission of central-bank policy rates.

Creating a central-bank bill swap tool (CBS) and conducting its first operations. In order to improve the market liquidity of commercial banks' perpetual bonds and support the issuance of such bonds to replenish bank capital, and on February 20 the PBC created the CBS facility and carried out its first CBS operations at a rate of 0.25 percent for a total amount of RMB 1.5 billion with one-year maturity. The winning bidders included joint-stock banks, policy banks, and city commercial banks, as well as non-bank financial institutions such as securities companies. The central bank's CBS operations are expected to boost the acceptance of perpetual bonds, improve market expectations, and develop the market for perpetual bonds. The PBC will continue CBS operations in a prudent manner based on market-oriented principles.

II. Conducting the Standing Lending Facility (SLF) and the Medium-term Lending Facility (MLF)

In Q1, the PBC employed a combination of monetary-policy instruments, such as the MLF and the SLF, to enhance the flexibility and effectiveness of liquidity management and to maintain liquidity at a proper and stable level.

The PBC provided short-term liquidity to locally incorporated financial institutions through SLFs to fully meet their demands and to tap the role of the SLF rate as the ceiling of the interest-rate corridor to facilitate smooth operations of the money market. In Q1, the PBC conducted a total of RMB 75.3 billion in SLF operations and at end-March the outstanding balance of SLFs was RMB 32.7 billion. The SLF rates remained unchanged from the end of the last year, with the overnight, 7-day, and 1-month rates at 3.40 percent, 3.55 percent, and 3.90 percent, respectively. In Q1, the PBC used the funds released by the RRR cuts to replace the matured MLFs. At end-March, the outstanding volume of MLFs was RMB 3,726.5 billion, down RMB 1,205 billion from the beginning of the year.

III. Cutting the RRRs for financial institutions and establishing a new RRR framework featuring "three tranches and two preferential treatments"

The Reserve Requirement Ratio (RRR) was cut whereby the released funds were used to replace part of the outstanding MLFs, and the coverage of the RRR reduction preferential policy for inclusive finance was expanded. First, the PBC cut the RRR for financial institutions by a total of 1 percentage point in January through two steps—a 0.5 percentage point cut on January 15 and January 25 respectively. In addition, the outstanding MLFs due to mature in Q1 were not renewed. Replacement of the outstanding MLFs unleashed about RMB 300 billion as long-term liquidity. Second, starting from 2019 the PBC adjusted the assessment criterion for the targeted RRR reduction, i.e., from a single-account credit line below RMB 5 million to a single-account credit line below RMB 10 million, thereby expanding the coverage of the preferential policy of the targeted RRR cuts and benefiting more SMBs. Third, the PBC conducted a dynamic assessment of the 2018 targeted RRR cuts for inclusive finance. Due to the policy incentives, more financial institutions than in the previous year met the criteria for the targeted RRR cuts for inclusive finance, thus freeing up the long-term funds by a net amount of about RMB 250 billion.

The PBC applied a relatively low RRR to small and medium-sized banks and established a new RRR framework consisting of three tranches and two preferential treatments. In order to further deepen the financial sector supply-side structural reforms, guide the rural banks to serve the counties, and enhance support to agriculture, rural areas, rural households, and SMBs, starting from May 15, 2019, the rural commercial banks that serve the counties and the rural credit cooperatives were consolidated into one RRR tranche, so that rural commercial banks that operate solely within a county, or have branches in other county-level administrative regions yet had total assets of less than RMB 10 billion at end-2018 would be subject to the RRR applicable to the rural credit cooperatives. County-level administrative areas refer to counties and other county-level administrative areas including autonomous counties, county-level cities, municipal districts, and banners and autonomous banners where rural commercial banks are registered. As a result of the consolidation, around 1,000 county-level rural commercial banks were eligible for this preferential policy and long-term liquidity in the amount of RMB 300 billion was released, which was similar to a round of targeted RRR cuts. The RRR adjustment is to be carried out in three phases on May 15, June 17, and July 15 successively. Complete implementation will mark the establishment of a new RRR framework of three tranches and two preferential treatments.

Box 2 A New RRR Framework of Three Tranches and Two Preferential Treatments

On May 6, 2019, the PBC announced it would consolidate the rural commercial banks that serve the counties and the rural credit cooperatives into one tranche of RRRs to simplify the tranches. After completion of the three phases of implementation on July 15, a new RRR framework will be established with three tranches and two preferential treatments. "Three tranches" refer to three levels of the RRR based on the systemic importance, the institution type, and service positioning of the financial institutions. The first tranche, currently at 13.5 percent, applies to large banks to reflect the requirements to prevent systemic risks and maintain financial stability. Large banks include the six commercial banks, namely Industrial and Commercial Bank of China, Agricultural Bank of China, Bank of China, China Construction Bank, Bank of Communications, and the Postal Savings

Bank of China. The second tranche is slightly lower, currently at 11.5 percent. It applies to medium-sized banks, including joint-stock commercial banks and city commercial banks. The third tranche, currently at 8 percent, applies to small banks, which include rural credit cooperatives, rural cooperative banks, village banks and rural commercial banks operating and providing services to counties.

The "two preferential treatments" refer to two preferential policies based on the three-tranches. First, first and second tranche banks that have met the evaluation criteria for the targeted RRR cuts for inclusive finance will be eligible for further RRR cuts of 0.5 percentage point or 1.5 percentage points. Second, for banks that operate and provide services to counties, when their local lending accounts for a certain proportion of the increment in their deposits, they will be eligible for a further RRR cut of 1 percentage point. The first preferential policy does not apply to banks operating in counties as they already enjoy a relatively low RRR based on their role in inclusive finance. Application of the preferential policies will result in an actual RRR below the prescribed tranche levels.

IV. Improving the framework for macro-prudential policies

The PBC enhanced macro-prudential management and gave full play to the role of the macro-prudential assessment (MPA) in counter-cyclical adjustments and structural guidance. Starting from the assessment for Q1 of 2019, the MPA criterion for loans to SMBs was adjusted to be consistent with the eligibility criteria for the targeted RRR reduction of inclusive finance. The PBC adjusted the sub-items related to the pace of credit supply to prompt financial institutions to provide lending based on the policy with a good sense of the proportion so to avoid large fluctuations in credit supply. The role of the MPA in structural guidance was further strengthened to support private enterprises and SMBs. The assessment of the share of inter-bank liability in total liability became reasonably flexible to facilitate efforts by financial institutions to replenish funds through multiple channels, to alleviate the financing difficulties of enterprises, and to reduce financing costs.

The regulation of systemically important financial institutions was enhanced. In accordance with the decisions and arrangements of the CPC Central Committee and the State Council, the PBC, together with the relevant departments, formulated the *Guidance on Improving the Regulation of Systemically Important Financial Institutions* (hereafter referred to as the *Guidance*), drawing on international experience and based on the development of the financial industry and regulatory practices in China. On November 27, 2018, the PBC, China Banking and Insurance Regulatory Commission, and China Securities Regulatory Commission jointly issued the *Guidance*, marking the establishment of a regulatory framework for China's systemically important financial institutions. After release of the

Guidance, the PBC, together with the relevant departments, has worked hard to accelerate formulation of the relevant supporting policies, and it will release the assessment methods and the additional regulatory requirements for systemically important financial institutions in the banking, securities, and insurance industries.

V. Introducing the TMLF and supporting more credit supply for key areas and weak links through multiple measures

A targeted medium-term lending facility (TMLF) was created and TMLF operations were conducted on a quarterly basis. In December 2018, the PBC announced the creation of a TMLF that provides longer-term facilities at relatively low cost. The TMLF provides a market-oriented incentive to encourage banks to lend more to private enterprises and to SMBs and to reduce their financing costs. It improves the monetary-policy transmission mechanism by enabling transmission at "the last mile." In January and April 2019, the PBC conducted two TMLF operations on a quarterly basis, with a volume of RMB 257.5 billion and RMB 267.4 billion respectively, both with a maturity of 1-year and an interest rate of 3.15 percent. At the end of the period, the total outstanding balance was RMB 524.9 billion. Upon maturity, the facility can be renewed twice according to the needs of the financial institutions, in effect offering a 3-year maturity. In general, the TMLF provides a good incentive and guiding effects for financial institutions to significantly increase their loans to private enterprises and SMBs.

The PBC used credit-policy supporting central-bank lending, central-bank discounts, Pledged Supplementary Lending (PSL), and other policy instruments to guide financial institutions to increase support to key areas and weak links in the economy, such as SMBs, private enterprises, agriculture, rural areas and rural residents, poverty alleviation, renovation of shantytowns, and water conservancy. The PBC continued the nationwide pilot project of credit-asset pledges and central-bank internal ratings, which effectively solve the problem of local small and medium-sized financial institutions lacking collateral for central-bank lending. At end-March, outstanding central-bank lending to support agriculture, rural areas, and rural residents posted RMB 258.6 billion; such lending for SMBs posted RMB 225.3 billion, and such lending for poverty alleviation posted RMB 167.9 billion. Outstanding central-bank discounts stood at RMB 385.8 billion. In Q1, the PBC provided RMB 161.4 billion of PSLs to policy and development banks, and at end-March the outstanding volume of PSLs was RMB 3,541.0 billion.

VI. Giving full play to window guidance and credit policies for structural guidance

The PBC combined efforts to promote supply-side structural reforms with structural adjustments of credit policies to provide financial services to support high-quality development of the manufacturing industry, optimization of a modern service industry, the major national strategy, and the people's livelihood, and it guided financial resources to key fields and weak links in economic and social development to effectively meet the financing needs of the real economy.

First, financial services were improved for the supply-side structural reforms and the high-quality development of the manufacturing industry. Information-sharing between manufacturing industries and the financial sector and cooperation among banks, securities companies, and insurance companies were strengthened to promote high-quality development of the manufacturing industry. The PBC further improved the arrangements for loan renewals without principal repayments to reduce the costs of bridge financing for manufacturing enterprises. Measures were adopted to support an orderly exit from lending to enterprises in sectors with excess capacity and to those that have been insolvent and loss-making for a long time. The problem of the debts of zombie enterprises was addressed through bankruptcy, reorganization, and debt restructuring.

Second, financial services for modern services were optimized. Continued efforts were made to provide financial services in key sectors, such as infrastructure building, shantytown rebuilding, underground pipelines, railways, and energy, to promote financing with orders or accounts receivable as collateral by upstream and downstream enterprises in industries such as brick-and-mortar retailing, logistics, software, and digital and electronic commerce. Consumer financial services were optimized to support consumption development in the key fields of elderly care, medical care, culture, tourism, and housekeeping.

Third, efforts were made to support implementation of major national strategies with financial services, including the coordinated development of the Beijing-Tianjin-Hebei area, the Belt and Road Initiative, the Yangtze Economic Belt, the Guangdong–Hong Kong–Macao Greater Bay Area, and civil-military integration.

Fourth, financial services were provided to support targeted poverty alleviation. The PBC promoted the establishment and improvements in a benefit-linking mechanism to facilitate enterprise participation in poverty alleviation and to effectively combine financial services with such endeavors; financial institutions were encouraged to allocate new funds, new projects, and new services to highly impoverished areas; and comprehensive financial services were provided for poverty-relief relocations and resettlement. Measures were adopted to vigorously develop inclusive finance, build the credit system and payment system, and improve the financial environment in poor areas. Special attention was paid to the risks of financial-sector participation in poverty alleviation in order to enhance sustainability.

Fifth, financial services were provided to support rural revitalization. Jointly with the relevant agencies, the PBC issued the *Guiding Opinions on Financial Services for Rural Revitalization* to clarify the key tasks in the organizational framework for financial services, to support for targeted sectors, financial products and service innovations, and a system for the supply of funds and the build-up of financial infrastructure so as to require financial institutions to allocate more resources to rural revitalization. The PBC will also follow up on the expired pilot projects of collateralized loans with operational rights for contracted farmland and with rural housing property, will expand collateralized loans against operational rights for contracted farmland, and will incorporate the pilot program of collateralized loans against rural housing property into overall consideration of the rural housing land reform.

Sixth, efforts were made to constantly deepen financial services for private SMBs. The PBC urged financial institutions to optimize the allocation of credit resources and to improve the performance-assessment scheme and the internal-incentive mechanism. It promoted due diligence and corresponding exemptions for credit to private SMBs. It also tried to add initiatives for financial institutions to extend loans to SMBs by facilitating applications for Fintech innovations such as the Internet and big data.

Seventh, the PBC is constantly working to support employment and business start-ups through financial instruments. To do this, the PBC strengthened the provision of guaranteed loans for start-ups and of various types of financial support for veterans and graduates of colleges and universities so as to start businesses or to find jobs.

Eighth, the PBC is continuing its efforts to provide financial services to vulnerable groups and regions, such as students, migrant workers, and ethnic areas. For healthy development, the PBC optimized the market-oriented operations mechanism for asset securitization.

VII. Deepening the market-oriented interest-rate reform

Continued efforts were made to deepen the market-oriented interest-rate reform so as to steadily combine the dual-track of interest rates into a single track. The market-oriented mechanism to form, adjust, and transmit interest rates has been improved so as to clear the transmission path of the PBC's policy rates to market rates. The PBC is also working to enhance the independent pricing capacity of financial institutions by giving full play to market-oriented interest rates, such as the Shanghai Inter-bank Offered Rate (Shibor), the Loan Primary Rate (LPR), and the Medium Term Lending Facility (MLF) rate, to expand room for pricing and to encourage adequate market competition, which will be helpful for financial institutions to more accurately conduct risk pricing and to better serve the real economy.

Box 3 Steadily Shifting the "Dual-track" Interest-Rate Mechanism to a "Single-track" Mechanism

Liberalization of interest rates is one of the most fundamental reforms in the financial sector. Under the arrangements of the Party Central Committee and the State Council, interest-rate liberalization has proceeded smoothly and made substantial headway since its kickoff in the mid-1990s. First, interest-rate controls have been broadly removed. In July 2013, controls of lending rates for financial institutions were fully removed. In October 2015, the ceiling on the floating band of deposit rates at commercial banks and rural cooperative financial institutions were removed. Second, benchmark interest rates, including the Shanghai Inter-bank Offered Rate (Shibor), the Loan Prime Rate (LPR), and the T-bond yield curve, have been established. Third, an interest-rate corridor has been preliminarily established, thus the PBC has enhanced its market-oriented adjustment capacity and transmission efficiency. Fourth, the self-disciplined pricing mechanism for market rates has been established and improved. It provides self-discipline in the pricing behavior of financial institutions and effectively maintains competitive order in the market.

Currently, the key task of interest-rate liberalization is to smoothly advance the shift of the "dual-track" system to a "single-track" mechanism and to rationalize the pricing of funds. The so-called "dual-track" mechanism refers to the coexistence of benchmark deposit and lending rates and risk-free market rates. On the one hand, the benchmark deposit and lending rates remain the pricing anchors in China's deposit and lending market. Despite the removal of the upper and lower limits for deposit and lending rates, the central bank still announces such benchmark rates as the reference rates. Specifically, the benchmark lending rates for financial institutions have always been the references for the internal loan-rate assessment and the external quoting and contract rates. On the other hand, China's risk-free market rates saw sound development. Indicative rates, such as the pledged repo rates, the T-bond yield curves, and the rates for open market operations have increasingly become references for the interest-rate pricing of financial institutions.

Such a "dual-track" mechanism obstructed the effective transmission of monetary policy. The Government Work Report notes that interest-rate liberalization should be deepened to reduce real interest rates. Currently, as liquidity in the banking system is reasonable and adequate and money market rates are stable, the real lending rates are subject to risk premiums. To further interest-rate liberalization, the focus should be on the shift from a "dual-track" mechanism to a "single-track" mechanism. This will help foster market competition, improve risk pricing by financial institutions, reduce risk premiums, and further smooth the transmission of money-market rates to lending rates, thus reducing the financing costs for SMBs.

The smooth shift of a "dual-track" mechanism to a "single-track" mechanism depends on the fostering of a market-oriented loan-pricing mechanism. International experience indicates that the US, Japan, India, and other countries have set up a quotation mechanism, similar to the LPR, as the pricing reference for loans, and such an arrangement has played an important role in promoting interest-rate liberalization. Learning from international practices, a centralized quotation and LPR publishing mechanism was officially launched on October 25, 2013. The LPR is the lending rate for premium customers quoted by the major commercial banks and published by the National Inter-bank Funding Center as entrusted by the PBC. It is supervised by the self-disciplined pricing mechanism of market rates under the guidance of the PBC. The LPR has been well recognized and trusted by the market since its launch and it has become an important reference for lending-rate pricing of financial institutions.

Going forward, under the guidance of the Party Central Committee and the State Council, the PBC will prudently advance the shift of the "dual-track" mechanism to a "single-track" mechanism and deepen interest-rate liberalization. The PBC will continue to tap into the self-disciplined pricing mechanism of market rates, maintain competitive order in the loan market, stabilize the funding costs of banks, and provide favorable conditions to reduce the funding costs of the corporate sector.

VIII. Improving the market-oriented RMB exchange-rate regime

Since 2019, cross-border capital flows and foreign-exchange supply and demand have basically been balanced with stable exchange-rate expectations. The PBC has responded flexibly to market conditions and has given priority to the domestic situation, while also giving due consideration to international factors so as to achieve an overall balance with multiple objectives. With reference to the foreign-exchange rates of a basket of currencies, the RMB exchange rate floated both upward and downward and remained basically stable at a reasonable and balanced level.

In Q1, the highest and lowest central parities of the RMB against the USD were RMB 6.6850 and RMB 6.8631 per USD, respectively. During the 58 trading days, the RMB appreciated on 32 days and depreciated on 26 days. The biggest intra-day appreciation and depreciation was 0.70 percent (469 bps) and 0.61 percent (414 bps), respectively. The exchange rates of the RMB have generally been strengthened against the other major currencies. At end-March, the central parities of the RMB against the euro, the British pound, and the Japanese yen stood at RMB 7.5607 per euro, RMB 8.7908 per pound, and RMB 6.0867 per 100 yen, representing an appreciation of 3.79 percent, a depreciation of 1.30 percent, and an appreciation of 1.68 percent from end-2018 respectively. From the RMB exchange-rate regime reform in 2005 to end-March 2019, the RMB appreciated by a cumulative 32.45 percent against the euro and 20.03 percent against the yen. Direct RMB trading was buoyant on the inter-bank foreign-exchange market, with an obvious increase in liquidity, which lowered the conversion costs for market participants and facilitated bilateral trade and investment.

At end-March, under the bilateral currency swap agreements between the PBC and

Table 8 Trading Volume of the RMB Against Other Currencies in the Interbank Foreign Exchange Spot Market in Q1 of 2019

Unit: RMB 100 million

Currency	USD	EUR	JPY	HKD	GBP	AUD	NZD
Trading volume	128,492.45	2,391.33	798.86	433.19	81.78	272.80	53.97
Currency	SGD	CHF	CAD	MYR	RUB	ZAR	KRW
Trading volume	381.05	36.89	144.30	7.09	51.19	0.22	42.28
Currency	AED	SAR	HUF	PLN	DKK	SEK	NOK
Trading volume	5.05	5.75	0.06	0.11	10.08	10.60	5.36
Currency	TRY	MXN	THB	KHR	KZT	VND	MNT
Trading volume	0.68	0.05	116.95	0	0	0	0

Source: China Foreign Exchange Trade System.

foreign monetary authorities, the latter utilized a total of RMB 33.041 billion and the former utilized the equivalent of USD 480 million of foreign currency. These operations played a positive role in promoting bilateral trade and investment.

The PBC continued to issue central-bank bills in Hong Kong. On February 13 and May 15, 2019, the PBC issued a total of RMB 40 billion of central-bank bills by tender on the HKMA Central Money Market Unit (CMU) bond tendering platform. The scale of each issuance was RMB 20 billion, with three-month and one-year bills accounting for each RMB 10 billion. The issuance attracted active subscriptions by a large number of investors in the offshore market. The successive successful issuance of RMB central-bank bills in Hong Kong was conducive to enriching RMB financial products with high credit ratings in Hong Kong, improving the yield curve of RMB bonds in Hong Kong, and promoting the internationalization of the RMB.

IX. Deepening the reforms of financial institutions

The reform plan for development-oriented and policy-oriented financial institutions has been fully implemented. The PBC, together with members of the reform working group, orderly advanced reform measures to put in place a board of directors so as to enhance the governance structure and to define the scope of their businesses. As of now, the new boards of directors in China Development Bank and China EximBank have been established and are functioning effectively. A board of directors of Agricultural Development Bank of China is in the process of being formed. The PBC will continue to encourage the three banks to clarify their functions and to improve their risk management and control so as to better serve the national strategies for development and the policy targets.

X. Deepening reforms of foreign-exchange administration

Improvements were made in foreign-exchange management to better serve the real economy. First, efforts were made to further exercise law-based governance and deepen reforms to delegate powers and improve regulations and services. Continued efforts were made to streamline administration and regulatory documents so as to optimize services for foreign-exchange management. Second, efforts were made to facilitate the liberalization of trade and investment. Pilot projects were launched to facilitate the receipts and payments under trade in goods, and the *Regulations on Centralized Operations of Cross-border Funds by Multinational Companies* were revised and issued to facilitate settlement and payment in foreign exchange under the capital account so as to create a favorable business environment. Third, foreign-exchange management measures were promoted to support the development of pilot free-trade zones, construction of the Guangdong–Hong Kong–Macao Greater Bay Area, and comprehensive in-depth reforms and opening up in Hainan.

Reforms in key areas were deepened. First, the total quota for Qualified Foreign Institutional Investors (QFII) was increased from USD 150 billion to USD 300 billion to meet the needs of foreign investors to invest in China's capital markets. Second, the institutional reforms of the QFIIs and the RMB Qualified Foreign Institutional Investors (RQFII) were facilitated to expand market access and investment scope. Third, the *Regulation Regarding Equity Incentive Funds for Foreign Employees of Domestic Listed Companies* was issued to facilitate the transactions of equity incentive returns of foreign employees in domestically listed companies.

Order in the foreign-exchange market was effectively safeguarded. Monitoring and examination of high-risk businesses was enhanced. The PBC continued to crack down on illegal underground banks and their counterparties and to prudently resolve the illegal online foreign-exchange trading platforms.

PART 3 Financial Market Analysis

In the first quarter of 2019, performance of the money and bond markets was generally smooth, and the stock market edged up amid fluctuations. Money-market interest rates declined and the volume of trading increased rapidly. The government bond yield curve moved downward, the coupon rate of corporate debenture bonds declined dramatically, and the volume of bond trading and issuances increased significantly. The stock-market rebounded notably and the trading volume expanded by a large margin.

I. Analysis of the financial market

1. Money-market interest rates declined and the volume of trading saw rapid growth

Liquidity in the banking system was at a reasonable and adequate level and money-market interest rates declined. In March, the monthly weighted average interest rate of inter-bank lending and of pledged repos posted 2.42 percent and 2.47 percent respectively, down 15 basis points and 21 basis points from December 2018. The monthly weighted average interest rate of pledged repos of zero-risk bonds among deposit-taking institutions posted 2.35 percent, down 8 basis points from December 2018 and 12 basis points lower than that of the pledged repos. The Shibor generally declined. At end-March, the overnight and 7-day Shibor posted 2.49 percent and 2.70 percent respectively, down 6 basis points and 20 basis points respectively from end-2018. The 3-month and 1-year Shibor posted 2.80 percent and 3.05 percent respectively, down 55 basis points and 47 basis points from end-2018.

Repo transactions and lending on the inter-bank market grew rapidly, with Chinese-funded large and medium-sized banks as net lenders. Borrowing by securities and insurance institutions increased dramatically. In the first quarter of 2019, the cumulative volume of bond repos on the interbank market totaled RMB 196.6 trillion, representing an average daily turnover of RMB 3.3 trillion and a year-on-year increase of 21.3 percent. The volume of interbank lending reached RMB 41 trillion, with an average daily turnover of RMB 683.3 billion and a year-on-year increase of 36.3 percent. In terms of the maturity structure, overnight repos and overnight lending accounted for 84.2 percent and 91.7 percent respectively of the turnover in bond repos and interbank lending, up 5.8 percentage points and 3.0 percentage points year on year. The volume of bond repos on the exchange markets declined 3.2 percent year on year to RMB 56.6 trillion. In terms of financing among financial institutions, the flow of funds displayed the following characteristics. First, Chinese-funded large and medium-sized banks were net lenders, providing RMB 85.2 trillion of net lending in Q1 of 2019 through repos and inter-bank lending, up 20.9 percent year on year. Second, borrowing by insurance companies grew notably, reaching RMB 2 trillion in Q1 of

Table 9 Fund Flows among Financial Institutions in Q1 of 2019

Unit: RMB 100 million

	Repos		Interbank lending	
	2019 Q1	2018 Q1	2019 Q1	2018 Q1
Chinese-funded large banks[1]	−516,915	−386,504	−83,417	−65,814
Chinese-funded medium-sized banks[2]	−212,088	−215,385	−39,830	−37,281
Chinese-funded small-sized banks[3]	52,584	132,983	37,387	45,250
Securities institutions[4]	190,239	134,676	66,229	41,784
Insurance institutions[5]	19,818	9,377	93	82
Foreign-funded banks	26,569	18,860	−6,838	579
Other financial institutions and vehicles[6]	439,794	305,994	26,376	15,399

Notes: 1. Chinese-funded large banks include Industrial and Commercial Bank of China, Agricultural Bank of China, Bank of China, China Construction Bank, China Development Bank, Bank of Communications, and the Postal Savings Bank of China.
2. Chinese-funded medium-sized banks refer to policy banks, China Merchants Bank, and eight other joint-equity commercial banks, Bank of Beijing, Bank of Shanghai, and Bank of Jiangsu.
3. Chinese-funded small-sized banks refer to Hengfeng Bank, China Zheshang Bank, China Bohai Bank, other city commercial banks, rural commercial banks, rural cooperative banks, and village and township banks.
4. Securities institutions include securities firms, fund management companies, and futures companies.
5. Insurance institutions include insurance firms and corporate annuities.
6. Other financial institutions and vehicles include urban credit cooperatives, rural credit cooperatives, finance companies, trust and investment companies, financial leasing companies, asset management companies, social-security funds, mutual funds, wealth management products, trust plans, and other investment vehicles. Some of these financial institutions and vehicles do not participate in the interbank lending market.
7. A negative sign indicates net lending and a positive sign indicates net borrowing.
Source: China Foreign Exchange Trade System.

2019 on a net basis and posting growth of 110 percent year on year. Third, net borrowing by other financial institutions and vehicles and by securities companies continued their rapid growth, totaling RMB 46.6 trillion and RMB 25.6 trillion respectively, up 45 percent and 45.3 percent year on year.

Interbank CDs and CD businesses witnessed orderly development. In Q1 of 2019, a total of 5,617 interbank CDs were issued on the interbank market, raising RMB 4.03 trillion. The volume of trading on the secondary market totaled RMB 38.66 trillion, and the issuance and trading of CDs were all priced with reference to the Shibor. The correlation between the issuance rate of interbank CDs and the mid- and long-term Shibor has been further enhanced. In Q1 of 2019, the weighted average interest rate of 3-month interbank CDs was 2.82 percent, 5 basis points lower than that of the 3-month Shibor. A total of 13,578 CDs were issued by financial institutions, raising RMB 4.44 trillion, an increase of RMB 2.19 trillion year on year. The orderly development of CD businesses helped further expand the scope of market-priced liability products, build the pricing capability of financial institutions, and improve the market-based interest-rate mechanism and the transmission mechanism.

Interest-rate swaps declined. In Q1 of 2019, 49,000 deals were reached on the RMB interest-rate swap market, a year-on-year increase of 16.6 percent, with the volume of the notional principal totaling RMB 3.81 trillion, a decrease of 27.9 percent year on

Table 10 Transactions of Interest Rate Swaps in Q1 of 2019

	Deals (lots)	Amount of the notional principal (RMB 100 million)
2019 Q1	49,493	38,146.87
2018 Q1	42,456	52,882.92

Source: China Foreign Exchange Trade System.

Figure 3 Yield Curves of Government Securities in the Interbank Market

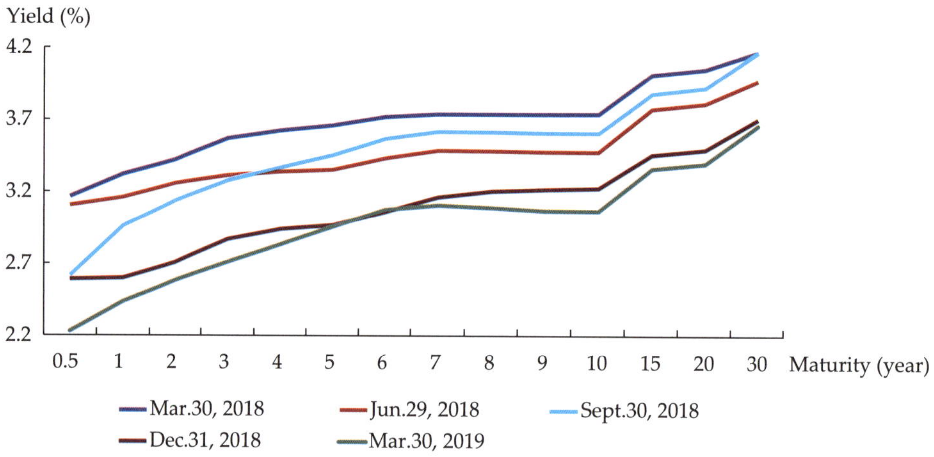

Source: China Central Depository & Clearing Co., Ltd.

year. In terms of the maturity structure, contracts with maturities of up to one year were the most active type of transaction and the volume of the notional principal reached RMB 2.28 trillion, accounting for 59.8 percent of the total. In terms of the reference rates, the 7-day fixed repo rate and the Shibor served as the reference rates for the floating leg of RMB interest-rate swap transactions, accounting for 74.2 percent and 24.4 percent respectively of the total notional principal of the interest-rate swaps.

2. The government bond yield curve moved downward, the coupon rate of corporate debenture bonds declined notably, and transactions and issuances of bonds expanded year on year

The government bond yield curve moved downward. In Q1 of 2019, government bond yields of all maturities generally declined. At end-March, the yield of 1-year, 3-year, 5-year, 7-year, and 10-year government bonds posted 2.44 percent, 2.71 percent, 2.96 percent, 3.11 percent, and 3.07 percent respectively, down 16 basis points, 16 basis points, 1 basis point, 5 basis points, and 16 basis points from end-2018. The spread between 1-year and 10-year government bonds was 63 basis points, the same as that at end-2018. The bond indices moved up moderately. The China Bond Composite Index (net price) increased from 102.07 points at the beginning of 2019 to 102.14 points at end-March, up 0.07 percent. The China Bond Composite Index (full price) reached 119.36 points, registering an increase of 0.32 percent. The Shanghai Stock Exchange

T-Bond Index posted 172.02 points, an increase of 1.18 percent.

In general, the coupon rates of government bonds remained stable and the coupon rates of corporate debenture bonds continued to decline. The coupon rate of 10-year government bonds issued in March was 3.25 percent, unchanged from such government bonds of the same maturity issued in December 2018. The coupon rate of 10-year financial bonds issued by China Development Bank in March was 3.65 percent, an increase of 6 basis points from such financial bonds of the same maturity issued in December 2018. The average rate of 1-year short-term financing bills (rated A-1) issued by AAA-rated enterprises was 3.42 percent, down 60 basis points from December 2018. The average coupon rate of 5-year medium-term notes was 4.67 percent, a decline of 44 basis points from December 2018. The Shibor continued to serve as an important benchmark rate for bond pricing. In Q1 of 2019, a total of 10 floating-rate bonds and interbank certificates of deposit were issued based on the Shibor, with a gross issuance volume of RMB 8.55 billion. A total of 104 fixed-rate enterprise bonds was issued, with a gross issuance volume of RMB 85.159 billion, all based on the Shibor. A total of RMB 68.8 billion of fixed-rate short-term financing bills was issued based on the Shibor, accounting for 51.8 percent of all fixed-rate short-term financing bills.

The volume of spot bond transaction increased dramatically. In Q1 of 2019, the cumulative volume of spot bond trading posted RMB 43.3 trillion, representing a daily average of RMB 721.9 billion and an increase of 80.2 percent year on year. In terms of trading participants, Chinese-funded small- and medium-sized banks and securities institutions were net bond sellers, with net sales totaling RMB 2.0 trillion; other financial institutions and vehicles were net bond buyers, with net purchases totaling RMB 1.9 trillion. Chinese-funded large banks shifted from net sellers to net buyers for the first time since Q2 of 2017, with net purchases totaling RMB 116.2 billion. In terms of products, a total of RMB 7.2 trillion of spot government bonds was traded, accounting for 16.6 percent of the total spot transactions on the interbank market. The spot trading of financial bonds and corporate debenture bonds reached RMB 31.0 trillion and RMB 5.1 trillion respectively, accounting for 71.5 percent and 11.8 percent respectively. The volume of spot bond transactions on the stock exchanges totaled RMB 1.9 trillion, an increase of 18.4 percent year on year.

Bond issuances witnessed large increase. In Q1 of 2019, a total of RMB 10.2 trillion of bonds was issued, an increase of RMB 1.4 trillion year on year. This was mainly due to the increase in the issuance of local government debts and corporate debenture bonds. At end-March, outstanding bonds totaled RMB 88.8 trillion, up 16.4 percent year on year.

Table 11 Bond Issuances in Q1 of 2019

Unit: RMB 100 million

Type of bond	Issuances	YOY change
Government securities	5,090	−109
Local government bonds	14,067	11,871
Central-bank bills	0	0
Financial bonds[1]	59,381	−5,618
Of which: Financial bonds issued by China Development Bank and policy financial bonds	9,652	459
Interbank certificates of deposits	40,482	−11,942
Corporate debenture bonds[2]	23,859	7,872
Of which: Debt-financing instruments of non-financial enterprises	18,567	5,721
Enterprise bonds	820	−302
Corporate bonds	4,278	2,401
Bonds issued by international institutions	85	−127
Total	102,482	13,889

Notes: 1. Including financial bonds issued by China Development Bank, policy financial bonds, bonds issued by commercial banks (including ordinary bonds, subordinated bonds, and hybrid bonds), bonds issued by securities firms, interbank certificates of deposits, and so forth.

2. Including debt-financing instruments issued by non-financial enterprises, enterprise bonds, corporate bonds, convertible bonds, bonds with detachable warrants, privately placed SME bonds, and so forth.

Sources: The People's Bank of China, China Securities Regulatory Commission, and China Central Depository & Clearing Co., Ltd..

Box 4 Positive Results from the Opening-up of China's Financial Sector

The CPC Central Committee and the State Council pay great attention to the opening-up of the financial sector. The report from the 19th meeting of the CPC Central Committee announced that China will promote an all-round opening-up, significantly broaden market access, and expand the opening-up of the service sector. In April 2018, at the Boao Forum for Asia President Xi Jinping highlighted that China will significantly broaden market access and implement major opening-up measures "sooner rather than later." To fulfill the instructions of the CPC Central Committee and the State Council, in collaboration with the related departments, the PBC has in rolled out a series of opening-up measures in an expedited manner and has achieved positive results.

A new round of opening-up measures in the banking, securities, and insurance sectors. The foreign ownership cap was removed for banks, and asset management companies, as well as financial asset investment companies and wealth management companies newly established by commercial banks. The foreign ownership caps for securities companies, fund management companies, futures companies, and life insurance companies were lifted to 51 percent, and by 2021 they will be removed. The business scope of foreign banks was expanded dramatically. No specific restrictions will be imposed on the business scope of jointly funded securities companies, and domestic and foreign institutions will be treated equally. The business scope of foreign-invested insurance brokerage companies was expanded to match their Chinese counterparts.

Access restrictions for the credit information, rating, and payment industries are being removed gradually. Currently, foreign institutions are allowed to conduct corporate credit information businesses and to provide credit-rating services in China. The access policy for foreign bankcard clearing institutions and non-bank payment institutions has been clarified and national treatment has been granted.

The two-way opening-up of the capital market is advancing steadily. The PBC further opened the bond market, improved the supporting institutions, including accounting, tax, and trading, and deepened the interconnectivity between the domestic and foreign financial markets. RMB-denominated crude oil futures were introduced for international investors, and foreign traders were given access to commodity futures transactions, such as iron ore.

The opening-up measures in the financial sector have been well received by the international community and remarkable progress has been made in terms of market access and business expansion for foreign institutions. The PBC, together with the CBIRC, has approved an application from American Express to establish Lian Tong, a bankcard clearing institution. This marks an important step for the opening-up of China's bankcard market. Standard & Poor's has become the first foreign company approved to enter China's credit-rating market. The CBIRC has granted permission to the German Insurer Allianz to establish Allianz (China) Insurance Holding Company Limited, making it the first foreign-held insurance company in China. The CSRC has officially endorsed the application of UBS to increase the share-holding of UBS Securities to 51 percent, making it the first foreign-held securities company in China. By end-March 2019, 1,443 foreign institutions had entered the inter-bank bond market, with total bond holdings amounting to RMB 1.77 trillion, up 31 percent year on year. Capitalization of Mainland stocks held by Hong Kong investors through the Shanghai and Shenzhen Stock Connect reached RMB 1.033 trillion, up 80 percent year on year. The total value of RMB financial assets (stocks, loans, deposits, and so forth) held in China by foreign entities registered RMB 5.4 trillion, up 19 percent year on year. On April 1, 2019, Bloomberg officially included RMB-denominated Chinese government bonds and policy bank bonds into the Bloomberg-Barclays Global Aggregate Index. Beginning in May, the MSCI will gradually increase the weighting of Chinese A-shares in the global benchmark index from 5 percent to 20 percent.

Further opening-up of the financial sector is an intrinsic requirement for China to secure high-quality growth and it is conducive to building a diversified financial system and promoting supply-side structural reforms of the financial sector. The Chinese economy is shifting from rapid growth to high-quality development. In the process of the transition of the economic structure, the financial sector should also explore a new mode compatible with the future economic structure. Further expanding the opening-up of the financial sector will bring in foreign capital, management experience, and products and services, enhance market competition, and improve the efficiency of financial resource allocations, so as to better serve the real economy.

Further opening-up of the financial sector is an inevitable choice for China, as it becomes deeply integrated into the global economy. Currently, the Chinese economy is already integrated into the globalization process. As Chinese enterprises "go global," their financing needs will increase, which will require that Chinese financial institutions establish an overseas presence and provide services. To help Chinese financial institutions compete in the global market, the domestic financial market must be opened to establish a universal financial-management system with equal treatment for domestic and foreign institutions and to introduce market rules that are fair, open, transparent, and universal. This will ensure better adaptation to the complex international environment and a stronger comprehensive global service capacity.

Going forward, the financial sector opening-up will proceed in line with three principles. First, pre-establishment national treatment and a negative list will be adopted. Second, the financial sector opening-up will proceed in tandem with the progress in the exchange-rate regime reform and the convertibility of the capital account. Third, financial regulatory capacity should match the openness of the financial sector so as to prevent financial risks. The PBC will, in accordance with the decisions and plans of the CPC Central Committee and the State Council, unswervingly promote the opening-up of the financial sector. The soft environment will be improved through inter-agency efforts, supporting policies will be rolled out, the cross-border transaction and settlement mechanism will be improved, and foreign investors will enjoy more convenient market access. The PBC will spare no efforts to advance a high-level opening-up, promote the growth of the Chinese economy, and safeguard financial stability.

3. Bill financing rose rapidly, while interest rates remained low, which helped to reduce the financing difficulties and costs of small and micro businesses

The bill acceptance business witnessed steady growth. In Q1 of 2019, commercial bills issued by enterprises totaled RMB 4.8 trillion, rising 18.6 percent year on year. At end-March, outstanding commercial bills stood at RMB 10.6 trillion, up 25.1 percent year on year, while outstanding bill acceptances had expanded by RMB 1.2 trillion from the beginning of the year. In terms of the sectoral structure, outstanding banker's acceptances were concentrated in the manufacturing, wholesale, and retail sectors. In terms of issuers, two-thirds of the outstanding banker's acceptances were issued by medium-sized, small, and micro enterprises.

Bill financing expanded rapidly, whereas bill market interest rates fluctuated at low levels. In Q1 of 2019, total discounts by financial institutions amounted to RMB 10 trillion, growing 41 percent year on year. At end-March, the discount balance was RMB 6.6 trillion, up 71.3 percent year on year. The balance of bill financing continued its upward trend from the last year, but it slowed down in March when its growth accounted for only 12 percent of quarterly growth. At end-March, the balance of bill financing increased by RMB 783.4 billion from the beginning of the year and accounted for 4.6 percent of total outstanding loans, 1.5 percentage points more than during the same period of 2018. In Q1 of 2019, liquidity in the banking system was reasonable and adequate. Excluding the Spring Festival factor, demand and supply in the bill market were both strong, and interest rates fluctuated modestly at low levels. Bills featured a short maturity, greater conveniences, and better liquidity, making them an important financing channel for medium-sized and small enterprises. Currently, more than 60 percent of bill financing comes from medium-sized, small, and micro enterprises. Bill financing mainly supports the real economy and contributes to easing the financing difficulties and costs for small and micro businesses.

4. The stock indices rebounded significantly and the volume of trading increased substantially

The stock indices rebounded significantly. At end-March, the Shanghai Stock Exchange Composite Index closed at 3,091 points, up 23.9 percent from end-2018. The Shenzhen Stock Exchange Component Index closed at 9,907 points, up 36.8 percent from end-2018. The Growth Enterprise Board (GEM Board) Index closed at 1,694 points, up 35.4 percent from end-2018. At end-March, the weighted average P/E ratio of A-shares on the Shanghai Stock Exchange surged to 15.5 times, from 12.5 times at end-2018, and that on the Shenzhen Stock Exchange surged to 26.3 times, from 20.2 times at end-2018.

Turnover on the stock markets increased substantially. In Q1 of 2019, the combined turnover on the Shanghai and Shenzhen stock exchanges reached RMB 34.1 trillion and the average daily turnover was RMB 587.5 billion, up 22.7 percent year on year. Turnover on the GEM Board totaled RMB 5.6 trillion, an increase of 30.3 percent year on year. At end-March, the combined market capitalization of the Shanghai and Shenzhen stock exchanges posted RMB 45.6 trillion, rising 2.4 percent year on year. The market capitalization of the GEM Board posted RMB 3.4 trillion, rising 3.3 percent year on year.

Equity financing declined year on year. In Q1 of 2019, domestic enterprises and financial institutions raised a total of RMB 100.5 billion by way of IPOs, additional offerings, rights issues, and warrant exercises on the domestic and overseas stock markets, a decrease of 50.3 percent year on year. Among this total, RMB 90.8 billion was raised on the A-share market, down 50 percent year on year.

Table 12 Asset Allocations in the Insurance Sector at End-March, 2019

Unit: RMB 100 million, %

	Outstanding balance		As a share of total assets	
	End-March 2019	End-March 2018	End-March 2019	End-March 2018
Total assets	191,082	172,242	100.0	100.0
Of which: Bank deposits	26,189	20,182	13.7	11.7
Investments	144,364	132,451	75.6	76.9

Source: China Banking and Insurance Regulatory Commission.

5. Growth of premium income in the insurance sector picked up and asset growth accelerated

In Q1 of 2019, total premium income in the insurance sector reached RMB 1.6 trillion, a year-on-year growth of 15.9 percent and 17.4 percentage points higher than that in 2018. Claims and benefits payments posted RMB 331.8 billion, a year-on-year increase of 1.5 percent. Specifically, total property insurance claims and benefits payments increased 13.7 percent year on year, while total life insurance claims and benefits payments decreased 6.1 percent.

Asset growth in the insurance sector accelerated. At end-March, total assets in the insurance sector posted RMB 19.1 trillion, up 10.9 percent year on year and an acceleration of 1.5 percentage points from end-2018. Among this, bank deposits surged 29.8 percent year on year and investment-linked assets increased 9.0 percent year on year.

6. Swap transactions on the foreign-exchange market witnessed rapid growth.

Trading on the foreign-exchange market was active. In Q1 of 2019, the turnover of spot RMB/foreign-exchange transactions reached USD 1.97 trillion, an increase of 32.4 percent year on year. The turnover of RMB/foreign-exchange swap transactions totaled USD 4.53 trillion, up 30.1 percent year on year. Specifically, overnight RMB/USD swap transactions posted USD 2.6 trillion, accounting for 58.3 percent of total swap turnovers. The turnover on the RMB/foreign-exchange forward market totaled USD 19.2 billion, down 7.9 percent year on year. The transactions of foreign currency pairs totaled USD 79.5 billion, an increase of 145.9 percent year on year, and EUR/USD transactions registered the largest trading volume, accounting for 52.1 percent of the total.

Participants on the foreign-exchange market expanded further. At end-March, there were 686 members on the foreign-exchange spot market in the interbank foreign-exchange market, 221 members on the foreign-exchange forward market, 217 members on the foreign-exchange swap market, 182 members on the currency-swap market, and 129 members on the foreign-exchange options market. There were 32 market-makers on the spot market and 27 market-makers on the forward and swap markets.

7. Gold prices declined following sizable growth

Gold prices on the Shanghai Gold Exchange declined following sizable growth and closed with a slight drop. In Q1 of 2019, the daily fix on the London Gold Market peaked at USD 1,345.75 per ounce and hit a trough of USD 1,278.70 per ounce, closing at USD 1,295.40 per ounce at end-March, a gain of 1.07 percent compared with end-2018. The peak and trough prices of gold (AU9999) on the Shanghai Gold Exchange were RMB 293.8 per gram and RMB 278 per gram respectively. At end-March, the AU9999 closed at RMB 281 per gram on the Shanghai Gold Exchange, down 1.26 percent over end-2018.

The volume of trading on the Shanghai Gold Exchange maintained its growth. In Q1 of 2019, the cumulative volume of gold trading on the Shanghai Gold Exchange was 14,600 tons, an increase of 9.95 percent year on year, and the turnover posted RMB 4.15 trillion, up 14.55 percent year on year.

II. Development of institutional arrangements in the financial markets

1. Further opening up the bond market

On January 17, 2019, the National Association of Financial Market Institutional Investors, together with its members, formulated the *Guidelines on Debt Financing Instruments of Overseas Non-Financial Enterprises (Trial Implementation)*, under the guidance of the PBC. This facilitated the standardized development of debt financing instruments for overseas non-financial enterprises and further enhanced the opening-up of the bond market.

2. Strengthening regulatory arrangements for the securities and futures industries

The main regulations and rules of the Science and Technology Innovation Board were released. In January, the CSRC released the *Opinion on the Introduction of the Science and Technology Innovation Board and the Pilot Program for a Registration-based IPO Mechanism on the Shanghai Stock Exchange*; and in March, it released multiple supporting measures, including the *Measures for the Administration of Registration of IPOs on the Science and Technology Innovation Board (Trial Implementation)*. The documents clarified that the Shanghai Stock Exchange would be responsible for IPO reviews, and the CSRC would be responsible for registering stocks for issuance so as to explore an issuance regime centered on information disclosures. Diversified listing criteria for the Science and Technology Innovation Board were formulated based on capitalization; and enterprises yet to make a profit, enterprises featuring a special share-holding structure, and red chip enterprises are now allowed to be listed. The documents support the growth of high and new technology industries as well as strategic emerging industries, such as next-generation information technology, high-end equipment, bio-pharmaceuticals, and so on. The institutional arrangements for delisting and the daily price limits were also specified.

Regulatory rules for securities and futures institutions were further improved. In January, the CSRC released the *Guidance on Credit Derivative Investments by Publicly Offered Securities Investment Funds*, stipulating that publicly offered funds engaging in credit derivative investments should aim at risk hedging, determine an appropriate size and term of investment, and enhance risk management and information disclosures. It further clarified that money-market funds should not invest in credit derivatives. In February, the CSRC released the revised *Regulatory Rule on the Categorization of Futures Companies*, which improved the categorization evaluation procedures for futures companies, adjusted the previous regulatory evaluation and scoring standards, encouraged futures companies to support the national strategy and to serve the real economy, and introduced new evaluation parameters, such as investments in the futures market by asset management businesses.

3. Improving institutional arrangements in the insurance market

Supporting insurance institutions to assist in the increase of the capital of commercial banks. In January, a report released by the CBIRC expressed support for insurance institutions to invest in tie-2 capital bonds and non-fixed term capital bonds issued by commercial banks. This will help commercial banks further increase capital and optimize their capital structure.

Further encouraging the insurance sector to serve the real economy. In February, the CBIRC released the *Notice on Further Enhancing Financial Support for Domestic Private Enterprises*. It required that insurance institutions shall provide more flexible debt guarantees and insurance services for domestic private enterprises and they provide credit-enhancing services to help domestic private enterprises secure financing, as long as the associated risks can be controlled. It encouraged insurance institutions to step up investment in bonds issued by private enterprises and to help mitigate and resolve the stock pledging risks of listed private companies through institutions such as privately offered equity funds recognized by the regulator.

Strengthening regulation of the auto insurance market. In January, the CBIRC released the *Notice on Further Strengthening Regulation of Auto Insurance*. It stipulated that a monitoring mechanism for data on auto insurance premiums and a complaint acceptance, verification, and investigation system should be put in place. Moreover, inspections and penalties for illegal and non-compliant activities of insurance companies, such as unreported and unauthorized use of auto insurance terms and premiums, will be enhanced.

PART 4 Macroeconomic Overview

I. Global economic and financial developments

Since the second half of 2018, the momentum for growth in the global economy weakened, as the major advanced economies grew at a slightly slower pace. In Q1 2019, the overall performance of global financial markets improved moderately, but the improvement does not have deep roots. The downside risks to the global economy continue to persist amid uncertainties.

1. Economic developments in the major economies

Growth in the major advanced economies diverged. The U.S. economy remained sound, but showed signs of a slowdown. Its GDP growth rate continued sliding after posting a high of 4.2 percent in Q2 2018. GDP grew 2.9 percent in 2018, while the annualized quarter-on-quarter GDP growth in Q4 2018 was 2.2 percent. In Q1 2019, on the back of improvements in net exports and increases in inventory, GDP growth exceeded market expectations as it rebounded above 3 percent, registering 3.2 percent. In March 2019, the manufacturing PMI of the Institute for Supply Management was 55.3, indicating persistent expansion. The University of Michigan's Consumer Sentiment Index fluctuated, posting 93.8, 98.4, and 97.2 in February, March, and April respectively. The Consumer Price Index (CPI) has remained below the target of 2 percent since December 2018, rising 1.9 percent in March 2019. The core CPI, which excludes highly volatile energy and food prices, rose mildly by 2 percent in March. The labor market continued to improve, as the unemployment rate in both February and March was 3.8 percent.

In the euro area, economic growth slowed down amid rising uncertainties. Growth continued to decelerate in the euro area, as year-on-year GDP growth during the four quarters of 2018 was 2.4 percent, 2.2 percent, 1.6 percent, and 1.2 percent respectively. In 2018, the economy in the euro area gained 1.9 percent, less than the growth of 2.4 percent in 2017. Consumer sentiment remained weak. In February and March of 2019, the Consumer Confidence Index posted –7.4 and –7.2 respectively. The manufacturing PMI continued to deteriorate, as it dropped below 50 for two straight months to 49.3 in February and to 47.5 in March 2019. Overall, inflation in the euro area remained subdued, as the Harmonized Index of Consumer Prices (HICP) was 1.4 percent in March 2019, while the core CPI was lower, rising only 0.8 percent in the same month. Unemployment improved, as the jobless rate dropped to 7.8 percent in both January and February.

Volatility of economic growth in Japan increased. Due to natural disasters, the annualized quarter-on-quarter GDP growth in Q3 2018 was –2.4 percent, the biggest decline since Q2 of 2014. GDP added 1.9 percent in Q4 and 0.8 percent in 2018. The labor market was close to full employment. However, as employers are reluctant to raise wages and inflation expectations remain weak, inflation remains subdued, with CPI growth of 0.5 percent in March.

The UK economy continued to grow slowly amid rising Brexit uncertainties. GDP growth posted 1.4 percent in 2018. The CPI has been below 2 percent since the beginning of 2019, rising 1.9 percent in March. Uncertainties surrounding the Brexit are increasing, as the current Brexit agreement was repeatedly vetoed in the UK and a proposal for extending the Brexit deadline was submitted to the European Union.

Performance in the emerging market economies diverged. Growth in Brazil regained some momentum, as GDP rose 1.3 percent and 1.1 percent in Q3 and Q4 of 2018 respectively, posting 1.1 percent in 2018. In Russia, growth picked up, as GDP added 2.2 percent and 2.7 percent year on year in Q3 and Q4 of 2018 respectively, posting 2.3 percent in 2018. Inflation was contained, but recently it has rebounded slightly. The Indian economy grew rapidly, as year-on-year growth reached 6.9 percent and 6.6 percent in Q3 and Q4 of 2018 respectively, jumping 7.1 percent in 2018. Inflationary pressures eased moderately. Growth in South Africa picked up slightly in the second half of 2018, but the

Table 13 Macroeconomic and Financial Indicators in the Major Advanced Economies

Economy	Indicator	2018Q1			2018Q2			2018Q3			2018Q4			2019Q1		
		Jan.	Feb.	Mar.	Apr.	May.	Jun.	Jul.	Aug.	Sept.	Oct.	Nov.	Dec.	Jan.	Feb.	Mar.
United States	Real GDP growth (annualized quarterly rate, %)	2.2			4.2			3.4			2.2			3.2		
	Unemployment rate (%)	4.1	4.1	4.0	3.9	3.8	4.0	3.9	3.8	3.7	3.8	3.7	3.9	4.0	3.8	3.8
	CPI (YOY, %)	2.1	2.2	2.4	2.5	2.8	2.9	2.9	2.7	2.3	2.5	2.2	1.9	1.6	1.5	1.9
	DJ Industrial Average (closing number)	26,149	25,029	24,103	24,163	24,416	24,271	25,415	25,965	26,458	25,116	25,538	23,327	24,999	25,916	25,929
Euro Area	Real GDP growth (YOY, %)	2.4			2.2			1.6			1.2			—		
	Unemployment rate (%)	8.6	8.5	8.5	8.4	8.2	8.2	8.1	8.0	8.0	8.0	7.9	7.9	7.8	7.8	—
	HICP (YOY, %)	1.3	1.1	1.4	1.2	2.0	2.0	2.2	2.1	2.1	2.3	1.9	1.5	1.4	1.5	1.4
	EURO STOXX 50 (closing number)	3,609	3,439	3,362	3,537	3,407	3,396	3,525	3,393	3,399	3,198	3,173	3,001	3,159	3,298	3,352
United Kingdom	Real GDP growth (YOY, %)	1.2			1.4			1.6			1.4			...		
	Unemployment rate (%)	4.3	4.2	4.2	4.2	4.2	4.0	4.0	4.0	4.1	4.1	4.0	4.0	3.9	3.9	3.8
	CPI (YOY, %)	3.0	2.7	2.5	2.4	2.4	2.4	2.5	2.7	2.4	2.4	2.3	2.1	1.8	1.9	1.9
	FTSE 100 (closing number)	7,534	7,232	7,057	7,509	7,678	7,637	7,749	7,432	7,510	7,128	6,980	6,728	6,969	7,075	7,279
Japan	Real GDP growth (annualized quarterly rate, %)	−0.4			1.9			−2.4			1.9			—		
	Unemployment rate (%)	2.4	2.5	2.5	2.5	2.2	2.4	2.5	2.4	2.3	2.4	2.5	2.4	2.5	2.3	2.5
	CPI (YOY, %)	1.4	1.5	1.1	0.6	0.7	0.7	0.9	1.3	1.2	1.4	0.8	0.3	0.2	0.2	0.5
	NIKKEI 225 (closing number)	23,098	22,068	21,454	22,468	22,202	22,304	22,554	22,865	24,120	21,920	22,351	20,015	20,773	21,385	21,206

Sources: Statistical bureaus and central banks of the relevant economies.

unemployment rate remained stubbornly high.

Affected by turbulence in the financial market, GDP growth in Argentina and Turkey both decelerated considerably. In particular, the Argentine economy contracted 2.5 percent in 2018.

2. Developments in global financial markets

In Q1 of 2019, global stock markets showed broad-based gains and the yields of government bonds dropped, as since the beginning of 2019 sentiment in global financial markets improved for quite a while . But recently volatility has once again risen.

The USD Index fluctuated upwards as the euro and the Japanese yen fell against the U.S. dollar. At end-March, the USD Index closed at 97.284, up 1.16 percent from end-2018. The exchange rates of the euro and the Japanese yen closed at 1.1217 U.S. dollar per euro and 110.84 yen per U.S. dollar, depreciating 2.20 percent and 1.15 percent as compared with end-2018, while the British pound strengthened 2.15 percent over the end of 2018, closing at 1.3031 U.S. dollar per pound. Among the emerging market currencies, the Argentine peso, the Turkish lira, and the Brazilian real depreciated 13.08 percent, 4.56 percent, and 1.11 percent respectively against the U.S. dollar over the end of 2018, while the Russian ruble, the Mexican peso, and the Indian rupee appreciated 6.11 percent, 1.13 percent, and 0.55 percent respectively against the U.S. dollar over the end of the previous year.

Across the board, the yields of government bonds in the major economies dropped. As of end-March, the yield of 10-year U.S. Treasuries closed at 2.414 percent, down 27.7 basis points (bps) from end-2018. Meanwhile, the yields of 10-year French, German, UK, and Japanese government bonds dropped 39 bps, 31.7 bps, 26.9 bps, and 9.4 bps respectively as compared with end-2018. Among the emerging market economies, the yields of 10-year Mexican, Russian, Brazilian, and Indian government bonds slid 61 bps, 31 bps, 28.5 bps, and 2.4 bps respectively over end-2018, whereas the yields of 9-year Argentine government bonds and 10-year Turkish government bonds jumped 139 bps and 203 bps respectively over end-2018.

The stock markets in the major economies rebounded. At end-March, the U.S. Dow Jones Industrial Average, the Euro STOXX 50, the German DAX, the UK FTSE 100, and the Japanese Nikkei 225 added 11.15 percent, 11.67 percent, 9.16 percent, 8.19 percent, and 5.95 percent respectively over end-2018. Among the emerging market economies, the Russian RTS, the Argentine BUSE MERVAL, the Brazilian BOVESPA, the Indian SENSEX, the Mexican MXX, and the Turkish BIST30 jumped 12.38 percent, 10.48 percent, 8.56 percent, 7.22 percent, 3.94 percent, and 2.80 percent respectively over the end of the previous year.

On the back of weaker expectations of rate hikes by the U.S. Fed, the USD Libor in the London interbank market dipped. The 1-year Libor stood at 2.7106 percent on March 29, down 29 bps from end-2018. The Euro Area Interbank Lending Rate (Euribor) edged up due to expectations of a monetary-policy tightening by the European Central Bank (ECB). The 1-year Euribor registered –0.1120 percent on March 29, up 0.5 bp over end-2018.

3. Monetary policies in the major economies

The pace of policy normalization slowed down in the advanced economies. The Federal Open Market Committee (FOMC) met on January 30, 2019 and decided to keep the target range of the federal funds rate on hold at 2.25~2.50 percent, and to continue with the balance sheet unwinding that was announced in October 2017, under which the Fed would continue rolling over the amount of the principal payments from the Federal Reserve's holdings of Treasury securities maturing during each calendar month that exceeds USD 30 billion, and would continue reinvesting in agency mortgage-backed securities the amount of the principal payments from the Federal Reserve's holdings of agency debt and agency mortgage-backed securities received during each calendar month that exceeds USD 20 billion. The FOMC meeting on March 20 decided to keep the rate unchanged and to continue with the balance-sheet normalization, but it would reduce the cap from USD 30 billion to USD 15 billion starting from May and it would stop unwinding at end-September. The FOMC reduced the expected frequency of rate hikes in 2019 from two times, as announced after its December meeting of last year, to zero and kept the expected frequency of rate hikes in 2020 unchanged at one time. In the policy statement, the FOMC announced that in light of global economic and financial developments and muted inflationary pressures, the FOMC would be patient as it determines what future adjustments to the target range for the federal funds rate will be appropriate to support these outcomes.

On January 24, the ECB kept the interest rates on the main refinancing operations, the marginal lending facility, and the deposit facility unchanged at 0 percent, 0.25 percent, and –0.4 percent respectively. On March 7, the ECB announced that the current policy rates would remain on hold at least through the end of 2019 because of fears of an economic slowdown. In addition, it decided to continue reinvesting, in full, the principal payments from maturing securities purchased under the asset purchase program for an extended period of time past the date when it starts raising the key ECB interest rates and it would launch a fresh round of targeted longer-term refinancing operations (TLTRO-III). On April 10, the ECB kept policy rates unchanged and intended to continue reinvesting the principal payments from maturing securities well beyond its first rate hike.

On January 23 and March 15, the Bank of Japan (BOJ) decided to continue its quantitative and qualitative monetary easing (QQE) with yield curve control, to apply a negative interest rate of –0.1 percent to the Policy-Rate Balances in the current accounts held by financial institutions at the BOJ, and to keep the yield of 10-year government bonds at about 0 percent. The size of asset purchases remained unchanged. When meeting on April 25, the Policy Board decided to maintain the current extremely low levels of short- and long-term interest rates at least through around spring of 2020.

The Bank of England (BOE) kept its benchmark rate unchanged at 0.75 percent on February 7 and March 21. The Monetary Policy Committee also voted unanimously to maintain the stock of non-financial investment-grade corporate bond purchases and UK government bond purchases at GBP 10 billion and GBP 435 billion respectively.

The Bank of Canada (BOC) announced it would keep the target for the overnight rate on hold at 1.75 percent on January 9, March 6, and April 24. However, in a March statement, it deleted the wording of gradually lifting the policy rate to a neutral range over time and noted that uncertainty about future rate hikes had increased.

The monetary-policy stances of most emerging market economies remained unchanged, but in several economies the benchmark rates were cut. As inflationary pressures eased, the Reserve Bank of India cut rates twice, on February 7 and April 4, each by 25 bps to 6.0 percent, in a bid to drive growth through more private investment. Its monetary-policy stance shifted from calibrated tightening to neutral. The Central Bank of the Russian Federation announced it would keep its key rate unchanged at 7.75 percent on February 8, March 22, and April 26. Meanwhile, it noted that rate cuts would be possible during Q2 and Q3 of 2019 if economic development is in line with expectations. The Bank of Korea maintained its loose monetary-policy stance by keeping its Base Rate on hold at 1.75 percent on January 24, February 28, and April 18. In Q1, the Central Bank of Brazil maintained the benchmark rate at 6.5 percent, the South African Reserve Bank kept the repo rate on hold at 6.75 percent, the Bank Indonesia kept the 7-day reverse repo rate at 6 percent, and the Banco de Mexico held the target for the overnight interbank funding rate unchanged at 8.25 percent.

4. The global economic outlook and key risks

In its updated April 2019 *World Economic Outlook*, the International Monetary Fund (IMF) forecast that the global economy will grow 3.3 percent in 2019, a downward revision by 0.2 percentage point compared to its January 2019 forecast. The growth forecasts for the advanced economies and for the emerging market and developing economies were both revised downward. Looking ahead, the global economy may face the following risks.

First, global growth might tilt to the weaker side in the short run and the room for policy response will be limited. Currently, the outlook for weaker growth in the major economies may weigh down on global growth. In the meantime, policy room will be limited. On the monetary front, the central banks will have limited room for a further expansion of their balance sheets. A falling long-term natural rate will limit room for interest-rate adjustments. On the fiscal front, some advanced economies have high levels of fiscal deficit and public debt, which will make it less cost-effective to cut taxes further.

Second, trade tensions and policy uncertainties remain prominent risks. Amid the gradually unfolding uncertainties arising from trade tensions and their impact on the global supply chain, firms may choose either to postpone their investment decisions or consider adjusting their supply chains. Some economies at the upper and lower ends of the supply chain may be exposed to shocks, such as weakening external demand. Also, global financial markets may fluctuate with the ups and downs in the trade tensions. Looking ahead, trade tensions and policy uncertainties may still render shocks to the global economy by pushing up inflation, undermining household and corporate confidence, and unsettling financial markets.

Third, a variety of combined uncertainties may amplify the vulnerability of each economy. At present, asset prices throughout the world are at record high levels. Some economies may face capital outflow pressures due to a high leverage ratio in the corporate sector. If economic slowdowns or trade tensions spark panic in global financial markets, this may lead to a sudden tightening of global financial conditions, which would increase debt servicing and refinancing risks and amplify the vulnerability of each economy. In addition, geopolitical tensions have occurred in numerous places and risk factors and uncertainties have accumulated at an accelerated pace, having a great impact on the global economy and financial markets. Meanwhile, risks from new technologies, such as FinTech, should not be ignored as they may pose additional challenges to global financial supervision.

II. Macroeconomic developments in China

During the first quarter of 2019, the Chinese economy operated smoothly and the structure of the economy continued to improve. The industrial and services sectors grew at a relatively rapid pace. The growth of investments steadily recovered. Consumer prices rose moderately and employment was generally stable. Preliminary data show that GDP during the first quarter registered RMB 21.34 trillion, up 6.4 percent year on year in comparable terms, the same as that during the previous quarter. The CPI increased by 1.8 percent year on year.

Box 5 An Analysis of Potential Economic Growth

Potential economic growth refers to the highest level of output an economy can sustain at a constant inflation rate. In terms of growth accounting, potential growth largely depends on the growth of both labor supply and total factor productivity (TFP); in particular, TFP is affected by a variety of factors, such as technological progress, institutional arrangements, and resources and the environment.

International experiences indicate that labor supply and capital accumulation play a larger role in growth during the initial stage of economic development, but in the long run they will be subject to significant constraints. In general, growth of the labor force declines as the economy grows. One example is that in Japan the contribution of labor to economic growth has fallen from about 1 percent to negative territory since the 1990s as it has become an aging society. In addition, marginal returns on capital will also diminish as capital stocks increase, thereby contributing less to growth. For instance, South Korea began its industrialization in the 1960s and 1970s with the rapid development of the textile and heavy industries and with capital accumulation contributing to over 10 percent of GDP growth. Since the 1980s, capital accumulation has played a smaller role in driving the economy as capital stock was already high. After 2000, the contribution of capital accumulation to South Korea's growth has dropped to below 2 percent.

The key to raise potential output is to increase TFP. Research has indicated that the higher the GDP per capita, the bigger the contribution of TFP to economic growth. Specifically, during the early stages of industrialization, rapidly expanding markets may encourage large-scale production and large investments in infrastructure, and therefore capital accumulation will contribute more to growth. But as the production process becomes more complex, more skilled workers and R&D investments will be required, and hence the contribution of TFP will increase. TFP growth may also promote economic growth by facilitating capital formation. Because industrial-structure upgrades usually take place along with technological progress, new industries can drive up the demand for infrastructure and production, thereby encouraging capital accumulation. For instance, when Japan's economy transitioned to a higher value-added model in the 1980s, its TFP growth remained relatively rapid as capital accumulated rapidly and resulted in a greater contribution to economic growth—from around 2 percent to over 4 percent. Likewise, South Korea transformed its traditional industries from the 1980s to the early 1990s when its former development model was no longer sustainable. The shift allowed capital accumulation to contribute approximately 6 percent to GDP growth over a long period, which ensured a stable economic transformation.

Preliminary estimates suggest that China's potential output growth has fallen over the past decade, yet current actual economic growth is moving in line with its potential, with the output gap approaching zero, implying that supply and demand in the real economy are basically balanced, while the unemployment rate and inflation are generally stable. However, China's potential economic growth will face some challenges in the future. In terms of the labor force, China is facing challenges from an increasingly aging society as its working-age population has already peaked. In terms of capital, future capital accumulation may slow down due to a falling savings ratio and lower marginal capital returns reflecting the aging society and the economic transformation from an investment-driven to a consumption-driven growth model. That said, to some extent upgrades in human capital and industries and coordinated regional development may support capital accumulation. Going forward, improving TFP through technological progress and institutional reforms will be conducive to promoting the growth potentials of the economy. While investment in education and basic research should be further increased, we should also focus on institutional reforms to handle the relations among investment, ownership, use, and revenue sharing of intellectual property, abolishing administrative dominance and departmental segmentation, developing a market-oriented mechanism to introduce innovation programs, resource allocations, and results assessments, and to accelerate the industrialization of scientific and technological achievements so as to effectively improve TFP. Finally, with a commitment to supply-side structural reforms, China should also continue to deepen its reforms, expand its high-standard opening-up, and build up a framework for a modern economy, so as to drive economic growth close to its potential and to achieve steady and high-quality economic development.

1. The industrial and services sectors were generally stable while the industrial structure continued to improve

The share of tertiary industry continued to rise. In the first quarter of 2019, the value-added of the primary, secondary, and tertiary industries accounted for 4.1 percent, 38.6 percent, and 57.3 percent of GDP respectively. The share of the tertiary industry exceeded that of the secondary industry by 18.7 percentage points, up 0.7 percentage point from the same period of the last year. The value-added of the primary, secondary, and tertiary industries registered RMB 876.9 billion, RMB 8.23 trillion, and RMB 12.23 trillion respectively, up 2.7 percent, 6.1 percent, and 7.0 percent year on year.

Agricultural production was generally stable, but the output of pork declined. During the first quarter, the value-added of crop production in the agricultural sector grew by 4.4 percent year on year. The output of beef, mutton, and poultry increased by 1.7 percent, 1.4 percent, and 2.1 percent year on year, but the output of pork declined by 5.2 percent.

With the structural improvements, industrial production grew more rapidly. In the first quarter of 2019, the value-added of statistically large industrial firms (SLIFs) increased by 6.5 percent year on year, an acceleration of 0.8 percentage point from the previous quarter. The value-added of high-tech industries and emerging strategic industries expanded by 7.8 percent and 6.7 percent respectively, that is, 1.3 percentage points and 0.2 percentage point higher than that of the SLIFs. The Q1 Enterprise Survey of 5,000 Enterprises conducted by the PBC revealed that the Enterprise Confidence Index was 54.8 percent, remaining above 50 percent for eleven successive months. The profitability of enterprises declined. In the first quarter, the profits of the SLIFs declined by 3.3 percent. The Enterprise Profitability Index was down by 6.4 percentage points from the previous quarter.

The services industry continued to grow rapidly, with accelerated growth in the major service sectors. In the first quarter, the Service Production Index rose by 7.4 percent year on year, an acceleration of 0.2 percentage point from the previous quarter. Leasing and business services, financial services, the accommodations and catering sectors, and the wholesale and retail sectors grew by 8.3 percent, 7 percent, 6 percent, and 5.8 percent respectively, all higher than that in the previous quarter. The communications, software and information technology sectors jumped 21.2 percent year on year.

2. Consumption rose steadily and growth of investment was recovering

Consumption was generally stable, while online retail sales continued to grow rapidly. In the first quarter, final consumption expenditures contributed 65.1 percent to GDP growth and it remained a key driver of the economy. Total retail sales grew 8.3 percent year on year to RMB 9.8 trillion. Retail sales in the rural areas grew 9.2 percent year on year, 1 percentage point higher than that in the urban areas. Online retail sales registered RMB 2.2 trillion, increasing by 15.3 percent year on year. Household income grew faster, which lent strong support to consumption. In the first quarter, per capita disposable income registered RMB 8,493, up 8.7 percent year on year in nominal terms and up 6.8 percent in real terms, an acceleration of 0.2 percentage point from the same period of the last year. The income distribution continued to improve, with the growth of disposable income per capita for rural residents outpacing that for urban residents by 1 percentage point. The per capita income of urban residents was 2.53 times that of rural residents, a decrease of 0.02 over the previous year. According to the Q1 Urban Depositors' Survey conducted by the PBC, 25.9 percent of consumers were inclined to "consume more", up 1.1 percentage points from the previous year.

Growth of investments recovered steadily, and investments in high-tech industries grew relatively rapidly. During the first quarter, fixed-asset investments across the country (excluding those by rural households) reached RMB 10.2 trillion, up 6.3 percent year on year, accelerating 0.4 percentage point from the same period of the last year. More specifically, infrastructure investments grew by 4.4 percent, accelerating 0.6 percentage point year on year. Real-estate investments grew by 11.8 percent, accelerating 2.3 percentage points year on year. Investment growth in the manufacturing industry declined, but investment growth in the high-tech industries registered 11.4 percent year on year, 5.1 percentage points higher than the overall investment growth. The growth of private investments reached 6.4 percent year on year. Investments by state-owned enterprises and state-controlled entities grew 6.7 percent year on year, accelerating 4.8 percentage points year on year.

Imports and exports grew more rapidly and the trade structure continued to improve. In the first quarter of 2019, imports and exports reached RMB 7.01 trillion, up 3.7 percent year on year. Exports expanded by 6.7 percent year on year to RMB 3.77 trillion, and imports grew by 0.3 percent year on year to RMB 3.24 trillion. The trade surplus expanded by 75.2 percent year on year to RMB 529.7 billion, while the trade structure continued to improve. The share of general trade increased by 6 percent, accounting for 59.6 percent of total exports and imports, up 1.3 percentage points from the last year. Exports of machinery and electronics grew by 5.4 percent, accounting for 58.8 percent of the total exports and assuming a leading position among all exports. Imports and exports by private enterprises grew by 9.9 percent, accounting for 40.6 percent of the total, 2.3 percentage points higher than that in the same period of the last year. Imports from and exports to countries along the Belt and Road grew by 7.8 percent, 4.1 percentage points faster than the overall growth of total exports and imports.

The growth of foreign direct investments (FDI) accelerated and the structure of outbound investments continued to diversify. In the first quarter, 9,616 foreign-invested companies were established nationwide. Actually utilized FDI reached RMB 242.28 billion, a year-on-year increase of 6.5 percent and the growth rate was 6 percentage points higher than that in the previous year. Actually utilized FDI in the high-tech manufacturing industry and the high-tech services industry grew strongly by 14.8 percent and 88 percent year on year respectively. During the period, outbound direct investments by enterprises in all industries reached USD 25.21 billion, up 4.8 percent year on year. New investments in the amount USD 3.76 billion were invested in 49 countries along the Belt and Road, up 4.2 percent. Outbound investments mainly focused on leasing/commercial services, manufacturing, wholesale/retail industries and the communications/software/IT services, accounting for 27.4 percent, 21.0 percent, 9.1 percent, and 8.8 percent of the total. Irrational investments were effectively curtailed as there were no new outbound investments in the overseas real estate, sports, or entertainment industries.

International payments were generally in equilibrium and direct investments and portfolio investments witnessed steady net capital inflows. According to preliminary data, China's current account surplus registered USD 58.6 billion in the first quarter. Among the total, trade of goods saw a surplus of USD 94.5 billion, constituting the bulk of the current account surplus. Trade in services registered a deficit of USD 63.4 billion, 14 percent lower than that in the same period of the last year. Under the capital and financial account, the capital account had a deficit of USD 30 million, whereas direct investments posted a surplus of USD 21.4 billion. According to incomplete data, portfolio investments saw net capital inflows of USD 15.0 billion, higher than that in the same period of the last year. By the end of March, China's foreign reserves stood at USD 3,098.8 billion. At the end of 2018, the total external debt in local and foreign currencies registered USD 1,965.2 billion, up USD 207.3 billion from the end of the previous year. Short-term external debt registered USD 1,271.6 billion, accounting for 65 percent of the total.

3. Consumer prices rose moderately, while the growth of producer prices decelerated

Growth of the GDP deflator declined. In the first quarter, the GDP deflator (the ratio of GDP at current prices to GDP at constant prices) rose 1.4 percent year on year, a deceleration of 0.2 percentage point from the previous quarter.

Consumer prices rose moderately. During the first quarter, the CPI rose by 1.8 percent year on year, a deceleration of 0.4 percentage point from the previous quarter.Monthly CPI growth registered 1.7 percent, 1.5 percent, and 2.3 percent respectively. Due to price movements in vegetables and pork, food prices fluctuated remarkably, up by 2.2 percent in the first quarter, a deceleration of 0.6 percentage point from the previous quarter. Growth of non-food prices declined. Non-food prices went up by 1.7 percent year on year, a deceleration of 0.4 percentage point from the previous quarter. The price of consumer goods rose more slowly, while the price of services rose more rapidly. The price of consumer goods was up by 1.6 percent, 0.6 percentage point lower than that in the previous quarter. The price of services was up by 2.2 percent, 0.1 percentage point higher than that in the previous quarter.

PPI growth generally declined. PPI in the first quarter edged up by 0.2 percent year on year, down 2.1 percentage points from the previous quarter. Specifically, monthly PPI growth stood at 0.1 percent, 0.1 percent, and 0.4 percent respectively. Among this, the PPI growth of consumer goods rose stably, while the PPI growth of capital goods decelerated. PPI growth of consumer prices registered 0.5 percent year on year, a deceleration of 0.2 percentage point from the previous year. PPI growth of capital goods remained the same as that in the previous year, though it declined by 2.8 percentage points year on year. The Purchasing Price Index for Industrial Products (PPIIP) edged up by 0.1 percent year on year, a deceleration of 2.9 percentage points from the previous quarter. The Corporate Goods Price Index (CGPI) declined 0.1 percent year on year, a deceleration of 0.7 percentage point. PPI growth of agricultural goods dropped 1.7 percent year on year, decelerating 2 percentage points from the previous quarter.

4. Growth of fiscal expenditures accelerated and the job market remained stable

Growth of fiscal revenue slowed down. In Q1, general-budget fiscal revenue totaled RMB 5.37 trillion, up 6.2 percent year on year and registering a deceleration of 7.4 percentage points from the same period of 2018. In terms of the revenue structure, tax revenue rose 5.4 percent year on year to RMB 4.67 trillion and non-tax revenue rose 11.8 percent year on year to RMB 695 billion. In particular, the domestic value-added tax and the domestic consumption tax were up 10.7 percent and 29.3 percent respectively year on year. The corporate income tax and the individual income tax climbed 15.8 percent and 29.7 percent year on year respectively.

Growth of fiscal expenditures accelerated. In Q1, general-budget fiscal expenditures totaled RMB 5.86 trillion, up 15 percent year on year and representing an acceleration of 4.1 percentage points from the same period of 2018. In terms of the expenditure structure, expenditures on communications/transport, energy-savings/environmental protection, science/technology and urban/rural communities rose rapidly, up 47.4 percent, 30.6 percent, 26.5 percent, and 22.8 percent year on year respectively.

In the first quarter, the budget revenue of central government managed funds was RMB 1.43 trillion, down 6.2 percent year on year. In particular, revenue from the transfer of use rights of state-owned land dropped 9.5 percent. Budget expenditures of central government managed funds totaled RMB 1.89 trillion, up 55.9 percent year on year.

The surveyed unemployment rate remained stable. In March, the surveyed unemployment rate in urban areas was 5.2 percent, down by 0.1 percentage point from the previous month. In the first quarter, new employment in the urban areas totaled 3.24 million. According to the PBC's Urban Depositors' Survey, the Employment Sentiment Index was 45.8 percent in the first quarter, up by 0.3 percentage point from the previous quarter.

5. Analysis by sectors

(1) The real estate sector

In Q1 of 2019, the number of regions with rising housing prices increased. The growth of housing sales slowed down in terms of both volume and amount. The growth of floor area of real-estate projects under construction picked up, while the growth of floor area of newly started and completed real-estate projects slowed down. Investments in real- estate development witnessed rapid growth, while the growth of real-estate loans continued to decline steadily.

The number of cities with rising housing prices increased moderately from end-2018. The month-on-month growth of housing prices moderated, whereas the year-on-year growth rose. In March 2019, the price of newly built residential housing registered month-on-month growth in 65 out of 70 large and medium-sized cities, 6 cities more than that at end-2018. Average price growth decreased by 0.2 percentage point from end-2018. The number of cities with rising housing prices reached 70, 1 city more than that at end-2018, with the average price growth up 0.8 percentage point from end-2018. The price of pre-owned residential housing saw a month-on-month rise in 57 cities, 10 cities more than that at end-2018. There were 67 cities with rising pre-owned residential housing prices year on year, up by 1 city from end-2018.

Growth of housing sales slowed down in terms of both volume (by square meters) and sales. In Q1, the total floor area of sold units posted 300 million square meters, down by 0.9 percent year on year and representing a deceleration of 2.2 percentage points from that of the previous year. Housing sales reached RMB 2.7 trillion, up by 5.6 percent year on year, which was 6.6 percentage points lower than that in 2018. In particular, residential housing accounted for 87 percent of the total sold floor area and 85.9 percent of the total sales.

Real-estate investments grew rapidly, and growth of the floor area of real-estate projects under construction accelerated somewhat. In Q1, real-estate investments throughout the country totaled RMB 2.38 trillion, up 11.8 percent year on year and registering an acceleration of 2.3 percentage points from that in the previous year. Specifically, investments in residential housing, which accounted for 72.5 percent of real-estate investments, rose

17.3 percent year on year to reach RMB 1.73 trillion, representing an acceleration of 3.9 percentage points from that in 2018. The floor area of real-estate projects under construction was 6.99 billion square meters, up 8.2 percent year on year and registering an acceleration of 3.0 percentage points from that in 2018. The floor area of newly started real-estate projects rose 11.9 percent year on year to 387 million square meters, a deceleration of 5.3 percentage points from that in 2018. The floor area of completed real-estate projects fell by 10.8 percent year on year to 185 million square meters, dropping 3 percentage points further from that in 2018.

Growth of real-estate loans moderated. At end-March, outstanding real-estate lending by major financial institutions (including foreign financial institutions) stood at RMB 40.5 trillion, up 18.7 percent year on year and representing a deceleration of 1.3 percentage points from end-2018. Outstanding real-estate loans accounted for 28.5 percent of total lending. Specifically, outstanding personal mortgages totaled RMB 26.97 trillion, up by 17.5 percent year on year and registering a deceleration of 0.25 percentage point from end-2018. Outstanding housing development loans reached RMB 7.92 trillion, up 26.8 percent year on year and a deceleration of 5.1 percentage points from end-2018. Outstanding land development loans decreased 3.2 percent to RMB 1.4 trillion, dropping 7.1 percentage points further from end-2018.

Shantytown renovation projects shifted to financing by special-purpose local government bonds and the growth of welfare-housing loans slowed down. At end-March, outstanding loans for government-subsidized housing development was RMB 4.55 trillion, up 20.2 percent year on year and representing a deceleration of 9.3 percentage points from end-2018. New loans for government-subsidized housing development in Q1 was RMB 227.79 billion, accounting for 35.6 percent of all new real-estate development loans, down by RMB 220.1 billion from the same period of 2018. By end-March, loans for 373 government-subsidized housing projects in 85 cities had been approved, RMB 87.22 billion had been disbursed as scheduled, and RMB 83.58 billion of the loan principal had been repaid.

(2) Senior-care services sector

The senior-care services sector is aimed at providing daily care and nursing services for senior citizens. It is a service industry catering to the social demands of the aged, which is an important component of a modern services industry. Promoting the senior-care services industry not only responds to the needs of the aging society and meets the demands for multi-layered and diversified services for senior citizens but also helps promote supply-side structural reforms and foster new drivers for economic development. Therefore, it serves as an important path for the transformation and upgrading of the economic structure.

After years of development, senior-care services in China have gradually improved and an initial system combining both medical and nursing services based on residential care and backed by communities and complemented by agencies has been established. Building a favorable living environment for senior citizens is progressing, as cultural, sports, and educational businesses for seniors are developing rapidly. Thus, a sense of satisfaction among seniors is improved.

First, the supply of nursing services has increased notably, with a more reasonable supply structure. At end-2018, the number of registered senior-care service agencies in China totaled 29,800, offering 7.464 million beds (29.9 beds for every 1,000 senior citizens), an increase of 1,800 agencies and 2.527 million beds (up 5.5 beds for every 1,000 senior citizens) from end-2015. The proportion of community-based beds for seniors rose from 44.3 percent in 2015 to 47.7 percent in 2018.

Second, senior-care services are multi-layered and diversified, with a sounder services system from industrial convergence. Senior-care services have gone beyond basic daily care. As it converges with various industries, such as health care, tourism, culture, recreation, and fitness, a new business model for senior care has surged rapidly. By end-2017, there were 49,427 schools for seniors across the country, with 7.04 million enrolled seniors, 2,717 hospitals for seniors, 637 hospices, 19,647 legal assistance centers for seniors, and 35,000 clubs for seniors.

Third, a supply structure for diversified senior-care services featuring the coexistence of competition and cooperation has been initiated. Private investors are more eager to invest in this market, while central enterprises, foreign ventures, insurance firms, and private firms in succession have joined in the senior-care services industry. At end-June 2018, the proportion of senior-care agencies set up by private investors was over 46 percent, up by 4.5 percentage points from end-2015.

The increasing aging population and the accelerating pace of aging have promoted the development of the senior-care industry. However, it should be noted that there are a number of rather prominent problems, such as the short supply of senior-care services and products, poor service quality, unsound market development, and the gap between the urban and rural areas.

First, there are noticeable conflicts of supply and demand in this sector due to a shortage of senior-care service facilities and nursing professionals. By end-2018, the number of seniors over age 65 had reached 167 million, whereas there were only 3.928 million beds offered by senior-care agencies and 3.535 million beds provided by communities. The gap between supply and demand is huge, as the communities and agencies providing senior care are far from sufficient. Second, there are still problems with the quality of services provided by senior-care agencies. For example, safety hazards are noteworthy, the equipment is far from adequate, the quality of services varies substantially, and the building up of professional teams for senior care should be strengthened. Third, the market is not well developed as the industry is fragmented. A market-oriented senior-care service system has not yet been established. Fourth, a gap exists between the urban and rural areas as well as among the various regions. The coverage of senior-care facilities in the eastern regions is notably wider than that in the central and western regions. Compared with the cities, the community-based senior-care services in the rural areas were established later, with a weaker foundation and less input, resulting in a fledgling services market and fewer service facilities and professionals. In 2017, the urban coverage of community service centers reached 78.6 percent, whereas rural coverage was only 15.3 percent. There are only 118,000 employees working in senior-care agencies in the rural areas, over 60,000 less than those working in the urban areas.

Going forward, a variety of simultaneous measures should be adopted to promote development of the senior-care services industry. The basic senior-care services system must be improved with public senior-care agencies (including privately managed public agencies) as the key players to meet the basic demands of disabled seniors. Efforts should be made to improve national quality standards and the evaluation system for senior-care services, to strengthen the training of senior-care professionals, and to promote the expansion and availability of optimum resources for services. The role of public resources should be well utilized to guide private capital to the senior-care services industry and to promote innovations in providing financial products and services adapted to the features of the industry. Ongoing efforts will be made to develop cooperative senior-care services in the rural areas, coordinate plans to construct public welfare facilities for senior-care services, and encourage urban capital, assets, and resources to be injected into rural senior-care services.

PART 5 Monetary Policy Stance to be Adopted during the Next Stage

I. Outlook for the Chinese economy

During the next period, a number of favorable factors will support the sound growth of the Chinese economy. Despite mounting downward pressures, the global economy has maintained stable growth. In the long run, the Chinese economy will continue to face important strategic opportunities. Good progress has been made in the three critical battles of preventing and mitigating key risks, poverty reduction and pollution control, and supply-side structural reforms. Aggregate supply and demand are basically balanced, and growth remains resilient. The reform and opening-up has made headway, the job market is stable, and the people's livelihood has seen further improvements. As a result, sustained and healthy economic development and social stability has been achieved. The effects of the proactive fiscal policy and the prudent monetary policy are gradually unfolding, with strengthened financial support for the real economy, remarkable alleviation of credit contraction, and large-scale tax and fee reductions. Currently, the PBC has ample room and adequate tools for monetary policy and it is capable of navigating through domestic and foreign uncertainties. In Q1 of 2019, major macro-economic indicators remained within a reasonable range, with improving market confidence, an accelerated shift from old to new growth drivers, and generally stable economic performance that was better than expected. In April, the International Monetary Fund (IMF) made an upward adjustment, by 0.1 percentage point, to its projection of China's growth in 2019. Meanwhile, structural deleveraging has made headway, and efforts to prevent financial risks have produced results. Financial support to the real economy has further improved in terms of quality and efficiency, and the structure of the economy has been further optimized. The PBC's Quarterly Survey of Entrepreneurs and Bankers in Q1 of 2019 indicates that corporate confidence rose quarter on quarter. The Survey of Urban Depositors shows that household employment expectations edged up by 0.4 percentage point quarter on quarter to 53.7 percent and remained at a relatively high level.

It is worth noting that growth is still facing some deep-rooted problems and marked difficulties. Globally, the elevated complexity and geopolitical risks remain in the world economy. As a whole, the external economic environment has become more serious. Domestically, some of the key traditional industries are adjusting, while the manufacturing sector and private investment have slowed down. Reliance on the real-estate sector and infrastructure development remains high, whereas the momentum for endogenous growth must be strengthened. Some of these factors are cyclical, but more are structural and institutional, and they should be tackled with determination, perseverance, and courage.

Prices are generally stable, but uncertainties have increased. The pace of price hikes is mainly determined by both the economic fundamentals and the relative changes in supply and demand. Recently, domestic economic performance has largely been stable. Aggregate supply and demand are basically balanced, and the core CPI remains generally stable. Supply-side structural reforms have been further advanced, the role of the market has been put into better play, and overcapacity has been significantly alleviated. These are all favorable factors for price stability. Meanwhile, the reduction in pig stock as a result of African swine fever may have a major impact on pork prices. Climbing prices of international crude oil have pushed up the prices of domestic industrial products, including oil products and steel. Moreover, the effects of the tax reductions on different industries may vary. In general, going forward the price levels will be subject to developments on both the supply and demand sides. Uncertainties still remain, which warrant continued monitoring.

Box 6 Structural Deleveraging and the Sound Monetary Policy

It was noted at the first meeting of the Central Committee for Financial and Economic Affairs in 2018 that efforts should be made to adhere to the basic approach of structural deleveraging based on the varying requirements of the different sectors and debt types, and to reduce the leveraging ratio of local governments and companies, in particular the state-owned enterprises, as soon as possible, with the aim of gradually stabilizing and reducing the macro-leverage ratio. Structural deleveraging plays a fundamental role in the uphill battle against financial risks, and a sound monetary policy is an important policy arrangement for China's macroeconomic management. These two undertakings, while complementary, focus on deepening the supply-side structural reforms and contributing to high-quality economic development.

A sound monetary policy helps to create a favorable macro-economic as well as monetary and financial environments for structural deleveraging. As far as structural deleveraging is concerned, maintaining economic and financial stability is both a target and a prerequisite. During the past two years, China's GDP grew at an annual rate of 6.7 percent, and the average annual CPI growth rate posted 1.8 percent. The average annual average broad money (M2) growth rate, all-system financing aggregates, and nominal GDP registered 8.1 percent, 11.6 percent, and 10.3 percent respectively. The better alignment of these three indicators point to better macroeconomic performance, featuring steady economic growth, stable prices, and a basically stable macro-leverage ratio.

A sound monetary policy that is appropriate in intensity helps to strike a good balance between the disposal of stock debts and the control of new debts, enabling coordinated steps to stabilize the overall leverage ratio and to carry out structural deleveraging. The change in the leverage ratio is a result that reflects the dynamics of the debt financing of economic entities, such as the use, applications, rollovers, returns, and repayment of debts, and a full range of factors should be taken into account when it comes to the impact of monetary policy. If the monetary policy is too loose, although it will be easier for stock debts to turn around in the short term, there may be a disorderly expansion of new debts and idle funds in the economy. If the monetary policy becomes too tight, although new debts may be better contained, there may be excessive pressures for the payment of stock debts, resulting in repayment difficulties in the credit and bond markets. Thus, in the process of structural deleveraging, either an overly loose or an overly tight monetary policy may deviate from the original intention of maintaining financial stability and promoting sustainable and healthy economic development. A sound monetary policy that stresses the appropriate degree of tightness helps to strike a balance between stock debts and new debts as well as between the total amount of leveraging and its structure, therefore reflecting the principle of seeking progress while maintaining stability.

In addition, it should be noted that the deepening of the supply-side structural reforms in the financial sector and the appropriate use of structured monetary-policy tools that focus on providing well-targeted financing support and enhancing support to key sectors and weak links in the economy, such as the private sector and small and micro businesses in a market-based manner, will help to continuously optimize financing support for different sectors and economic entities and will promote structural deleveraging in a prudent and efficient manner. In the process of structural deleveraging, market clearance, which is necessary, may release locked-up resources, improve capital efficiencies, smooth the monetary-policy transmission channels, and create a virtuous cycle. Going forward, a sound monetary policy will be adopted to maintain the appropriateness of the intensity, to ensure reasonably adequate liquidity, to coordinate with the structural deleveraging, and to strike a balance between maintaining steady growth and preventing risks.

II. Monetary policy during the next stage

Looking forward, the PBC will act in accordance with the overall arrangements of the CPC Central Committee and the State Council, follow the guidance of Xi Jinping's Thought on Socialism with Chinese Characteristics for a New Era, and adhere to the guiding principles of seeking progress while maintaining stability, highlighting the focus, safeguarding the bottom-line, and carrying out management in a well-measured manner. It will place an emphasis on stabilizing demand through supply-side structural reforms, adhere to structural deleveraging, prevent and resolve risks while promoting high-quality development, and resolutely win the three critical battles. It will closely focus on the three major tasks of serving the real economy, preventing financial risks, and deepening financial reforms, and it will adopt innovative approaches and improve financial macro-management. Aimed at promoting high-quality development, it will pay more attention to improving the quality of growth and activating the vitality of market entities. Efforts will be made to deepen supply-side structural reforms in the financial sector, adjust and optimize the structure of the financial system, and continuously improve financial services. Against the backdrop of the changing economic environment at home and abroad, more targeted macro-management will be conducted in a well-paced and well-measured manner. Efforts will be made to maintain a sound monetary policy with appropriate intensity, make counter-cyclical adjustments in a timely and appropriate manner, conduct timely fine-tunings in light of the changes in economic growth and price levels. Measures will be taken to further enhance policy coordination, smooth the monetary-policy transmission channels, make innovations in monetary-policy tools and mechanisms, further reduce the financing costs for the real economy, especially for small and micro-businesses (SMBs), and enhance the ability and willingness of the financial sector to serve the real economy. The PBC will maintain good control of the money supply and keep liquidity at a reasonable and adequate level while refraining from providing massive and indiscriminate stimuli so that the growth of broad money M2 and all-system financing aggregates will be better aligned with nominal GDP. A three-pronged approach should be taken, including implementing a sound monetary policy, enhancing the vitality of market players, and making good use of the capital market so as to foster a virtuous cycle in the national economy.

First, the PBC will implement a sound monetary policy with appropriate intensity, conduct timely fine-tunings based on changes in the situation, maintain reasonably adequate liquidity, and keep market interest rates at an appropriately stable level. The two-pillar macro-management framework underpinned by the monetary policy and the macro-prudential policy will be improved by enhancing management in a more forward-looking, targeted, and effective manner, carefully calibrating management measures and strengthening guidance of expectations to stabilize market expectations. Continuous efforts will be made to flexibly adopt a mix of monetary-policy tools, to enhance policy coordination, and to conduct preemptive adjustments and fine-tunings in a timely manner. Measures will be taken to strike a balance between the aggregates and the structure, to give full play to the synergies among the relevant government agencies, to lay a solid micro foundation for smooth monetary-policy transmission from both the supply and the demand sides, and to maintain reasonable growth of money, credit, and all-system financing. Efforts will be made to strengthen macro-prudential management and to facilitate capital replenishment by commercial banks via multiple channels. The PBC will continue to implement and improve macro-prudential assessments (MPA) and will guide financial institutions to step up support for private enterprises, SMBs, and the agro-linked sector, so as to improve the efficiency of the financial sector to service the real economy.

Second, monetary policy will promote structural optimization and better support the real economy. Efforts will be made to give full play to monetary and credit policies to promote structural optimization and to allow the financial sector to support the supply-side structural reforms. Multiple monetary-policy instruments will be adopted, such as the targeted RRR cuts, the targeted Medium-term Lending Facility (MLF), and central-bank lending and central-bank discounts, the mix of which will be innovative and will enrich the monetary-policy tools. Efforts will be made to give play to structural monetary-policy instruments to provide a targeted money supply and to guide financial institutions to continuously provide quality financial services to key sectors and weak links in the economy. Measures will be taken to deepen the supply-side structural reforms of the financial sector, to smooth the monetary-policy transmission mechanism, and to focus on improving the access of SMBs and private enterprises to financing. The effects of credit policy guidance will be evaluated and the results of the evaluations will be put to better use. Efforts will be made to guide large commercial banks to shift their focus to smaller clients and to change their mindsets, to promote the development of private banks and community banks, to guide locally incorporated financial institutions to return to their original businesses, and to focus on providing financial services to the real economy, such as the SMBs. Management of central-bank lending for poverty reduction will be continuously optimized, and financial institutions will be encouraged and supported to step up credit injections for poverty alleviation purposes. Efforts will be made to enhance implementation of the key tasks in poverty reduction, such as linking industrial development and poverty alleviation and building infrastructure, and, in the process, to strengthening risk prevention. Measures will be taken to provide financial services to win the critical battle of poverty alleviation and to revitalize the rural areas, to promote the sustainability of financial support for poverty reduction, and to constantly improve rural financial services. Continuous efforts will be made to ensure a smooth transition after expiration of the pilot program on collateralized lending against the rights for contractual management of rural land and for using rural homesteads. Measures will be taken to improve financial services to support g key areas, such as high-quality development of the manufacturing industry and the elimination of overcapacity. Efforts will be made to step up financial support for new consumption areas, such as elderly care, education, and health care, and for key areas in the national economy, such as self-employment and innovation, science and technology, culture, the marine economy, and the strategic emerging industries. The PBC will continuously improve policies that aim to support self-employment of key groups, such as veterans, university graduates, and women, and to provide financial services for the weak links, such as student aid and the underprivileged, such as the returned migrant workers and the ethnic minority groups.

Measures will be adopted to provide financial services for the major national strategies, such as Beijing-Tianjin-Hebei coordinated development, the Belt and Road Initiative, the Guangdong–Hong Kong–Macao Greater Bay Area, the Yangtze River Economic Belt, and civil-military integration.

Third, reforms for market-based interest rates and the RMB exchange-rate formation regime will be further deepened to raise the efficiency of allocation of financial resources and to improve the financial management system. Steady efforts will be made to promote convergence of the benchmark deposit and lending interest rate with the money-market interest rate, strengthen the guiding role of the policy rates system, improve the interest-rate corridor mechanism, enhance the PBC's capacity to manage interest rates, with a focus on improving the transmission of central-bank policy rates to the market rates, especially to the lending rates. It will enhance the capability of financial institutions to price loans and appropriately increase market competition so as to better serve the real economy. Continuous efforts will be made to develop market-based benchmark rates, to improve the yield curves of government securities, and to improve the market-based interest-rate pricing mechanism. Supervision and management of the irrational pricing of financial institutions will be strengthened and the guiding role of the self-disciplinary mechanism for market interest-rate pricing will be tapped. Effective incentives and restraints will be adopted for interest-rate pricing, while industry self-discipline and risk prevention will be reinforced to maintain fair order for interest-rate pricing and to keep bank costs basically stable on the liability side . Reform of the market-based RMB exchange-rate regime will be steadily deepened to improve the managed floating exchange rate based on market supply and demand and with reference to a basket of currencies and to maintain the flexibility of the RMB exchange rate. Macro-prudential management will be strengthened to stabilize market expectations. These efforts aim to keep the RMB exchange rate basically stable at an adaptive and equilibrium level. In accordance with the principle that finance should serve the real economy, development of the foreign-exchange market will be accelerated to provide exchange-rate risk management services for import and export enterprises based on their actual needs. The PBC will steadily promote convertibility of the RMB under the capital account, promote development of the market for the direct trading of the RMB against other currencies, improve the policy framework and infrastructure for the use of RMB in cross-border transactions, and strike a balance between development, reform, and risk prevention, thus supporting use of the RMB in cross-border trade and investment.

Fourth, the financial market system will be improved to fulfill its role in stabilizing growth, facilitating restructuring, promoting reforms, and preventing risks. In accordance with market-based and law-based principles, efforts will be made to enhance the capacity of the financial sector to serve the real economy and to promote capital replenishment via multiple channels, such as the issuance of perpetual debts by commercial banks. Measures will be taken to further promote the development of tools supporting bond financing of private enterprises, enhance risk prevention and a resolution mechanism for bond defaults, to step up regulation over illegal behavior in the bond market, to develop the over-the-counter market of commercial banks, to promote the harmonization of rules for the issuance, market access, and information disclosure of corporate credit and debt instruments, and to strengthen the supervision and management of green financial bonds at their maturity. The two-way opening-up of the bond market will continue to be promoted in a steady and orderly manner by encouraging various overseas institutions to issue bonds on the onshore RMB market and encouraging domestic institutions to place bonds on offshore markets and to promote overseas institutions to invest in the onshore bond market. Development of the secondary bond market will be further facilitated by constantly optimizing institutional arrangements for trading, clearing, and settlement, and improving the market-based assessment system for market-makers so as to enhance liquidity in the bond market and to create a more user-friendly and enabling investment environment for market participants. An overarching management framework for the infrastructure of the financial market will be set up and improved to further enhance market infrastructure and to ensure safe and efficient functioning and the overall stability of the financial market. A unified law enforcement mechanism for the bond market featuring well-defined responsibilities, close cooperation, and effective synergies will be further improved to crack down on crimes and illegal activities so as to protect investors' interests and to promote the healthy and sound development of the bond market.

Fifth, supply-side structural reforms of the financial sector will be deepened, the opening-up of the financial sector will be expanded, and financial services will be improved by optimizing supply and enhancing competition. The PBC will firmly implement a new development concept and enhance the functions of financial services. Committed to serving the real economy and people's daily needs, it will focus on adjusting and optimizing the financial structure, including the financing structure, the system of financial institutions, and the market and product systems, so as to provide higher-quality and more efficient financial services for the real economy and to better satisfy treasonable financial needs to accommodate high-quality development. The reform of large commercial banks and other large financial institutions will be further deepened by improving corporate governance, regulating the relationship among the shareholders' meeting, the board of directors, the board of supervisors, and management, improving the institutions relating to the power of attorney, forming an effective system for decision making, execution, and checks and balances, and improving the operational capacity and risk management. Further reforms of the management and operational mechanisms of the Agricultural and Rural Financial Service Department of the Agricultural Bank of China will continue to be promoted, and effective measures will be adopted to further stimulate the vitality and provision of agricultural and rural financial services at the county level to constantly improve its capacity to serve the real economy at the county level. The reform program for development and policy financial institutions will be implemented in a comprehensive manner to improve corporate governance and specify the scope of businesses in a timely manner. The reforms will aim to rapidly establish development and policy financial institutions with Chinese characteristics that can better serve the economy at the current stage while operating on a sustainable basis and creating an enabling policy environment.

Sixth, efforts will be made to win the critical battle of forestalling and defusing major financial risks. Following the leadership of the Financial Stability and Development Committee under the State Council, the PBC will earnestly play its role as the committee's secretariat, press ahead with implementation of the plan and measures to prevent and mitigate major financial risks, and promote orderly structural deleveraging. It will attach importance to preventing risks while stabilizing growth, better support development of the real economy, prevent abnormal fluctuations of the financial market, and dispose of risks in key areas accurately and effectively. It will deal with regulatory deficiencies, highlight the responsibility of financial institutions in preventing risks, and earnestly promote the reform and opening-up of the financial sector. By doing so, it will aim to enhance the adaptability of the financial structure, enhance the capacity of the financial system to serve the real economy, significantly improve the legal framework of the financial sector, and comprehensively enhance the institutional arrangements with hardening constraints so as to effectively prevent and control systemic risks and to create a favorable financial environment for building a moderately prosperous society in all respects by the year 2020.

附录一 2019年第一季度中国货币政策大事记

1月4日，中国人民银行宣布下调金融机构存款准备金率1个百分点，其中，1月15日和1月25日分别下调0.5个百分点。同时，第一季度到期的中期借贷便利（MLF）不再续做。

1月17日，在中国人民银行指导下，中国银行间市场交易商协会组织市场成员制定了《境外非金融企业债务融资工具业务指引（试行）》，促进了境外非金融企业债务融资工具规范发展，进一步提升银行间债券市场对外开放水平。

1月23日，中国人民银行向全国人大财经委员会汇报2018年货币政策执行情况。

1月23日，中国人民银行开展了2019年第一季度定向中期借贷便利（TMLF）操作，操作金额为2 575亿元，以优惠利率为金融机构支持民营企业、小微企业提供长期稳定资金来源。

1月24日，中国人民银行宣布创设央行票据互换工具（CBS），为银行发行无固定期限资本债即永续债提供流动性支持，并将合格的银行永续债纳入央行担保品范围。1月25日，中国银行成功发行400亿元国内首单银行永续债，实现2倍以上认购，发行利率位于区间下限。2月20日，中国人民银行面向公开市场一级交易商开展了首次CBS操作，费率为0.25%，操作量为15亿元，期限1年。

1月29日，为切实提升金融服务乡村振兴效率和水平，中国人民银行、银保监会、证监会、财政部、农业农村部联合印发《关于金融服务乡村振兴的指导意见》（银发〔2019〕11号）。

2月11日，中国人民银行与苏里南中央银行续签规模为10亿元人民币/11亿苏里南元的双边本币互换协议。

2月13日，中国人民银行在香港成功发行200亿元人民币央行票据，其中3个月期和1年期央行票据各100亿元，中标利率分别为2.45%和2.80%。

2月21日，发布《2018年第四季度中国货币政策执行报告》。

Appendix 1 Highlights of China's Monetary Policy in the First Quarter of 2019

On January 4, the People's Bank of China (PBC) announced it would lower the reserve requirement ratio for financial institutions by 1 percentage point, 0.5 percentage point of which was cut on January 15, 2019 and a further 0.5 percentage point was cut on January 25, 2019. In addition, the Medium-Term Lending Facilities (MLF) due to mature in the first quarter were not renewed.

On January 17, under the guidance of the PBC, the National Association of Financial Market Institutional Investors (NAFMII) organized its members to formulate the *Guidelines on Debt Financing Instruments of Overseas Non-Financial Enterprises (Trial Implementation)*, promoting well-regulated development of debt financing instruments of overseas non-financial enterprises and further opening up the inter-bank bond market.

On January 23, the PBC reported to the Financial and Economic Affairs Committee under the National People's Congress on the implementation of monetary policies in 2018.

On January 23, the PBC conducted Targeted Medium-term Lending Facility (TMLF) operations in the amount of RMB 257.5 billion for Q1 of 2019, aiming to ensure long-term and stable financing by financial institutions to private enterprises and small and micro businesses with preferential interest rates.

On January 24, the PBC announced it would launch a Central Bank Bills Swap (CBS) to provide liquidity support for banks' capital bonds without fixed terms, namely perpetual bonds, and would include qualified perpetual bonds as eligible collateral for the central bank. On January 25, Bank of China issued China's first perpetual bonds at a scale of RMB 40 billion, a bid-to-cover ratio of over 2, and an interest rate at the lower end of the range. On February 20, the PBC conducted its first CBS operations with primary dealers of open market businesses; valued at RMB 1.5 billion, the swap will be due in 1 year at a rate of 0.25 percent.

On January 29, to earnestly improve the efficiency and quality of finance to serve rural vitalization, the PBC, China Banking and Insurance Regulatory Commission (CBIRC), China Securities Regulatory Commission (CSRC), the Ministry of Finance (MOF), and the Ministry of Agriculture and Rural Affairs (MARA) jointly released the *Guidelines on Finance Serving Rural Vitalization* (Yinfa [2019] No.11).

On February 11, the PBC renewed the bilateral local currency swap agreement with Centrale Bank van Suriname. The size of the swap facility is RMB 1 billion or SRD 1.1 billion.

On February 13, the PBC successfully issued three-month and one-year RMB-denominated central bank bills, both worth RMB 10 billion, with coupon of 2.45 percent and 2.80 percent respectively.

On February 21, the PBC issued the *China Monetary Policy Report (Q4 2018).*

附录二 2019年第一季度主要经济体中央银行货币政策

一、美联储

美联储于1月30日会议维持联邦基金利率目标区间在2.25%~2.50%不变，同时继续按2017年10月启动的缩表计划，维持每月美联储资产负债表缩减规模分别为300亿美元国债与200亿美元机构抵押支持证券（MBS）。3月20日会议仍维持联邦基金利率目标区间在2.25%~2.50%不变，维持缩表计划规模暂时不变，但计划从5月起将国债缩减规模上限从300亿美元下调至150亿美元，并于9月末停止缩表。将2019年预期加息次数从两次减少到零次，维持2020年加息一次的预期不变。

二、欧洲中央银行

欧央行在1月24日例会维持主要再融资操作利率、边际贷款便利利率及存款便利利率在0、0.25%、-0.40%不变。3月7日例会上，出于对经济增长放缓的担忧，欧央行决定维持当前政策利率不变至少至2019年底，仍维持资产到期再投资（即维持资产负债表规模不变）直至首次加息以后，并推出新一轮定向长期再融资操作（TLTRO Ⅲ）。

三、日本银行

日本银行1月23日和3月15日例会决定继续实施收益率曲线管理下的量化和质化宽松货币政策（QQE），以实现2%的通胀目标。在收益率曲线管理方面，对金融机构存放的部分超额准备金利率维持在-0.1%不变，同时继续以每年80万亿日元的规模购买日本政府债券，从而将10年期国债收益率维持在0附近。资产购买方面，继续每年购买约6万亿日元的交易所交易基金（ETFs）及约900亿日元的房地产投资信托（J-REITs），并将商业票据与企业债的持有存量分别维持在约2.2万亿日元与约3.2万亿日元。

四、英格兰银行

英格兰银行2月7日例会决定维持基准利率在0.75%，维持4 350亿英镑的资产购买规模和100亿英镑的投资级非金融公司债购买计划不变。3月21日例会决定维持基准利率与各项资产购买计划不变。

Appendix 2 Monetary Policies of the Central Banks of the Major Economies in Q1 of 2019

1. U.S. Federal Reserve

At its January 30 meeting, the Federal Reserve decided to maintain the target range of the federal funds rate unchanged at between 2.25 percent to 2.50 percent. It also decided to continue its balance-sheet normalization program, which was launched in October 2017. According to the program, only maturing principals above USD 30 billion per month for treasuries and USD 20 billion per month for agency mortgage-backed securities (MBS) will be reinvested. At its March 20 meeting, the Federal Reserve again decided to keep the target range for the federal funds rate unchanged and to continue its balance-sheet normalization program. But it planned to lower the cap on monthly redemptions for treasuries from the current USD 30 billion to USD 15 billion, beginning in May 2019. In addition, from September 2019 it will conclude its balance-sheet normalization program. It projected that no rate hikes will take place in 2019, compared with its previous projection of two rate hikes for the year. The projection of one rate hike for 2020 remained unchanged.

2. European Central Bank

At its January 24 monetary policy meeting, the European Central Bank (ECB) decided that interest rates on its main refinancing operations, the marginal lending facility, and the deposit facility will remain unchanged at 0, 0.25 percent, and –0.40 percent respectively. On March 7, concerned about a moderation of economic expansion, the ECB decided that the three key rates will remain at their present levels at least through the end of 2019. The ECB will also continue to reinvest maturing assets to keep the size of its balance sheet unchanged for an extended period of time, i.e., until it begins to raise the key rates. The ECB also decided to launch a new series of targeted longer-term refinancing operations (TLTRO-III).

3. Bank of Japan

At its January 23 and March 15 meetings, the Bank of Japan (BOJ) decided to continue its qualitative and quantitative easing (QQE) with yield curve control so as to achieve its inflation target of 2 percent. With respect to its yield curve control, the BOJ decided to continue to apply a negative interest rate of –0.1 percent to the Policy-Rate Balances in the current accounts held by financial institutions and to purchase Japanese government bonds (JGB) at an annual pace of JPY 80 trillion to keep the 10-year JGB yield at around 0. With respect to asset purchases other than JGB purchases, the BOJ decided to continue to purchase JPY 6 trillion of exchange-traded funds (ETFs) and JPY 90 billion of Japan real-estate investment trusts (J-REITs) annually. It also planned to keep its commercial paper and corporate bond holdings at about JPY 2.2 trillion and about JPY 3.2 trillion respectively.

4. Bank of England

At its February 7 meeting, the Bank of England (BOE) decided to keep the Bank Rate unchanged at 0.75 percent. It also decided to maintain the stock of sterling non-financial investment-grade corporate bond purchases at GBP 10 billion and the stock of U.K. government bond purchases at GBP 435 billion. At its March 21 meeting, the BOE again decided to keep the Bank Rate and its asset purchases programs unchanged.

附录三 中国主要经济和金融指标
Appendix 3 China's Major Economic and Financial Indicators

一、经济增长与经济发展水平
1. Economic Growth

1978年以来中国经济增长与宏观经济政策

China's economic growth and macroeconomic policies since 1978

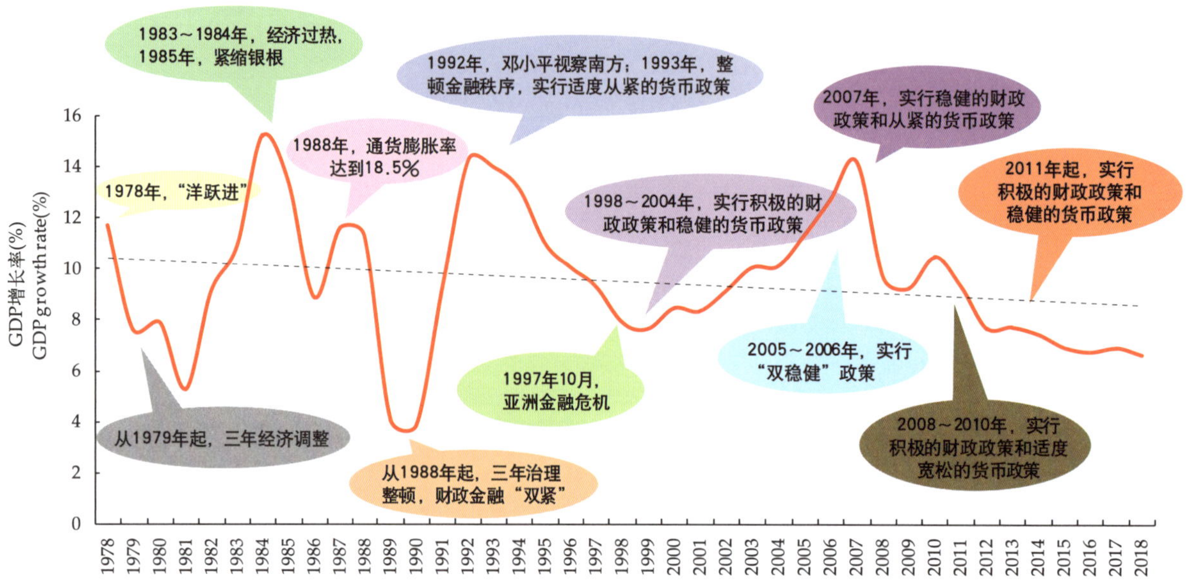

- “Great leap forward” in 1978
- 3-year economic adjustment between 1979 and 1981
- Over-heated economy between 1983 and 1984, tight monetary policy in 1985
- Inflation of 18.5% in 1988
- 3-year rectification from 1988 to 1991, “double tightening” of fiscal and monetary policy
- Deng Xiaoping's remarks on economic reform during his 1992 trip to South China, rectification of financial order and adoption of appropriately tight monetary policy in 1993
- Asian financial crisis of October 1997
- Proactive fiscal policy and sound monetary policy from 1998 to 2004
- “Double sound” fiscal and monetary policy in 2005 and 2006
- Sound fiscal policy and tight monetary policy in 2007
- Proactive financial policy and moderately loose monetary policy in 2008 to 2010
- Proactive financial policy and sound monetary policy since 2011

人均国内生产总值

Per capita GDP

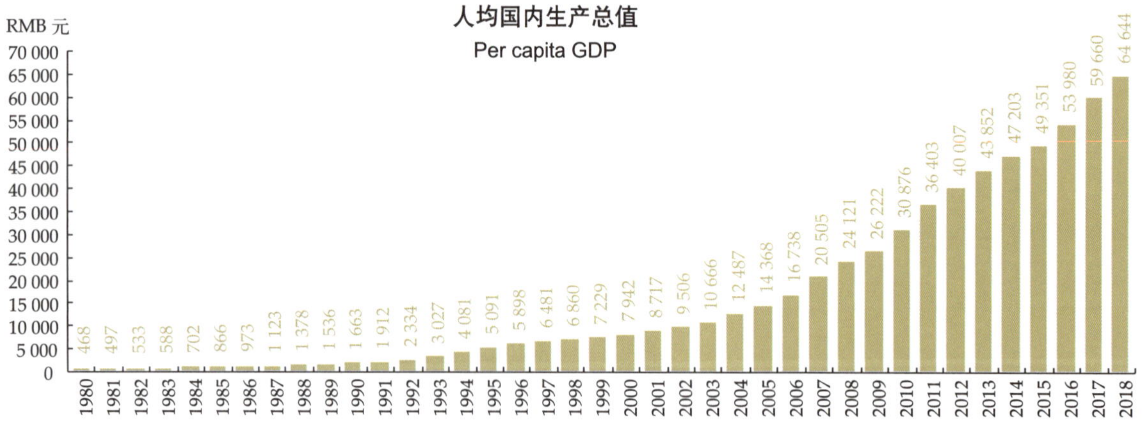

注：图中数据根据国家统计局最新数据修订。

Note: Data are revised by National Bureau of Statistics of China.

GDP总量：据世界银行按汇率折算法测算，2017年中国GDP总量为12.24万亿美元，占世界GDP总量80.68万亿美元的15.2%，位居第二，排在美国之后。根据《2017年世界发展指标》，按购买力平价法估算，2017年中国GDP总量为23.30万亿美元，占世界GDP总量127.57万亿美元的18.3%，位居第一。

人均GDP：2018年，中国人均GDP为64 644元人民币，按年末汇率折算为9 419美元。

人均国民收入：据世界银行按汇率折算法测算，2017年世界人均国民收入为10 366美元，中国人均国民收入为8 690美元，位居世界189个经济体由高向低排列的第70位。按购买力平价法估算，2017年中国人均国民收入为16 760美元，相当于世界人均国民收入16 927美元的99.0%，位居世界187个经济体由高向低排列的第77位。

Gross Domestic Product (GDP): The World Bank estimated that the world total GDP and China's GDP in 2017 were USD 80.68 trillion and USD 12.24 trillion respectively based on Atlas methodology. Accounting for 15.2 percent of the world total, China's GDP ranked 2nd in the world after U.S.. The World Bank estimated that the world total GDP and China's GDP in 2017 were USD 127.57 trillion and USD 23.30 trillion respectively based on a PPP basis, according to the *World Development Indicators 2017*. Accounting for 18.3 percent of the world total, China's GDP ranked 1st in the world.

GDP per capita: In 2018, China's GDP per capita reached RMB 64,644, or USD 9,419 based on the exchange rate at the end of 2018.

Gross National Income (GNI) per capita: The World Bank estimated that in 2017 the GNI per capita for the world as a whole was USD 10,366 based on Atlas methodology. The GNI per capita in China was USD 8,690, ranking 70th among 189 worldwide economies. In PPP terms, the GNI per capita in China in 2017 was USD 16,760, equivalent to 99.0 percent of the world figure which was USD 16,927, thus ranking 77th among the 187 worldwide economies.

2017年世界银行按汇率折算法测算的GDP总量前10名排序

Top ten economies in terms of GDP based on Atlas methodology in 2017 (World Bank estimation)

排名 Rank	国家 Country		GDP(万亿美元) GDP (USD1 trillion)	占世界GDP总量的比重(%) As a percent of the world total (%)
1	美国	U.S.	19.39	24.0
2	**中国**	**China**	**12.24**	**15.2**
3	日本	Japan	4.87	6.0
4	德国	Germany	3.68	4.6
5	英国	U.K.	2.62	3.3
6	印度	India	2.60	3.2
7	法国	France	2.58	3.2
8	巴西	Brazil	2.06	2.5
9	意大利	Italy	1.93	2.4
10	加拿大	Canada	1.65	2.0
世界	**World total**		**80.68**	**100.0**

2017年世界银行按购买力平价方法估算的GDP总量前10名排序

Top ten economies in terms of GDP based on PPP in 2017 (World Bank estimation)

排名 Rank	国家 Country		GDP(万亿美元) GDP (USD1 trillion)	占世界GDP总量的比重(%) As a percent of the world total (%)
1	中国	China	**23.30**	**18.3**
2	美国	U.S.	19.39	15.2
3	印度	India	9.45	7.4
4	日本	Japan	5.49	4.3
5	德国	Germany	4.19	3.3
6	俄罗斯	Russia	3.82	3.0
7	印度尼西亚	Indonesia	3.24	2.5
8	巴西	Brazil	3.24	2.5
9	法国	France	2.88	2.3
10	英国	U.K.	2.86	2.2
世界	**World total**		**127.57**	**100.0**

世界银行估算的2017年人均国民收入

National income per capita in 2017 (estimated by the World Bank)

单位：美元　Unit: USD

	世界平均 Global average	低收入国家 Low-income countries	中等收入国家 Middle-income countries		高收入国家 High-income countries
			较低收入组 Lower-middle-income countries	较高收入组 Upper-middle-income countries	
汇率折算法 On Atlas methodology	10 366	744	2 118	8 192	40 136
购买力平价法 On a PPP basis	16 927	2 088	7 191	17 559	47 657

国内生产总值
Gross domestic product

年/季度 Year /Quarter		国内生产总值 GDP		第一产业 Primary industry		第二产业 Secondary industry		第三产业 Tertiary industry	
		绝对值(亿元) Absolute value (RMB100 million)	增长(%) Growth(%)	绝对值(亿元) Absolute value (RMB100 million)	增长(%) Growth(%)	绝对值(亿元) Absolute value (RMB100 million)	增长(%) Growth(%)	绝对值(亿元) Absolute value (RMB100 million)	增长(%) Growth(%)
2009	I	74 053	6.4	4 441	3.8	32 550	5.8	37 062	7.2
	I-II	158 035	7.3	11 428	3.7	71 929	7.1	74 678	8.1
	I-III	248 049	8.5	21 594	3.9	113 243	8.7	113 212	9.1
	I-IV	349 081	9.4	34 162	4.0	160 172	10.3	154 748	9.6
2010	I	87 617	12.2	4 945	3.9	39 365	15.4	43 307	10.0
	I-II	187 149	11.4	12 920	3.7	86 788	14.0	87 441	9.8
	I-III	293 388	10.9	24 834	4.0	135 696	13.1	132 858	9.7
	I-IV	413 030	10.6	39 363	4.3	191 630	12.7	182 038	9.7
2011	I	104 641	10.2	5 768	3.2	47 195	11.3	51 679	9.9
	I-II	223 816	10.1	15 194	2.9	104 080	11.1	104 542	10.1
	I-III	350 797	9.8	29 475	3.5	162 703	11.0	158 619	9.9
	I-IV	489 301	9.5	46 163	4.2	227 039	10.7	216 099	9.5
2012	I	117 594	8.1	6 687	3.7	52 317	9.5	58 590	7.3
	I-II	249 276	7.9	16 967	4.3	113 752	8.7	118 558	7.6
	I-III	387 899	7.8	32 164	4.2	176 009	8.3	179 726	7.8
	I-IV	540 367	7.9	50 902	4.5	244 643	8.4	244 822	8.0
2013	I	129 747	7.9	7 170	3.0	55 862	7.8	66 715	8.4
	I-II	273 714	7.7	18 012	2.8	120 994	7.7	134 708	8.3
	I-III	426 619	7.8	34 605	3.3	187 744	7.9	204 271	8.4
	I-IV	595 244	7.8	55 329	3.8	261 956	8.0	277 959	8.3
2014	I	140 618	7.4	7 492	3.2	59 222	7.6	73 905	7.6
	I-II	297 080	7.4	19 145	3.7	128 763	7.7	149 172	7.6
	I-III	462 792	7.3	36 821	4.1	199 787	7.6	226 183	7.6
	I-IV	643 974	7.3	58 344	4.1	277 572	7.4	308 059	7.8
2015	I	150 987	7.0	7 770	3.1	60 725	6.4	82 492	7.8
	I-II	319 490	7.0	20 257	3.5	131 872	6.3	167 361	8.1
	I-III	496 200	6.9	38 345	3.8	203 537	6.2	254 318	8.2
	I-IV	689 052	6.9	60 862	3.9	282 040	6.2	346 150	8.2
2016	I	161 456	6.7	8 803	2.9	61 385	6.0	91 268	7.5
	I-II	342 071	6.7	22 097	3.0	135 116	6.2	184 858	7.5
	I-III	532 434	6.7	40 667	3.5	210 755	6.3	281 012	7.5
	I-IV	740 061	6.7	60 139	3.3	296 548	6.3	383 374	7.7
2017	I	179 403	6.8	8 206	3.0	69 704	6.2	101 493	7.7
	I-II	378 581	6.8	20 851	3.5	152 358	6.2	205 372	7.7
	I-III	588 405	6.8	39 107	3.7	237 116	6.1	312 183	7.8
	I-IV	820 754	6.8	62 100	4.0	332 743	5.9	425 912	7.9
2018	I	197 920	6.8	8 574	3.2	77 117	6.3	112 229	7.5
	I-II	417 215	6.8	21 576	3.3	168 558	6.1	227 081	7.6
	I-III	646 711	6.7	39 800	3.4	261 823	5.9	345 088	7.7
	I-IV	900 310	6.6	64 734	3.5	366 001	5.8	469 575	7.6
2019	I	213 433	6.4	8 769	2.7	82 346	6.1	122 317	7.0

注：1. 表中绝对数按当年价格计算，“比上年同期增长”按不变价格计算。
2.表中数据根据国家统计局最新数据修订。

Notes: 1. Absolute figures in this table are calculated at current prices, and the year-on-year growth rates are calculated at constant prices.
2. Data are revised by National Bureau of Statistics of China.

1978年以来GDP及其增长率
GDP and its annual growth rate since 1978

年 Year	GDP(万亿元) GDP(RMB1 trillion)	GDP增长率(%) GDP growth rate(%)
1978	0.4	11.7
1979	0.4	7.6
1980	0.5	7.8
1981	0.5	5.1
1982	0.5	9.0
1983	0.6	10.8
1984	0.7	15.2
1985	0.9	13.4
1986	1.0	8.9
1987	1.2	11.7
1988	1.5	11.2
1989	1.7	4.2
1990	1.9	3.9
1991	2.2	9.3
1992	2.7	14.2
1993	3.6	13.9
1994	4.9	13.0
1995	6.1	11.0
1996	7.2	9.9
1997	8.0	9.2
1998	8.5	7.8
1999	9.1	7.7
2000	10.0	8.5
2001	11.1	8.3
2002	12.2	9.1
2003	13.7	10.0
2004	16.2	10.1
2005	18.7	11.4
2006	21.9	12.7
2007	27.0	14.2
2008	32.0	9.7
2009	34.9	9.4
2010	41.3	10.6
2011	48.9	9.5
2012	54.0	7.9
2013	59.5	7.8
2014	64.4	7.3
2015	68.9	6.9
2016	74.0	6.7
2017	82.1	6.8
2018	90.0	6.6

注：表中数据根据国家统计局最新数据修订。
Note: Data are revised by National Bureau of Statistics of China.

GDP及其增长率
GDP and its annual growth rate

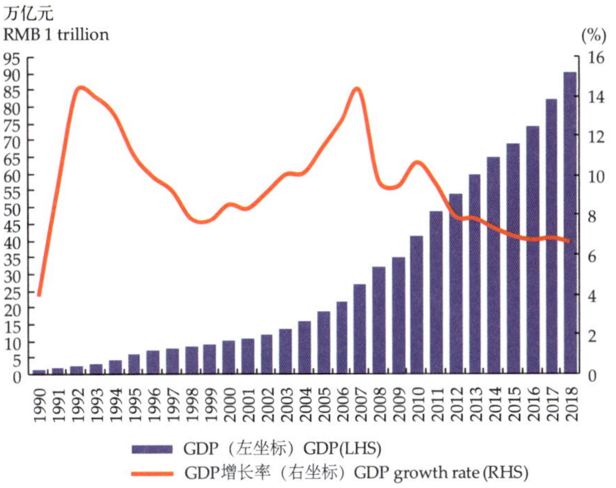

2008年以来GDP季度累计增长率
Quarterly accumulated GDP growth rates since 2008

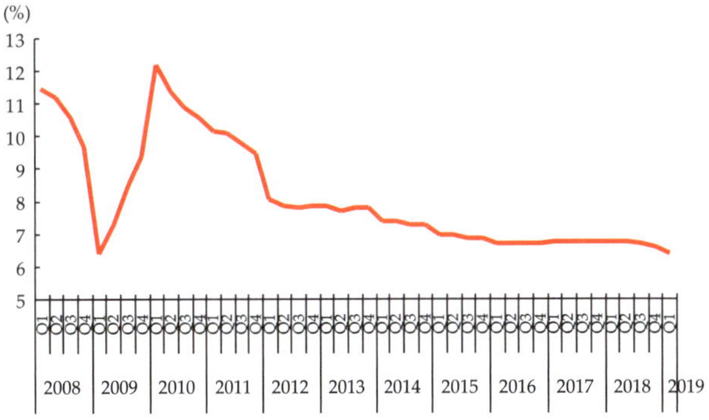

季度GDP三次产业所占的比重与增长率变化
Shares of industries in GDP and their growth rates on a quarterly basis

单位：% Unit: %

年 / 季度 Year/Quarter	第一产业所占的比重 Share of primary industry	第二产业所占的比重 Share of secondary industry	第三产业所占的比重 Share of tertiary industry	第一产业同比累计增长 YOY accumulated growth of primary industry	第二产业同比累计增长 YOY accumulated growth of secondary industry	第三产业同比累计增长 YOY accumulated growth of tertiary industry
2011Q1	5.5	45.1	49.4	3.2	11.3	9.9
2011Q2	6.8	46.5	46.7	2.9	11.1	10.1
2011Q3	8.4	46.4	45.2	3.5	11.0	9.9
2011Q4	9.4	46.4	44.2	4.2	10.7	9.5
2012Q1	5.7	44.5	49.8	3.7	9.5	7.3
2012Q2	6.8	45.6	47.6	4.3	8.7	7.6
2012Q3	8.3	45.4	46.3	4.2	8.3	7.8
2012Q4	9.4	45.3	45.3	4.5	8.4	8.0
2013Q1	5.5	43.1	51.4	3.0	7.8	8.4
2013Q2	6.6	44.2	49.2	2.8	7.7	8.3
2013Q3	8.1	44.0	47.9	3.3	7.9	8.4
2013Q4	9.3	44.0	46.7	3.8	8.0	8.3
2014Q1	5.3	42.1	52.6	3.2	7.6	7.6
2014Q2	6.5	43.3	50.2	3.7	7.7	7.6
2014Q3	8.0	43.1	48.9	4.1	7.6	7.6
2014Q4	9.1	43.1	47.8	4.1	7.4	7.8
2015Q1	5.2	40.3	54.5	3.1	6.4	7.8
2015Q2	6.4	41.3	52.3	3.5	6.3	8.1
2015Q3	7.8	41.0	51.2	3.8	6.2	8.2
2015Q4	8.9	40.9	50.2	3.9	6.2	8.2
2016Q1	5.5	37.9	56.6	2.9	6.0	7.5
2016Q2	6.5	39.4	54.1	3.0	6.2	7.5
2016Q3	7.7	39.5	52.8	3.5	6.3	7.5
2016Q4	8.6	39.8	51.6	3.3	6.3	7.7
2017Q1	4.8	38.7	56.5	3.0	6.2	7.7
2017Q2	5.8	40.1	54.1	3.5	6.2	7.7
2017Q3	7.0	40.1	52.9	3.7	6.1	7.8
2017Q4	7.9	40.5	51.6	4.0	5.9	7.9
2018Q1	4.5	39.0	56.5	3.2	6.3	7.5
2018Q2	5.3	40.4	54.3	3.3	6.1	7.6
2018Q3	6.5	40.4	53.1	3.4	5.9	7.7
2018Q4	7.2	40.6	52.2	3.5	5.8	7.6
2019Q1	4.1	38.6	57.3	2.7	6.1	7.0

注：表中数据根据国家统计局最新数据修订。
Note: Data are revised by National Bureau of Statistics of China.

季度GDP三次产业所占的比重与增长率变化
Shares of industries in GDP and their growth rates on a quarterly basis

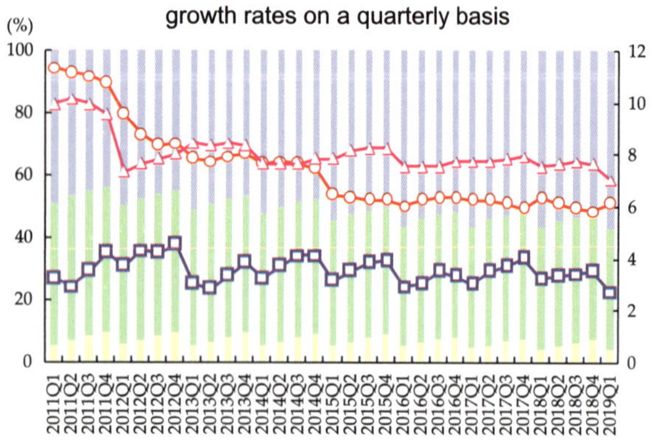

2004年以来年度GDP中三大产业比重
Shares of industries in GDP since 2004

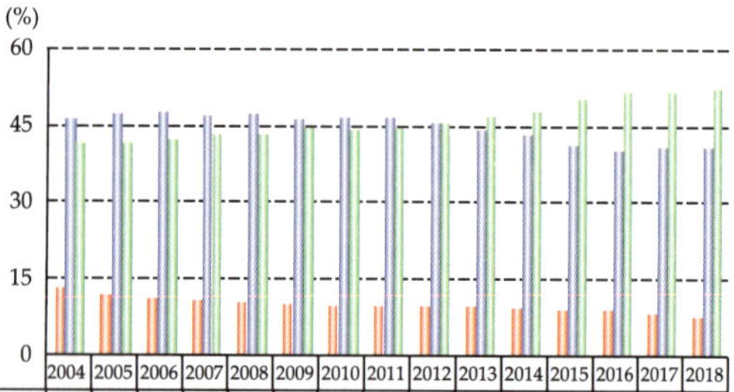

	2004	2005	2006	2007	2008	2009	2010	2011	2012	2013	2014	2015	2016	2017	2018
第一产业 Primary industry	12.9	11.6	10.6	10.3	10.3	9.8	9.5	9.4	9.4	9.3	9.1	8.9	8.6	7.9	7.2
第二产业 Secondary industry	45.9	47.0	47.6	46.9	46.9	45.9	46.4	46.4	45.3	44.0	43.1	40.9	39.8	40.5	40.6
第三产业 Tertiary industry	41.2	41.3	41.8	42.9	42.8	44.3	44.1	44.2	45.3	46.7	47.8	50.2	51.6	51.6	52.2

注：图中数据根据国家统计局最新数据修订。
Note: Data are revised by National Bureau of Statistics of China.

工业增加值增长速度
Growth rate of value added of industry

单位：% Unit: %

年 / 月 Year/Month		工业增加值 Value added	采矿业 Mining	制造业 Manufacturing	电力、热力、燃气及水生产和供应业 Electricity, gas & water production and supply	国有及国有控股企业 State-owned and state-holding enterprises	集体企业 Collectively-owned enterprises	股份制企业 Joint-stock enterprises	外商及港澳台投资企业 Enterprises with foreign, HongKong, Macau, and Taiwan investment
					比上年同期增长 (%) Year-on-year growth rate(%)				
2018	1	—	—	—	—	—	—	—	—
	2	—	—	—	—	—	—	—	—
	3	6.0	-1.1	6.6	5.8	5.7	3.9	6.5	4.9
	4	7.0	-0.2	7.4	8.8	7.7	-6.4	7.1	6.8
	5	6.8	3.0	6.6	12.2	8.1	-2.9	6.1	8.4
	6	6.0	2.7	6.0	9.2	6.1	-1.9	6.1	5.4
	7	6.0	1.3	6.2	9.0	6.2	-2.8	6.0	6.1
	8	6.1	2.0	6.1	9.9	5.6	-1.2	6.4	4.9
	9	5.8	2.2	5.7	11.0	5.6	2.0	6.3	3.2
	10	5.9	3.8	6.1	6.8	4.6	-3.6	6.7	3.9
	11	5.4	2.3	5.6	9.8	3.9	2.0	6.6	1.9
	12	5.7	3.6	5.5	9.6	3.6	-1.4	7.0	1.7
2019	1	—	—	—	—	—	—	—	—
	2	—	—	—	—	—	—	—	—
	3	8.5	4.6	9.0	7.7	4.7	0.0	10.0	4.2
2018	1~2	7.2	1.6	7.0	13.3	9.0	-2.3	7.3	5.9
	1~3	6.8	0.9	7.0	10.8	7.9	0.1	7.0	5.5
	1~4	6.9	0.5	7.1	10.3	7.9	-1.6	7.0	5.8
	1~5	6.9	1.3	7.0	10.8	7.9	-1.9	6.8	6.4
	1~6	6.7	1.6	6.9	10.5	7.6	-1.9	6.7	6.2
	1~7	6.6	1.6	6.8	10.3	7.4	-2.0	6.6	6.2
	1~8	6.5	1.7	6.8	10.2	7.2	-1.9	6.6	6.0
	1~9	6.4	1.8	6.7	10.3	7.0	-1.4	6.6	5.7
	1~10	6.4	2.0	6.6	10.0	6.8	-1.6	6.6	5.5
	1~11	6.3	2.1	6.6	10.0	6.5	-1.2	6.6	5.1
	1~12	6.2	2.3	6.5	9.9	6.2	-1.2	6.6	4.8
2019	1~2	5.3	0.3	5.6	6.8	4.4	0.0	6.4	-0.3
	1~3	6.5	2.2	7.2	7.1	4.5	0.0	7.8	1.4

注：1. 自2011年起，工业统计范围调整为年主营收入2 000万元及以上的工业企业。
2. 本表中“比上年同期增长”按可比价格计算。

Notes: 1. Since 2011, the statistical coverage of industry has been adjusted to industrial enterprises with the annual sales income from main business of RMB 20 million and above.
2. The year-on-year changes in this table are calculated at comparable prices.

工业增加值增长速度及工业产品销售率
Growth rate of industrial value added and ratio of sales to output of industrial products

单位：% Unit:%

年 / 月 Year/Month		当月工业增加值同比增长 YOY growth of monthly industrial value added	工业增加值月度累计同比增长 YOY growth of monthly accumulated industrial value added	当月销售率 Monthly ratio of sales to output
2017	1	—	—	—
	2	—	6.3	—
	3	7.6	6.8	96.9
	4	6.5	6.7	97.6
	5	6.5	6.7	97.7
	6	7.6	6.9	97.7
	7	6.4	6.8	97.9
	8	6.0	6.7	98.5
	9	6.6	6.7	98.3
	10	6.2	6.7	97.8
	11	6.1	6.6	97.8
	12	6.2	6.6	98.8
2018	1	—	—	—
	2	—	7.2	—
	3	6.0	6.8	97.3
	4	7.0	6.9	98.9
	5	6.8	6.9	97.8
	6	6.0	6.7	97.8
	7	6.0	6.6	98.0
	8	6.1	6.5	98.5
	9	5.8	6.4	98.8
	10	5.9	6.4	98.1
	11	5.4	6.3	97.6
	12	5.7	6.2	98.5
2019	1	—	—	—
	2	—	5.3	—
	3	8.5	6.5	98.8

工业增加值增长速度及工业产品销售率
Growth rate of industrial value added and ratio of sales to output of industrial products

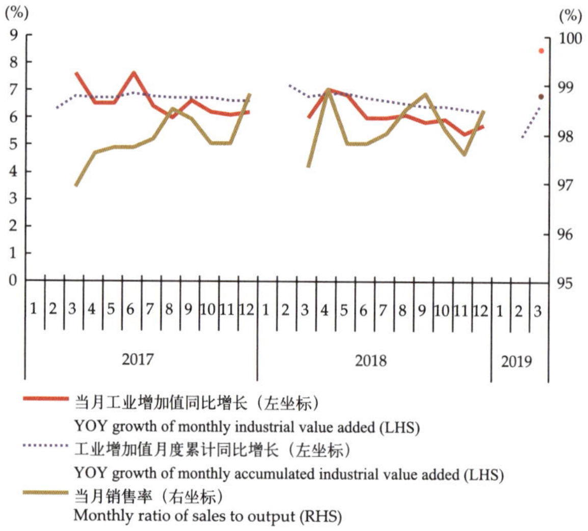

二、价格走势
2. Price Development

1.各种价格指数一览
(1) Overview of price indices

各种价格指数变动表
Changes in price indices

单位：% Unit:%

年 / 月 Year/Month	居民消费价格指数 Consumer price indices			农业生产资料价格指数 Price indices of mean of agricultural production		工业生产者购进价格指数 Purchasing price index for industrial producers		工业生产者出厂价格指数 Producer price index for manufactured goods		固定资产投资价格指数 Price indices of investment in fixed assets		进出口同比价格指数 Import-export price index (YOY)		
	月环比 MOM	当月同比 YOY	累计同比 Accu-mulated YOY	当月同比 YOY	累计同比 Accu-mulated YOY	当月同比 YOY	累计同比 Accu-mulated YOY	当月同比 YOY	累计同比 Accu-mulated YOY	当季同比 YOY	累计同比 Accu-mulated YOY	出口 Exports	进口 Imports	贸易条件 Terms of trade
2017 1	1.0	2.5	2.5	1.1	1.1	8.4	8.4	6.9	6.9			4.1	12.8	92.3
2	−0.2	0.8	1.7	1.2	1.1	9.9	9.1	7.8	7.3			6.7	13.9	93.7
3	−0.3	0.9	1.4	1.4	1.2	10.0	9.4	7.6	7.4	4.5	4.5	4.5	13.6	92.0
4	0.1	1.2	1.4	1.1	1.2	9.0	9.3	6.4	7.2			6.9	13.5	94.2
5	−0.1	1.5	1.4	0.1	1.0	8.0	9.0	5.5	6.8			5.4	12.4	93.8
6	−0.2	1.5	1.4	−0.9	0.7	7.3	8.7	5.5	6.6	4.7	4.6	5.1	9.5	96.0
7	0.1	1.4	1.4	−0.7	0.5	7.0	8.5	5.5	6.4			4.0	6.7	97.5
8	0.4	1.8	1.5	0.0	0.4	7.7	8.4	6.3	6.4			2.9	6.4	96.7
9	0.5	1.6	1.5	0.4	0.4	8.5	8.4	6.9	6.5	6.5	5.2	2.7	9.0	94.2
10	0.1	1.9	1.5	1.1	0.5	8.4	8.4	6.9	6.5			2.3	6.6	96.0
11	0.0	1.7	1.5	1.5	0.6	7.1	8.3	5.8	6.4			3.1	5.7	97.5
12	0.3	1.8	1.6	1.3	0.6	5.9	8.1	4.9	6.3	7.4	5.8	0.4	5.0	95.7
2018 1	0.6	1.5	1.5	1.3	0.6	5.2	5.2	4.3	4.3			0.5	5.1	95.6
2	1.2	2.9	2.2	1.2	1.2	4.4	4.8	3.7	4.0			−1.9	−1.4	99.5
3	−1.1	2.1	2.1	1.9	1.4	3.7	4.4	3.1	3.7	6.2	6.2	2.7	1.1	101.6
4	−0.2	1.8	2.1	2.4	1.7	3.7	4.2	3.4	3.6			0.2	0.5	99.7
5	−0.2	1.8	2.0	3.1	2.0	4.3	4.2	4.1	3.7			0.6	2.0	98.6
6	−0.1	1.9	2.0	3.7	2.3	5.1	4.4	4.7	3.9	5.2	5.7	0.4	4.4	96.2
7	0.3	2.1	2.0	3.8	2.5	5.2	4.5	4.6	4.0			1.0	6.9	94.5
8	0.7	2.3	2.0	3.9	2.7	4.8	4.5	4.1	4.0			4.1	5.8	98.4
9	0.7	2.5	2.1	4.0	2.8	4.2	4.5	3.6	4.0	5.4	5.6	7.0	10.9	96.5
10	0.2	2.5	2.1	4.4	3.0	4.0	4.5	3.3	3.9			9.4	10.4	99.1
11	−0.3	2.2	2.1	4.1	3.1	3.3	4.4	2.7	3.8			7.5	11.3	96.6
12	0.0	1.9	2.1	3.3	3.1	1.6	4.1	0.9	3.5	4.7	5.4	5.3	12.6	93.5
2019 1	0.5	1.7	1.7	2.6	2.6	0.2	0.2	0.1	0.1			3.2	3.8	99.4
2	1.0	1.5	1.6	2.6	2.6	−0.1	0.1	0.1	0.1			9.6	5.0	104.4
3	−0.4	2.3	1.8	2.8	2.7	0.2	0.1	0.4	0.2	3.6	3.6	2.2	2.0	100.2

注：国家统计局从2011年1月开始实施新的工业生产者价格统计调查制度方法。“工业品价格统计”改称为“工业生产者价格统计”，相应地将“原材料、燃料、动力购进价格指数”改称为“工业生产者购进价格指数”，将“工业品出厂价格指数”改称为“工业生产者出厂价格指数”。

Note: Since January 2011, NBS begins to conduct new statistical system and survey methods on PPI. "Prices statistics on industrial goods" is renamed to "prices statistics on industrial producers". Accordingly, "purchasing prices for raw material,fuels and power" is renamed to "purchasing price for industrial producers", "producer price index of industrial products" is renamed to "producer price index for manufactured goods".

居民消费价格月环比指数变动
Change in CPI (month-on-month)

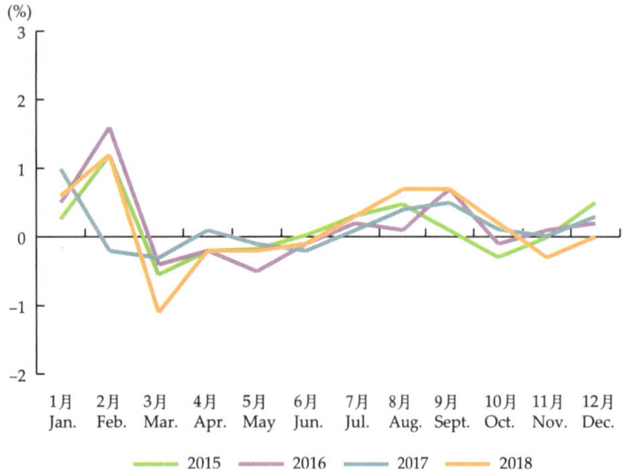

居民消费价格同比指数变动
Change in CPI (year-on-year)

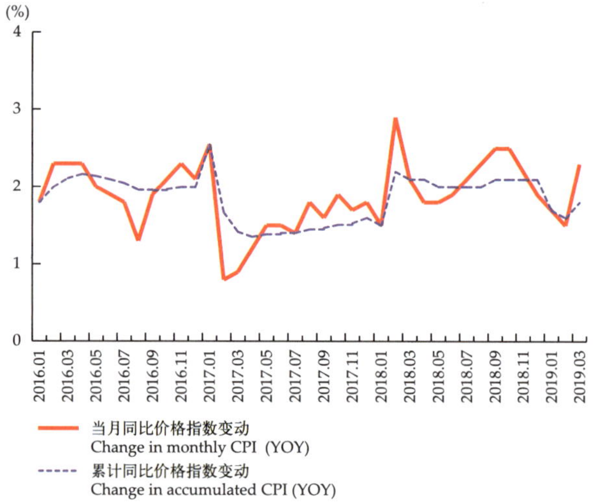

居民消费价格指数与生产价格指数的比较
Comparison between changes in CPI and PPI

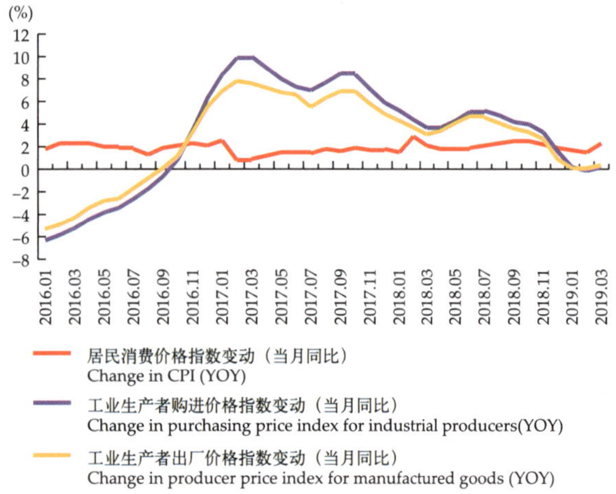

进出口价格指数和贸易条件
Import-export price index and terms of trade

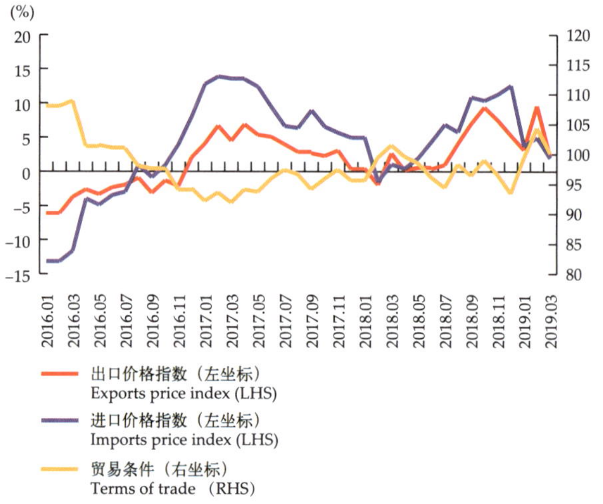

2. 分类指数
(2) Breakdown of indices

居民消费价格当月同比分类指数变动
Breakdown of changes in CPI (YOY)

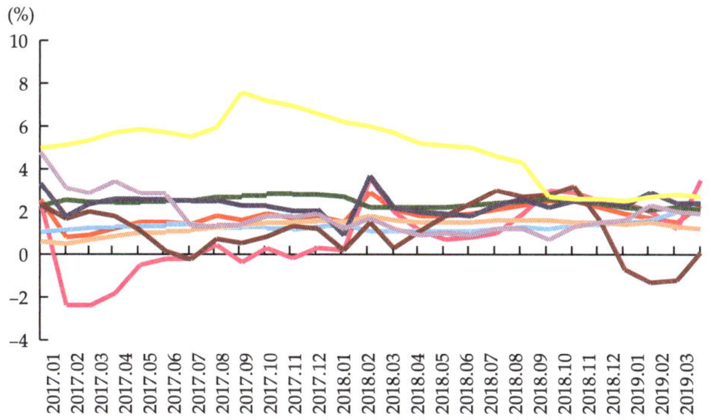

总指数　All items CPI
食品烟酒　Food, tobacco & liquor
衣着　Clothing
居住　Residence
生活用品及服务　Household articles and services
交通和通信　Transportation and communications
教育文化和娱乐　Education, culture and recreation
医疗保健　Health care
其他用品和服务　Miscellaneous goods and services

注：国家统计局于2016年1月调整了CPI构成，数据和以前年度不可比。
Note: NBS adjusted the composition of CPI in January 2016, which made the data uncomparable.

工业生产者出厂价格当月同比指数变动按生产资料和生活资料分类
Breakdown of changes in producer price index (PPI) for manufactured goods by means of production and means of consumer goods (YOY)

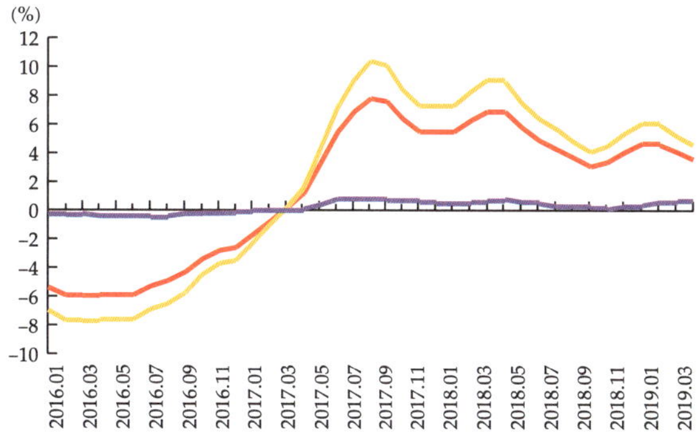

工业生产者出厂价格指数变动　Change in producer price index for manufactured goods
生产资料出厂价格指数变动　Change in PPI for means of production
生活资料出厂价格指数变动　Change in PPI for means of consumer goods

生活资料出厂价格当月同比分类指数变动
Breakdown of changes in PPI for means of consumer goods (YOY)

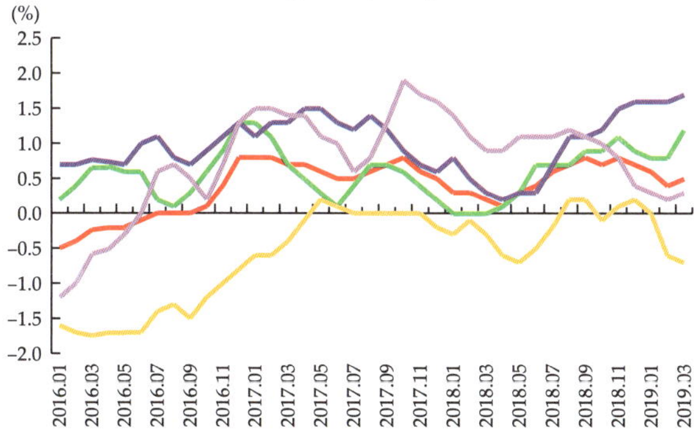

生活资料出厂价格指数变动　Change in PPI for means of consumer goods
食品类　Food
衣着类　Apparel
一般日用品　Articles for daily use
耐用消费品　Durable consumer goods

生产资料出厂价格当月同比分类指数变动
Breakdown of changes in PPI for means of production (YOY)

生产资料出厂价格指数变动　Change in PPI for means of production
采掘业　Mining industry
原材料工业　Raw materials industry
加工工业　Processing industry

三、就业、失业与收入
3. Employment, Unemployment and Income

人口与就业基本情况
Population and employment

年 Year	年底总人口（亿人） Population at the end of the year (100 million people)	城镇 Urban	比重(%) Share (%)	乡村 Rural	比重(%) Share (%)	15~64岁人口数(亿人) Population between 15~64 years of age (100 million people)	就业人员(亿人) Employment (100 million people)
2001	12.8	4.8	38	8.0	62		7.3
2002	12.8	5.0	39	7.8	61	9.0	7.3
2003	12.9	5.2	41	7.7	59	9.1	7.4
2004	13.0	5.4	42	7.6	58	9.2	7.4
2005	13.1	5.6	43	7.5	57	9.4	7.5
2006	13.1	5.8	44	7.3	56	9.5	7.5
2007	13.2	6.1	46	7.1	54	9.6	7.5
2008	13.3	6.2	47	7.0	53	9.7	7.6
2009	13.3	6.5	48	6.9	52	9.7	7.6
2010	13.4	6.7	50	6.7	50	10.0	7.6
2011	13.5	6.9	51	6.6	49	10.0	7.6
2012	13.5	7.1	53	6.4	47	10.0	7.7
2013	13.6	7.3	54	6.3	46	10.1	7.7
2014	13.7	7.5	55	6.2	45	10.0	7.7
2015	13.7	7.7	56	6.0	44	10.0	7.7
2016	13.8	7.9	57	5.9	43	10.0	7.8
2017	13.9	8.1	59	5.8	41	10.0	7.8
2018	14.0	8.3	60	5.6	40	—	7.8

注：表中数据根据第六次人口普查数据重新修订。
Note:Data are revised according to the 6th National Population Census.

就业人员按城乡和产业分类
Employment in urban and rural areas and in industries

年 Year	就业人员(亿人) Employment (100 million people)	按城乡分 Urban & rural: 城镇 Urban	比重(%) Share (%)	乡村 Rural	比重(%) Share (%)	按产业分 Industries: 第一产业 Primary industry	比重(%) Share (%)	第二产业 Secondary industry	比重(%) Share (%)	第三产业 Tertiary industry	比重(%) Share (%)
2001	7.28	2.41	33.1	4.87	66.9	3.64	50.0	1.62	22.3	2.02	27.7
2002	7.33	2.52	34.3	4.81	65.7	3.66	50.0	1.57	21.4	2.10	28.6
2003	7.37	2.62	35.6	4.75	64.4	3.62	49.1	1.59	21.6	2.16	29.3
2004	7.43	2.73	36.8	4.70	63.2	3.48	46.9	1.67	22.5	2.27	30.6
2005	7.46	2.84	38.0	4.63	62.0	3.34	44.8	1.78	23.8	2.34	31.4
2006	7.50	2.96	39.5	4.53	60.5	3.19	42.6	1.89	25.2	2.41	32.2
2007	7.53	3.10	41.1	4.44	58.9	3.07	40.8	2.02	26.8	2.44	32.4
2008	7.56	3.21	42.5	4.35	57.5	2.99	39.6	2.06	27.2	2.51	33.2
2009	7.58	3.33	43.9	4.25	56.1	2.89	38.1	2.11	27.8	2.59	34.1
2010	7.61	3.47	45.6	4.14	54.4	2.79	36.7	2.18	28.7	2.63	34.6
2011	7.64	3.59	47.0	4.05	53.0	2.66	34.8	2.25	29.5	2.73	35.7
2012	7.67	3.71	48.4	3.96	51.6	2.58	33.6	2.32	30.3	2.77	36.1
2013	7.70	3.82	49.7	3.87	50.3	2.42	31.4	2.32	30.1	2.96	38.5
2014	7.73	3.93	50.9	3.79	49.1	2.28	29.5	2.31	29.9	3.14	40.6
2015	7.75	4.04	52.2	3.70	47.8	2.19	28.3	2.27	29.3	3.28	42.4
2016	7.76	4.14	53.4	3.62	46.6	2.15	27.7	2.23	28.8	3.38	43.5
2017	7.76	4.25	54.7	3.52	45.3	2.09	27.0	2.18	28.1	3.49	44.9
2018	7.76	4.34	56.0	—	—	—	—	—	—	—	—

注：表中数据根据第六次人口普查数据重新修订。
Note: Data are revised according to the 6th National Population Census.

居民人均可支配收入
Per capita disposable income

年 / 季度 Year/ Quarter	农村居民人均可支配收入 Per capita disposable income in rural area		城镇居民人均可支配收入 Per capita disposable income in urban area	
	绝对值（元）Absolute value (RMB)	同比实际增长 (%) Growth in real terms (YOY) (%)	绝对值（元）Absolute value (RMB)	同比实际增长 (%) Growth in real terms (YOY) (%)
2016 I	3 578	7.0	9 255	5.8
I~II	6 050	6.7	16 957	5.8
I~III	8 998	6.5	25 337	5.7
I~IV	12 363	6.2	33 616	5.6
2017 I	3 880	7.2	9 986	6.3
I~II	6 562	7.4	18 322	6.5
I~III	9 778	7.5	27 430	6.6
I~IV	13 432	7.3	36 396	6.5
2018 I	4 226	6.8	10 781	5.7
I~II	7 142	6.8	19 770	5.8
I~III	10 645	6.8	29 599	5.7
I~IV	14 617	6.6	39 251	5.6
2019 I	4 600	6.9	11 633	5.9

城镇失业人数和失业率
Unemployed urban population and unemployment rate

年 / 季度末 Year/End of quarter	城镇登记失业人数（万人）Registered unemployment in urban areas (10 000 people)	城镇登记失业率 (%) Registered unemployment rate in urban areas (%)
2016 I	972	4.0
II	978	4.1
III	983	4.0
IV	982	4.0
2017 I	976	4.0
II	976	4.0
III	979	4.0
IV	972	3.9
2018 I	971	3.9
II	969	3.8
III	975	3.8
IV	974	3.8
2019 I	959	3.7

四、国内需求
4. Domestic Demand

1.按支出法计算的国内生产总值
(1) Expenditure-based GDP

按支出法计算的国内生产总值及其构成
Expenditure-based GDP and its composition

年 Year	按支出法计算的国内生产总值 Expenditure-based GDP	最终消费 Final consumption	居民消费 Household consumption	城镇居民 Urban	农村居民 Rural	政府消费 Government consumption	资本形成总额 Total capital formation	固定资本形成 Fixed capital formation	存货增加 Increased inventory	货物和服务净出口 Net exports of goods and services
绝对值（亿元） Absolute value (RMB 100 million)										
2001	111 250	68 547	50 709	34 411	16 298	17 838	40 379	38 064	2 315	2 325
2002	122 292	74 068	55 076	38 060	17 017	18 992	45 130	43 797	1 333	3 094
2003	138 315	79 513	59 344	41 569	17 775	20 169	55 837	53 964	1 872	2 965
2004	162 742	89 086	66 587	47 354	19 233	22 499	69 421	65 670	3 751	4 236
2005	189 190	101 448	75 232	54 320	20 912	26 215	77 534	75 810	1 724	10 209
2006	221 207	114 729	84 119	61 480	22 640	30 610	89 823	87 223	2 600	16 655
2007	271 699	136 229	99 793	74 205	25 589	36 436	112 047	105 052	6 995	23 423
2008	319 936	157 466	115 338	86 498	28 841	42 128	138 243	128 002	10 241	24 227
2009	349 883	172 728	126 661	95 995	30 666	46 067	162 118	156 735	5 383	15 037
2010	410 708	198 998	146 058	112 447	33 610	52 941	196 653	185 827	10 826	15 057
2011	486 038	241 022	176 532	135 457	41 075	64 490	233 327	219 671	13 656	11 689
2012	540 989	271 113	198 537	153 314	45 223	72 576	255 240	244 601	10 639	14 636
2013	596 963	300 338	219 763	170 330	49 432	80 575	282 073	270 924	11 149	14 552
2014	647 182	328 313	242 540	188 174	54 366	85 773	302 718	290 053	12 664	16 152
2015	699 109	362 267	265 980	206 837	59 143	96 286	312 836	301 503	11 333	24 007
2016	745 632	399 910	293 443	228 517	64 145	106 467	329 138	318 084	11 054	16 585
2017	815 260	437 152	317 964	249 256	68 253	119 188	363 955	349 369	14 586	14 154
2018	884 426	480 341	348 210	—	—	132 131	396 645	380 772	15 873	7 741
构成（%） Composition (%)										
2001	100.0	61.6	45.6	30.9	14.6	16.0	36.3	34.2	2.1	2.1
2002	100.0	60.6	45.0	31.1	13.9	15.5	36.9	35.8	1.1	2.5
2003	100.0	57.5	42.9	30.1	12.9	14.6	40.4	39.0	1.4	2.1
2004	100.0	54.7	40.9	29.1	11.8	13.8	42.7	40.4	2.3	2.6
2005	100.0	53.6	39.8	28.7	11.1	13.9	41.0	40.1	0.9	5.4
2006	100.0	51.9	38.0	27.8	10.2	13.8	40.6	39.4	1.2	7.5
2007	100.0	50.1	36.7	27.3	9.4	13.4	41.2	38.7	2.6	8.6
2008	100.0	49.2	36.1	27.0	9.0	13.2	43.2	40.0	3.2	7.6
2009	100.0	49.4	36.2	27.4	8.8	13.2	46.3	44.8	1.5	4.3
2010	100.0	48.5	35.6	27.4	8.2	12.9	47.9	45.2	2.6	3.7
2011	100.0	49.6	36.3	27.9	8.5	13.3	48.0	45.2	2.8	2.4
2012	100.0	50.1	36.7	28.3	8.4	13.4	47.2	45.2	2.0	2.7
2013	100.0	50.3	36.8	28.5	8.3	13.5	47.3	45.4	1.9	2.4
2014	100.0	50.7	37.5	29.1	8.4	13.3	46.8	44.8	2.0	2.5
2015	100.0	51.8	38.0	29.6	8.5	13.8	44.7	43.1	1.6	3.4
2016	100.0	53.6	39.4	30.6	8.6	14.3	44.1	42.7	1.5	2.2
2017	100.0	53.6	39.0	30.6	8.4	14.6	44.6	42.9	1.8	1.7
2018	100.0	54.3	39.4	—	—	14.9	44.8	43.1	1.8	0.9

注：表中数据根据国家统计局最新数据修订。
Note: Data are revised by National Bureau of Statistics of China.

按支出法计算的国内生产总值构成变化
Changes in the composition of GDP (based on expenditures)

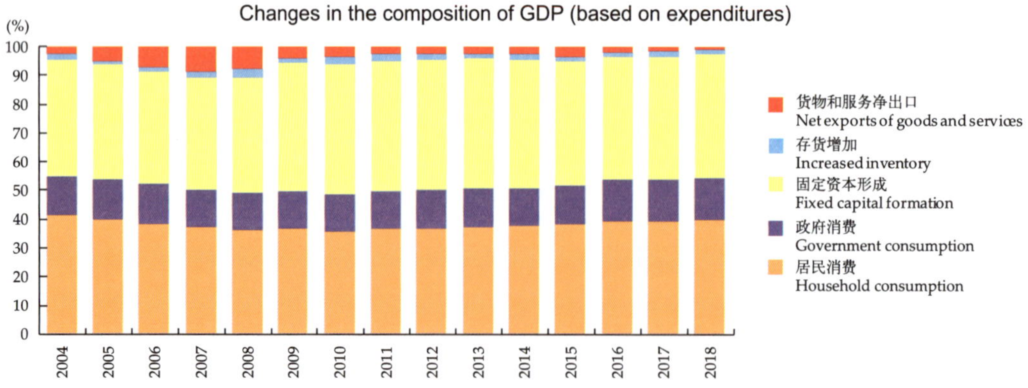

投资率和消费率
Investment ratio and consumption ratio

单位：% Unit: %

年 Year	资本形成率（投资率） Capital formation ratio (investment ratio)	最终消费率（消费率） Final consumption ratio (consumption ratio)
1986	38.2	64.2
1987	37.8	62.1
1988	39.5	61.5
1989	37.5	63.6
1990	34.4	62.9
1991	35.7	61.5
1992	39.6	59.4
1993	44.0	57.9
1994	40.8	57.9
1995	39.6	58.8
1996	38.2	59.8
1997	36.2	59.4
1998	35.6	60.2
1999	34.9	62.3
2000	34.3	63.3
2001	36.3	61.6
2002	36.9	60.6
2003	40.4	57.5
2004	42.7	54.7
2005	41.0	53.6
2006	40.6	51.9
2007	41.2	50.1
2008	43.2	49.2
2009	46.3	49.4
2010	47.9	48.5
2011	48.0	49.6
2012	47.2	50.1
2013	47.3	50.3
2014	46.8	50.7
2015	44.7	51.8
2016	44.1	53.6
2017	44.6	53.6
2018	44.8	54.3

注：表中数据根据国家统计局最新数据修订。
Note: Data are revised by National Bureau of Statistics of China.

生产法现价GDP与支出法现价GDP及其增长率比较
Comparison between production-based GDP and expenditure-based GDP at current price

年 Year	(1) 生产法 GDP Production-based GDP		(2) 支出法 GDP Expenditure-based GDP		(1) − (2)	
	绝对量（亿元） Absolute value (RMB 100 million)	现价增速 (%) Growth rate at current price (%)	绝对量（亿元） Absolute value (RMB 100 million)	现价增速 (%) Growth rate at current price (%)	绝对量（亿元） Absolute value (RMB 100 million)	现价增速 (%) Growth rate at current price (%)
1991	22 006	16.6	22 124	16.0	−119	0.56
1992	27 195	23.6	27 334	23.5	−140	0.03
1993	35 673	31.2	35 900	31.3	−227	−0.16
1994	48 638	36.3	48 823	36.0	−185	0.35
1995	61 340	26.1	61 539	26.0	−199	0.07
1996	71 814	17.1	72 103	17.2	−289	−0.09
1997	79 715	11.0	80 025	11.0	−310	0.02
1998	85 196	6.9	85 486	6.8	−291	0.05
1999	90 564	6.3	90 824	6.2	−259	0.06
2000	100 280	10.7	100 577	10.7	−297	−0.01
2001	110 863	10.6	111 250	10.6	−387	−0.06
2002	121 717	9.8	122 292	9.9	−575	−0.13
2003	137 422	12.9	138 315	13.1	−893	−0.20
2004	161 840	17.8	162 742	17.7	−902	0.11
2005	187 319	15.7	189 190	16.3	−1 872	−0.51
2006	219 439	17.1	221 207	16.9	−1 768	0.22
2007	270 092	23.1	271 699	22.8	−1 607	0.26
2008	319 245	18.2	319 936	17.8	−691	0.44
2009	348 518	9.2	349 883	9.4	−1 366	−0.19
2010	412 119	18.2	410 708	17.4	1 411	0.86
2011	487 940	18.4	486 038	18.3	1 902	0.06
2012	538 580	10.4	540 989	11.3	−2 409	−0.93
2013	592 963	10.1	596 963	10.3	−4 000	−0.25
2014	641 281	8.1	647 182	8.4	−5 901	−0.26
2015	685 993	7.0	699 109	8.0	−13 117	−1.05
2016	740 061	7.9	745 632	6.7	−5 572	1.23
2017	820 754	10.9	815 260	9.3	5 494	1.57
2018	900 310	9.7	884 426	8.5	15 884	1.21

注：表中数据根据国家统计局最新数据修订。
Note: Data are revised by National Bureau of Statistics of China.

投资率和消费率
Investment ratio and consumption ratio

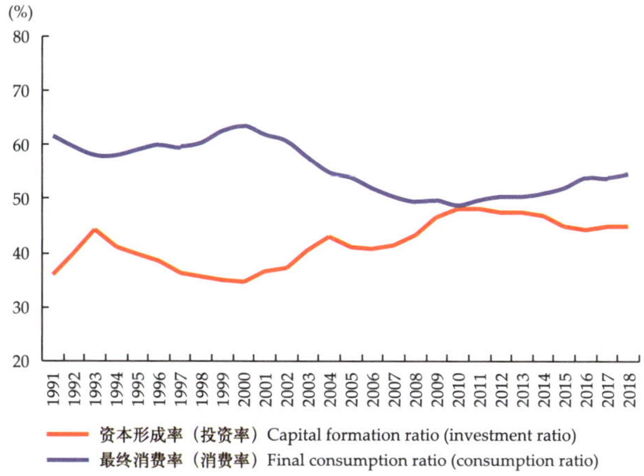

生产法现价GDP与支出法现价GDP增速比较
Comparison of growth rate at current prices between production-based GDP and expenditure-based GDP

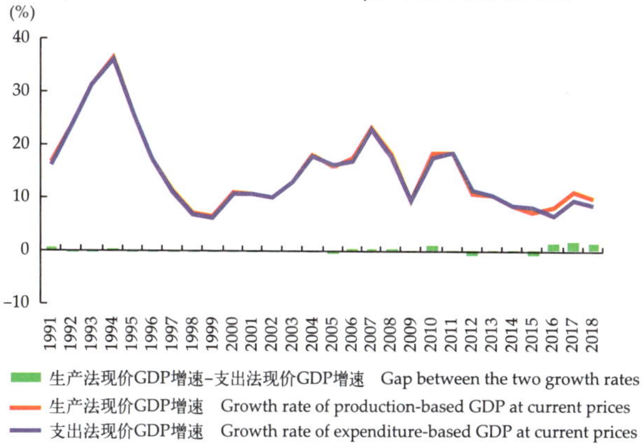

2. 社会消费品零售额
(2) Retail sales of consumer goods

社会消费品零售总额
Retail sales of consumer goods

单位：亿元
Unit:RMB 100 million

年 / 月 Year/Month	当月社会消费品零售总额 Monthly retail sales of consumer goods	当月同比增长率 (%) Monthly growth rate (YOY)(%)	社会消费品零售总额累计 Accumulative retail sales of consumer goods	累计同比增长率 (%) Accumulative growth rate (YOY)(%)
2017.01	—	—	—	—
2017.02	—	—	57 960	9.5
2017.03	27 864	10.9	85 823	10.0
2017.04	27 279	10.7	113 102	10.2
2017.05	29 459	10.7	142 561	10.3
2017.06	29 808	11.0	172 369	10.4
2017.07	29 610	10.4	201 979	10.4
2017.08	30 330	10.1	232 308	10.4
2017.09	30 870	10.3	263 178	10.4
2017.10	34 241	10.0	297 419	10.3
2017.11	34 108	10.2	331 528	10.3
2017.12	34 734	9.4	366 262	10.2
2018.01	—	—	—	—
2018.02	—	—	61 082	9.7
2018.03	29 194	10.1	90 275	9.8
2018.04	28 542	9.4	118 817	9.7
2018.05	30 359	8.5	149 176	9.5
2018.06	30 842	9.0	180 018	9.4
2018.07	30 734	8.8	210 752	9.3
2018.08	31 542	9.0	242 294	9.3
2018.09	32 005	9.2	274 299	9.3
2018.10	35 534	8.6	309 834	9.2
2018.11	35 260	8.1	345 093	9.1
2018.12	35 894	8.2	380 987	9.0
2019.01	—	—	—	—
2019.02	—	—	66 064	8.2
2019.03	31 726	8.7	97 790	8.3

注：为消除春节日期不固定因素带来的影响，增强数据的可比性，按照国家统计制度，历年1～2月数据一起调查、一起发布。
Note: In order to eliminate the impact of the different date of "Spring Festival" of each year, and enhance the comparability of data, in accordance with the national statistical system, the data in January and February was investigated and released together.

社会消费品零售总额与最终消费增长率的比较
Comparison of growth rate at current prices between retail sales of consumer goods and final consumption expenditure

单位：万亿元
Unit:RMB 1 trillion

年 Year	社会消费品零售总额 Retail sales of consumer goods	最终消费 Final consumption	社会消费品零售总额现价增长率 (%) Growth rate at current prices of retail sales of consumer goods (%)	最终消费现价增长率 (%) Growth rate at current prices of final consumption expenditure (%)
1991	0.94	1.36	13.4	13.5
1992	1.10	1.62	16.8	19.2
1993	1.43	2.08	29.8	28.2
1994	1.86	2.83	30.5	35.9
1995	2.36	3.62	26.8	28.0
1996	2.84	4.31	20.1	19.0
1997	3.13	4.75	10.2	10.3
1998	3.34	5.15	6.8	8.3
1999	3.56	5.66	6.8	10.0
2000	3.91	6.37	9.7	12.4
2001	4.31	6.85	10.1	7.7
2002	4.81	7.41	11.8	8.1
2003	5.25	7.95	9.1	7.4
2004	5.95	8.91	13.3	12.0
2005	6.84	10.14	14.9	13.9
2006	7.91	11.47	15.8	13.1
2007	9.36	13.62	18.2	18.7
2008	11.48	15.75	22.7	15.6
2009	13.27	17.27	15.5	9.7
2010	15.70	19.90	18.3	15.2
2011	18.39	24.10	17.1	21.1
2012	21.03	27.11	14.3	12.5
2013	24.28	30.03	15.5	10.8
2014	27.19	32.83	12.0	9.3
2015	30.09	36.23	10.7	10.3
2016	33.23	39.99	10.4	10.4
2017	36.63	43.72	10.2	9.3
2018	38.10	48.03	4.0	9.9

注：表中数据根据国家统计局最新数据修订。
Note: Data are revised by National Bureau of Statistics of China.

累计社会消费品零售总额及其增长率
Accumulative retail sales and growth rates of consumer goods

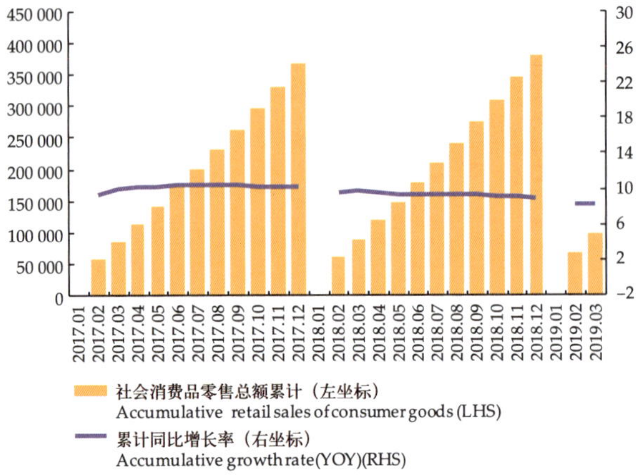

社会消费品零售总额及最终消费增长趋势
Growth trend of retail sales of consumer goods and final consumption expenditure

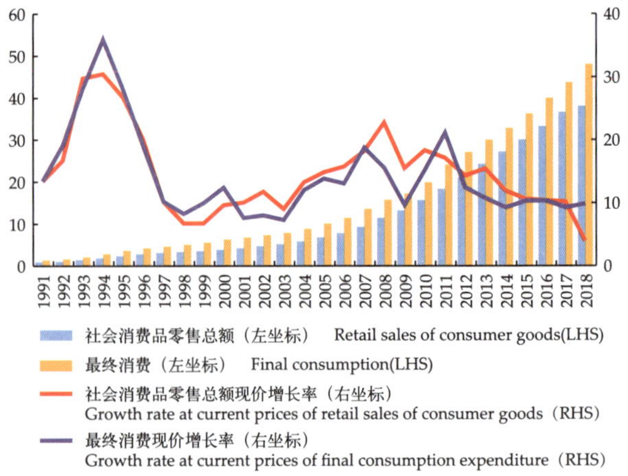

3.固定资产投资完成额
(3) Completed fixed-asset investment

固定资产投资（不含农户）完成额及增长率
Completed investment in fixed assets (excluding rural households)

单位：亿元
Unit: RMB 100 million

年 / 月 Year/Month		投资完成额 Investment completed	增长率 (%) Growth rate (%)
2017	1~2	41 377.9	8.9
	1~3	93 777.1	9.2
	1~4	144 326.8	8.9
	1~5	203 718.3	8.6
	1~6	280 604.8	8.6
	1~7	337 409.5	8.3
	1~8	394 150.1	7.8
	1~9	458 478.2	7.5
	1~10	517 818.0	7.3
	1~11	575 057.1	7.2
	1~12	631 684.0	7.2
2018	1~2	44 626.0	7.9
	1~3	100 763.0	7.5
	1~4	154 358.0	7.0
	1~5	216 043.0	6.1
	1~6	297 316.0	6.0
	1~7	355 798.0	5.5
	1~8	415 158.0	5.3
	1~9	483 442.0	5.4
	1~10	547 567.0	5.7
	1~11	609 267.0	5.9
	1~12	635 636.0	5.9
2019	1~2	44 849.0	6.1
	1~3	101 871.0	6.3

注：自2011年起，投资项目统计起点标准由原来的50万元调整为500万元，“固定资产投资（不含农户）”等于原口径的城镇固定资产投资加上农村企事业组织项目投资。
Notes: Since 2011, investment indicators are calculated using new threshold criteria of RMB 5 million instead of RMB 500 thousand in the past. "Investment in fixed assets (excluding rural households)" equals to "investment in fixed assets in urban area" under the old criteria plus "investment of rural enterprises and institutions".

固定资产投资（不含农户）完成额及增长率
Completed investment in fixed assets (excluding rural households)

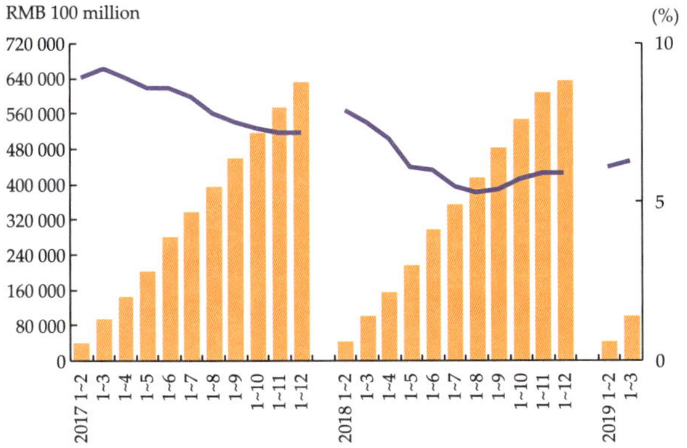

投资完成额（左坐标）Investment completed（LHS）
比上年同期增长（右坐标）YOY growth rate (RHS)

固定资产投资完成额和固定资本形成总额的比较
Comparision of completed fixed-asset investment and gross capital formation

单位：万亿元
Unit: RMB 1 trillion

年 Year	全社会固定资产投资完成额 Total completed fixed-asset investment	固定资本形成总额 Gross capital formation	全社会固定资产投资现价增长率 (%) Growth rate of total fixed-asset investment at current prices (%)	固定资本形成总额现价增长率 (%) Growth rate of gross capital formation at current prices(%)
1991	0.56	0.61	23.9	25.7
1992	0.81	0.85	44.4	46.0
1993	1.31	1.36	61.8	60.4
1994	1.70	1.72	30.4	26.6
1995	2.00	2.04	17.5	18.4
1996	2.29	2.33	14.5	14.6
1997	2.49	2.54	8.8	8.8
1998	2.84	2.88	13.9	13.4
1999	2.99	3.02	5.1	5.2
2000	3.29	3.35	10.3	10.9
2001	3.72	3.81	13.1	13.5
2002	4.35	4.38	16.9	15.1
2003	5.56	5.40	27.7	23.2
2004	7.05	6.57	26.8	21.7
2005	8.88	7.58	26.0	15.4
2006	11.00	8.72	23.9	15.1
2007	13.73	10.51	24.8	20.4
2008	17.28	12.80	25.9	21.8
2009	22.46	15.67	30.0	22.4
2010	25.17	18.58	12.1	18.6
2011	31.15	21.97	23.8	18.2
2012	37.47	24.46	20.3	11.3
2013	44.63	27.09	19.1	10.8
2014	51.20	29.01	14.7	7.1
2015	56.20	30.15	9.8	3.9
2016	60.65	31.81	7.9	5.5
2017	64.12	34.64	7.0	8.9
2018	64.57	—	5.9	—

注：表中数据根据国家统计局最新数据修订。
Note: Data are revised by National Bureau of Statistics of China.

固定资产投资完成额和固定资本形成总额及其增长率
Completed fixed-asset investment and gross capital formation

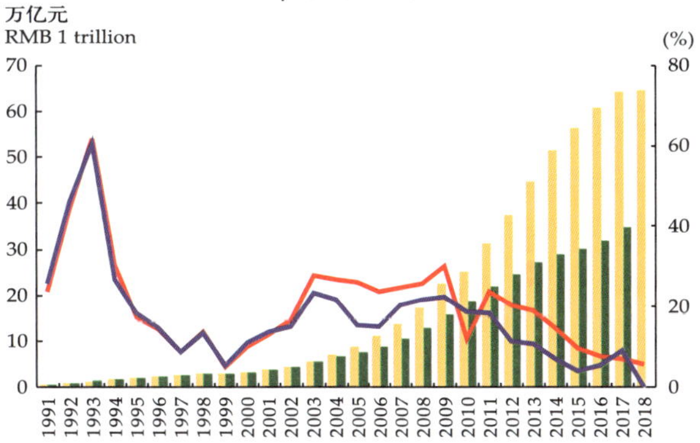

全社会固定资产投资完成额（左坐标）Total completed fixed-asset investment(LHS)
固定资本形成总额（左坐标）Gross capital formation (LHS)
全社会固定资产投资现价增长率（右坐标）Growth rate of total fixed-asset investment at current prices(RHS)
固定资本形成总额现价增长率（右坐标）Growth rate of gross capital formation at current prices (RHS)

按建设性质分固定资产投资（不含农户）增长率

Completed investment in fixed assets (excluding rural households) growth rate by type of construction

年 / 月 Year/Month	增长率 (%) Growth rate (%)		
	新建 New construction	扩建 Expansion	改建 Transformation
2017 1~2	9.9	4.4	12.2
1~3	11.2	2.3	11.5
1~4	10.7	2.6	10.4
1~5	10.6	0.5	10.8
1~6	11.1	−0.9	10.9
1~7	10.9	−0.5	9.9
1~8	10.4	−1.9	9.0
1~9	9.6	−1.6	9.0
1~10	9.5	−1.5	8.5
1~11	9.4	−1.8	8.6
1~12	8.8	−0.4	9.5
2018 1~2	6.8	−2.6	19.6
1~3	5.6	0.8	16.8
1~4	5.6	−1.6	14.5
1~5	4.9	−0.1	9.4
1~6	4.5	0.9	10.6
1~7	3.8	0.1	9.9
1~8	3.3	−0.7	11.1
1~9	3.8	−1.5	10.6
1~10	4.5	−2.1	11.6
1~11	4.4	−2.0	11.3
1~12	5.3	−5.1	12.4
2019 1~2	2.8	1.8	11.5
1~3	5.4	−7.6	8.4

注：按建设性质分组的投资不含房地产投资。

Note: Investment grouped by type of construction does not include real estate investment.

按建筑性质分固定资产投资（不含农户）完成额增长趋势

Growth of monthly accumulated completed investment in fixed assets (excluding rural households) by type of construction

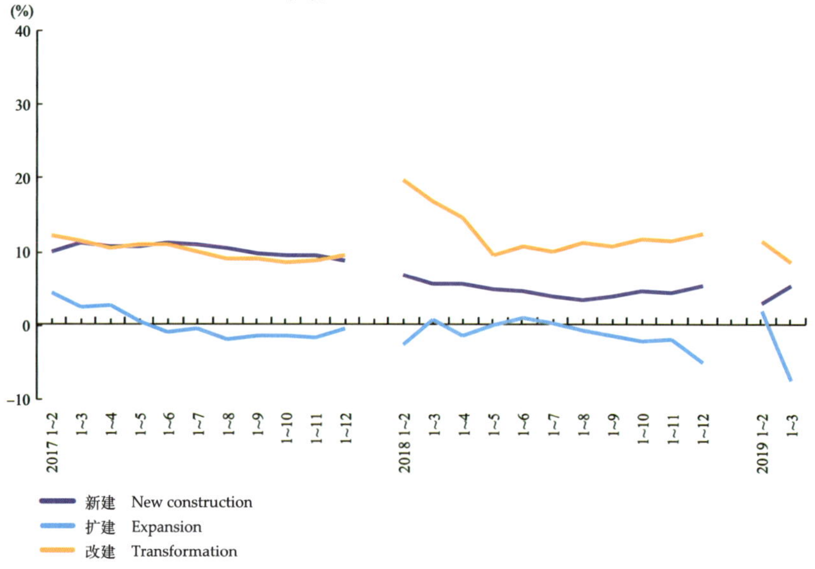

2018年分省固定资产投资（不含农户）及房地产开发投资情况
Accumulated completed investment in fixed assets (excluding rural households) and real estate development by province in 2018

单位：亿元　Unit：RMB 100 million

省份	固定资产投资（不含农户）累计完成额增长率（%）Growth rate of accumulated completed investment in fixed assets (excluding rural households)(%)	房地产开发投资完成额 Accumulated completed investment in real estate development	
			增长率(%) Growth rate (%)
Guizhou 贵州	15.8	2 349.2	6.7
Anhui 安徽	11.8	5 974.1	6.4
Yunnan 云南	11.6	3 247.2	16.5
Fujian 福建	11.5	4 940.3	3.0
Jiangxi 江西	11.1	2 174.9	8.0
Hubei 湖北	11.0	4 693.1	2.6
Guangxi 广西	10.8	3 004.1	11.9
Guangdong 广东	10.7	14 412.2	19.3
Shaanxi 陕西	10.4	3 534.7	13.9
Sichuan 四川	10.2	5 697.9	10.6
Hunan 湖南	10.0	3 945.9	15.2
Tibet 西藏	9.8	92.6	129.4
Henan 河南	8.1	7 015.5	-1.1
Qinghai 青海	7.3	351.8	-13.9
Zhejiang 浙江	7.1	9 944.9	20.9
Chongqing 重庆	7.0	4 248.8	6.8
Hebei 河北	6.0	4 476.4	-7.2
Shanxi 山西	5.7	1 376.6	18.0
Jiangsu 江苏	5.5	10 982.3	14.1
Shanghai 上海	5.2	4 033.2	4.6
Shandong 山东	4.1	7 553.0	13.8
Liaoning 辽宁	3.7	2 599.3	13.5
Jilin 吉林	1.6	1 175.9	29.2
Gansu 甘肃	-3.9	1 116.4	18.2
Heilongjiang 黑龙江	-4.7	944.4	15.8
Beijing 北京	-5.5	3 873.4	4.9
Tianjin 天津	-5.6	2 424.5	8.6
Hainan 海南	-12.5	1 715.0	-16.5
Ningxia 宁夏	-18.2	449.6	-31.1
Xinjiang 新疆	-25.2	1 033.4	-0.4
Inner Mongolia 内蒙古	-28.3	882.8	-0.8

4.房地产
(4) Real estate development

房地产开发投资按工程用途分的完成额及增长率
Real estate development investment completed and growth rate by purpose of engineering

单位：亿元　Unit: RMB 100 million

年 / 月 Year/Month	房地产开发投资完成额 Real estate development investment completed		按工程用途 By purpose of engineering							
			住宅投资 Residential building investment		办公楼投资 Office building investment		商业用房投资 Commercial and business building investment		其他投资 Other investment	
	绝对值 Absolute value	增长率 (%) Growth rate (%)	绝对值 Absolute value	增长率 (%) Growth rate (%)	绝对值 Absolute value	增长率 (%) Growth rate (%)	绝对值 Absolute value	增长率 (%) Growth rate (%)	绝对值 Absolute value	增长率 (%) Growth rate (%)
2017 1–2	9 854	8.9	6 571	9.0	654	-0.6	1 517	11.8	1 112	10.1
1–3	19 292	9.1	12 981	11.2	1 194	-3.8	2 935	8.2	2 182	6.3
1–4	27 732	9.3	18 671	10.6	1 736	1.1	4 222	7.8	3 103	8.6
1–5	37 595	8.8	25 423	10.0	2 371	5.1	5 678	5.9	4 123	7.7
1–6	50 610	8.5	34 318	10.2	3 159	4.8	7 589	5.0	5 543	5.9
1–7	59 761	7.9	40 683	10.0	3 708	4.7	8 834	3.0	6 535	4.3
1–8	69 494	7.9	47 440	10.1	4 284	4.8	10 195	2.4	7 575	4.2
1–9	80 644	8.1	55 109	10.4	4 978	5.4	11 710	1.4	8 847	5.3
1–10	90 544	7.8	61 871	9.9	5 583	5.2	13 088	1.1	10 002	6.1
1–11	100 387	7.5	68 670	9.7	6 162	3.9	14 422	0.3	11 132	6.1
1–12	109 799	7.0	75 148	9.4	6 761	3.5	15 640	−1.2	12 249	6.5
2018 1–2	10 831	9.9	7 379	12.3	653	-0.2	1 445	−4.8	1 355	21.8
1–3	21 291	10.4	14 705	13.3	1 193	-0.1	2 743	−6.5	2 651	21.5
1–4	30 592	10.3	21 331	14.2	1 646	-5.1	3 893	−7.8	3 721	19.9
1–5	41 420	10.2	29 037	14.2	2 185	-7.8	5 150	−9.3	5 048	22.4
1–6	55 531	9.7	38 990	13.6	2 834	-10.3	6 854	−9.7	6 853	23.6
1–7	65 886	10.2	46 443	14.2	3 340	-9.9	8 045	−8.9	8 058	23.3
1–8	76 519	10.1	54 114	14.1	3 838	-10.4	9 330	−8.5	9 237	21.9
1–9	88 665	9.9	62 806	14.0	4 409	-11.4	10 650	−9.1	10 799	22.1
1–10	99 325	9.7	70 370	13.7	4 911	-12.0	11 886	−9.2	12 157	21.5
1–11	110 083	9.7	78 027	13.6	5 423	-12.0	13 066	−9.4	13 568	21.9
1–12	120 264	9.5	85 192	13.4	5 996	-11.3	14 177	−9.4	14 898	21.6
2019 1–2	12 090	11.6	8 711	18.0	669	2.5	1 315	−9.0	1 395	3.0
1–3	23 803	11.8	17 256	17.3	1 162	-2.6	2 472	−9.9	2 913	9.9

房地产开发投资按工程用途分的构成变化
Change in composition of real estate development investment by purpose of engineering

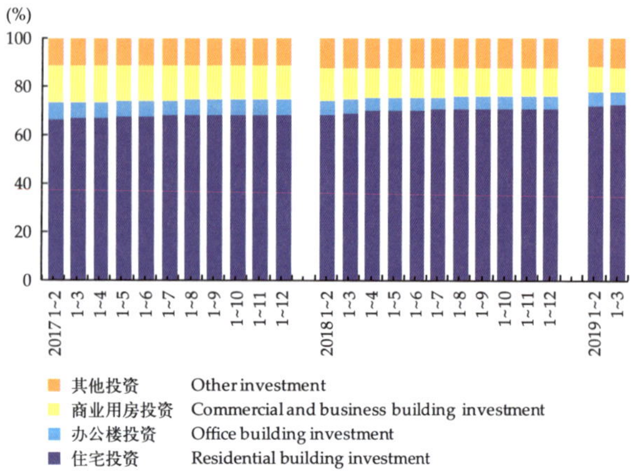

房地产开发投资按工程用途分的增长趋势
Growth of composition of real estate development investment by purpose of engineering

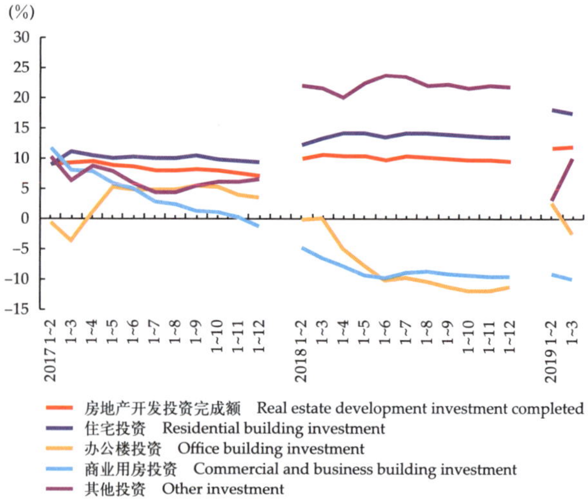

房地产开发投资按地区分的完成额及增长率
Real estate development investment completed and growth rate by region

单位：亿元　Unit: RMB 100 million

年 / 月 Year/Month	东部地区投资 Investment in eastern area		中部地区投资 Investment in central area		西部地区投资 Investment in western area		东北地区投资 Investment in northeastern area	
	绝对值 Absolute value	增长率 (%) Growth rate(%)	绝对值 Absolute value	增长率 (%) Growth rate(%)	绝对值 Absolute value	增长率 (%) Growth rate(%)	绝对值 Absolute value	增长率 (%) Growth rate(%)
2017 1~4	15 437	8.7	5 755	16.8	5 794	7.7	747	−13.7
1~5	20 659	8.4	7 853	16.9	7 918	7.0	1 166	−16.1
1~6	27 252	8.4	10 631	16.0	10 991	6.8	1 737	−14.0
1~7	32 069	8.5	12 612	13.8	12 901	5.1	2 179	−11.3
1~8	37 099	8.8	14 773	13.3	14 966	4.0	2 655	−7.4
1~9	42 869	9.0	17 169	13.3	17 410	3.6	3 197	−3.3
1~10	47 936	8.0	19 379	13.1	19 612	4.1	3 617	−0.4
1~11	52 880	7.4	21 610	12.4	21 997	4.3	3 900	1.4
1~12	58 023	7.2	23 884	11.6	23 877	3.5	4 015	1.0
2018 1~2	6 497	11.6	2 147	13.4	2 055	3.7	132	−15.3
1~3	12 277	11.8	4 443	15.0	4 122	2.9	449	1.3
1~4	17 181	11.3	6 604	14.8	5 980	3.2	827	10.7
1~5	22 992	11.3	8 895	13.3	8 136	2.8	1 397	19.9
1~6	30 194	10.8	11 839	11.4	11 454	4.2	2 044	17.7
1~7	35 755	11.5	13 920	10.4	13 647	5.8	2 564	17.7
1~8	41 237	11.2	16 213	9.7	15 955	6.6	3 114	17.3
1~9	47 603	11.0	18 612	8.4	18 725	7.5	3 725	16.5
1~10	53 136	10.8	20 755	7.1	21 254	8.4	4 180	15.6
1~11	58 857	11.3	22 886	5.9	23 806	8.2	4 534	16.3
1~12	64 355	10.9	25 180	5.4	26 009	8.9	4 720	17.6
2019 1~2	7 206	10.9	2 337	8.8	2 400	16.8	147	10.9
1~3	13 540	10.3	4 816	8.4	4 901	18.9	547	21.8

房地产开发投资按地区分的构成变化
Change in composition of real estate development investment by region

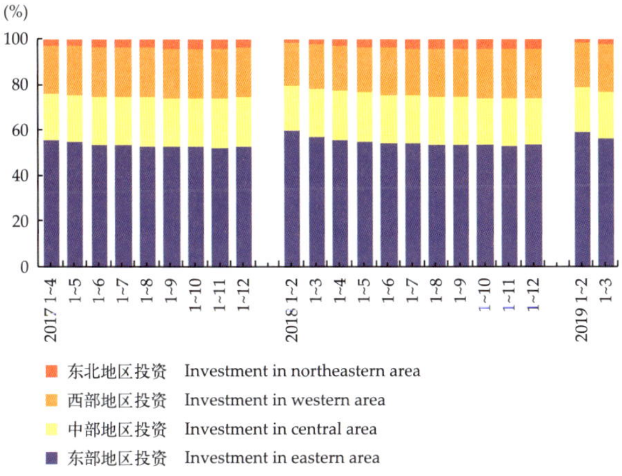

房地产开发投资按地区分的增长趋势
Growth of composition of real estate development investment by region

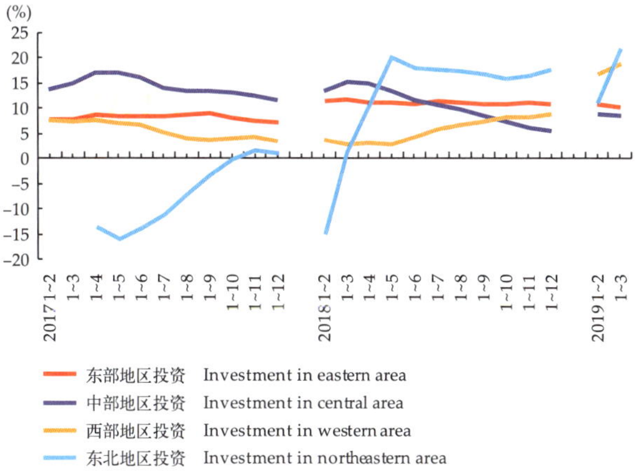

商品房建筑与销售
Construction and sales of commercial buildings

单位：亿平方米、亿元
Unit:100 million square meters, RMB 100 million

年 / 月 Year/Month	施工面积 Area under construction	同比增长 (%) YOY growth (%)	竣工面积 Area completed	同比增长 (%) YOY growth (%)	销售面积 Area sold	同比增长 (%) YOY growth (%)	销售面积与竣工面积之比 (%) Ratio of sold to completed areas (%)	月度累计销售额 Monthly accumulated sales volume	增长率 (%) Growth rate (%)
2017 1~2	62.3	3.2	1.6	15.8	1.4	25.1	87	10 806	26.0
1~3	63.7	3.1	2.3	15.1	2.9	19.5	126	23 182	25.1
1~4	65.4	3.1	2.8	10.6	4.2	15.7	148	33 223	20.1
1~5	67.1	3.1	3.4	5.9	5.5	14.3	162	43 632	18.6
1~6	69.2	3.4	4.2	5.0	7.5	16.1	180	59 152	21.5
1~7	70.7	3.2	4.7	2.4	8.6	14.0	184	68 461	18.9
1~8	72.2	3.1	5.2	3.4	9.9	12.7	188	78 096	17.2
1~9	73.8	3.1	5.8	1.0	11.6	10.3	201	91 904	14.6
1~10	75.2	2.9	6.6	0.6	13.0	8.2	199	102 990	12.6
1~11	76.8	3.1	7.6	−1.0	14.7	7.9	192	115 481	12.7
1~12	78.1	3.0	10.1	−4.4	16.9	7.7	167	133 701	13.7
2018 1~2	63.2	1.5	1.4	−12.1	1.5	4.1	103	12 454	15.3
1~3	64.7	1.5	2.1	−10.1	3.0	3.6	145	25 597	10.4
1~4	66.4	1.6	2.5	−10.7	4.2	1.3	168	36 222	9.0
1~5	68.5	2.0	3.0	−10.1	5.6	2.9	185	48 778	11.8
1~6	71.0	2.5	3.7	−10.6	7.7	3.3	208	66 945	13.2
1~7	72.9	3.0	4.2	−10.5	9.0	4.2	214	78 300	14.4
1~8	74.8	3.6	4.6	−11.6	10.2	4.0	222	89 396	14.5
1~9	76.7	3.9	5.1	−11.4	11.9	2.9	233	104 132	13.3
1~10	78.4	4.3	5.7	−12.5	13.3	2.2	232	115 914	12.5
1~11	80.5	4.7	6.7	−12.3	14.9	1.4	222	129 508	12.1
1~12	82.2	5.2	9.4	−7.8	17.2	1.3	183	149 973	12.2
2019 1~2	67.5	6.8	1.2	−11.9	1.4	−3.6	113	12 803	2.8
1~3	69.9	8.2	1.8	−10.8	3.0	−0.9	161	27 039	5.6

商品房施工面积、竣工面积与销售面积

Area of commercial housing under construction, completed, and sold

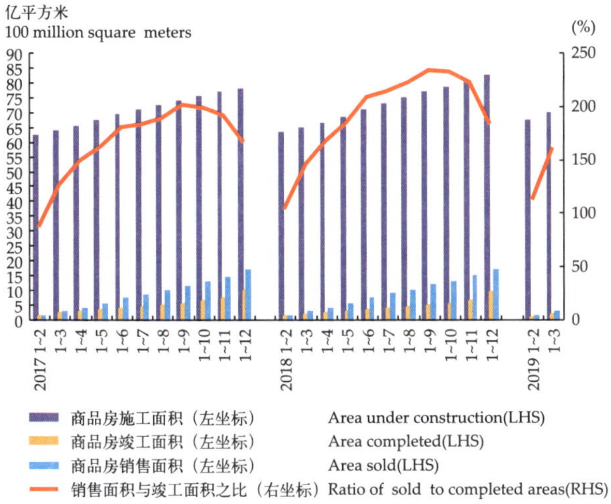

商品房施工面积、竣工面积与销售面积增长趋势

Growth of area of commercial housing under construction, completed, and sold

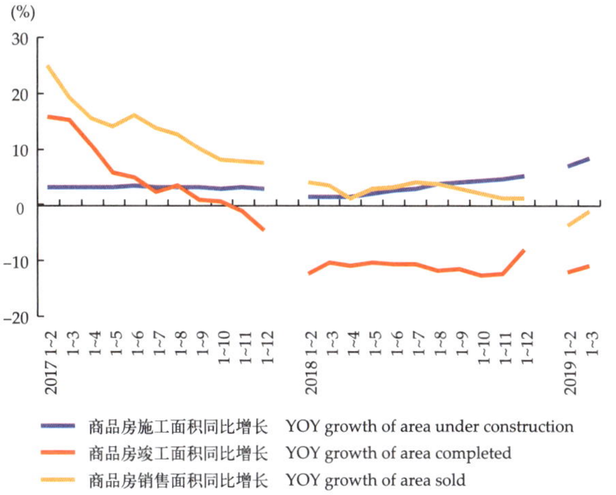

商品房销售额及其增长率

Sales volume of commercial housing and its growth rate

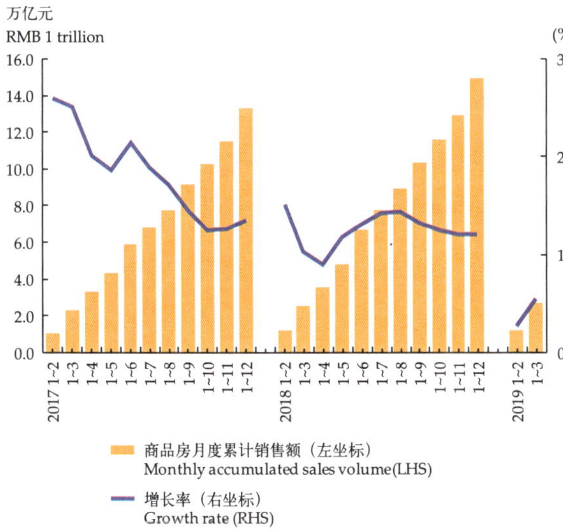

住宅在商品房施工面积、竣工面积与销售面积中所占的比重

Share of residences in commercial housing under construction, completed, and sold

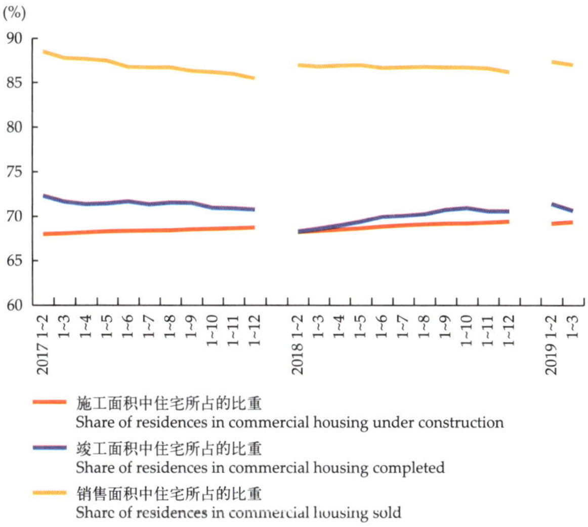

主要经济指标环比增速
MOM growth rates of main economic indicators

年 / 季度 Year/Quarter	国内生产总值 Gross domestic product (%)	年 / 月 Year/Month		规模以上工业增加值 Value added of industry (%)	固定资产投资（不含农户）Completed investment in fixed assets (excluding rural households) (%)	社会消费品零售总额 Retail sales of consumer goods (%)
2017		2017	1	0.58	0.54	0.55
			2	0.57	0.62	0.98
I	1.5		3	0.76	0.61	0.85
			4	0.46	0.58	0.76
			5	0.51	0.56	0.79
II	1.8		6	0.76	0.50	0.91
			7	0.40	0.46	0.77
			8	0.47	0.43	0.82
III	1.8		9	0.55	0.40	0.83
			10	0.51	0.44	0.81
			11	0.45	0.43	0.79
IV	1.5		12	0.52	0.44	0.60
2018		2018	1	0.57	0.45	0.63
			2	0.57	0.45	0.58
I	1.5		3	0.38	0.44	0.98
			4	0.63	0.45	0.76
			5	0.51	0.44	0.52
II	1.7		6	0.38	0.44	0.72
			7	0.44	0.43	0.79
			8	0.50	0.43	0.63
III	1.6		9	0.47	0.44	0.53
			10	0.47	0.45	0.63
			11	0.37	0.43	0.50
IV	1.6		12	0.54	0.42	0.55
2019		2019	1	0.46	0.46	0.86
			2	0.46	0.42	0.74
I	1.4		3	1.00	0.45	0.91

注：1. 自2011年4月起，国家统计局对外公布国内生产总值、规模以上工业增加值、固定资产投资（不含农户）、社会消费品零售总额四项统计指标的经季节调整的环比数据。
2. 表中数据根据国家统计局最新数据修订。

Notes: 1. From April 2011, National Bureau of Statistics began to publish four seasonally-adjusted MOM indices, namely: gross domestic product, value added of industry, completed investment in fixed assets（excluding rural households）, retail sales of consumer goods.
2. Data are revised by National Bureau of Statistics of China.

五、对外部门
5. External Sector

1.外贸
(1) Foreign trade

据世界贸易组织统计，2017年，中国货物贸易出口总值为2.26万亿美元，占世界货物贸易出口总值17.73万亿美元的12.8%，比2016年降低0.4个百分点，在全球货物贸易出口排名中位居第一。2017年，中国货物贸易进口总值为1.84万亿美元，占世界货物贸易进口总值18.02万亿美元的10.2%，比2016年提高0.4个百分点，在全球货物贸易进口中排名第二，位于美国之后。

According to WTO statistics, in 2017, China's export volume of goods totaled USD 2.26 trillion, accounting for 12.8 percent of the world total of USD 17.73 trillion, 0.4 percentage point lower than that in 2016. China's goods export ranked 1st in the world. China's import volume of goods reached USD 1.84 trillion, accounting for 10.2 percent of the world total of USD 18.02 trillion, 0.4 percentage points higher than that in 2016. China ranked 2nd in the world after the U.S. in terms of goods imports.

2017年世界货物贸易出口前十位排名
Top ten economies in the world in term of goods exported in 2017

	出口(10亿美元) Exports (USD1 billion)	比重(%) Share (%)
世界 World total	**17 730**	**100.0**
1 中　国 China	**2 263**	**12.8**
2 美　国 U.S.	1 547	8.7
3 德　国 Germany	1 448	8.2
4 日　本 Japan	698	3.9
5 荷　兰 Netherlands	652	3.7
6 韩　国 Korea	574	3.2
7 中国香港 HK SAR of China	550	3.1
8 法　国 France	535	3.0
9 意大利 Italy	506	2.9
10 英　国 U.K.	445	2.5

2017年世界货物贸易进口前十位排名
Top ten economies in the world in term of goods imported in 2017

	进口(10亿美元) Imports (USD1 billion)	比重(%) Share (%)
世界 World total	**18 024**	**100.0**
1 美　国 U.S.	2 410	13.4
2 中　国 China	**1 842**	**10.2**
3 德　国 Germany	1 167	6.5
4 日　本 Japan	672	3.7
5 英　国 U.K.	644	3.6
6 法　国 France	625	3.5
7 中国香港 HK SAR of China	590	3.3
8 荷　兰 Netherlands	574	3.2
9 韩　国 Korea	478	2.7
10 意大利 Italy	453	2.5

年度进出口额及其增长率
Annual imports & exports and growth rates

单位：亿美元
Unit: USD 100 million

年 Year	进出口 Imports & Exports		出口 Exports		进口 Imports		进出口差额 Trade balance
	总额 Total value	增长率(%) Growth rate (%)	总额 Total value	增长率(%) Growth rate (%)	总额 Total value	增长率(%) Growth rate (%)	
1991	1 357	17.6	719	15.8	638	19.6	81
1992	1 655	22.0	849	18.1	806	26.3	44
1993	1 957	18.2	917	8.0	1 040	29.0	−122
1994	2 366	20.9	1 210	31.9	1 156	11.2	54
1995	2 809	18.7	1 488	23.0	1 321	14.2	167
1996	2 899	3.2	1 510	1.5	1 388	5.1	122
1997	3 252	12.2	1 828	21.0	1 424	2.5	404
1998	3 239	−0.4	1 837	0.5	1 402	−1.5	435
1999	3 606	11.3	1 949	6.1	1 657	18.2	292
2000	4 743	31.5	2 492	27.8	2 251	35.8	241
2001	5 097	7.5	2 661	6.8	2 436	8.2	225
2002	6 208	21.8	3 256	22.4	2 952	21.2	304
2003	8 510	37.1	4 382	34.6	4 128	39.8	255
2004	11 546	35.7	5 933	35.4	5 612	36.0	321
2005	14 219	23.2	7 620	28.4	6 600	17.6	1 020
2006	17 604	23.8	9 689	27.2	7 915	19.9	1 775
2007	21 766	23.6	12 205	25.9	9 561	20.8	2 643
2008	25 633	17.8	14 307	17.2	11 326	18.5	2 981
2009	22 075	−13.9	12 016	−16.0	10 059	−11.2	1 957
2010	29 740	34.7	15 778	31.3	13 962	38.8	1 815
2011	36 419	22.5	18 986	20.3	17 433	24.9	1 549
2012	38 671	6.2	20 487	7.9	18 184	4.3	2 303
2013	41 590	7.5	22 090	7.8	19 500	7.2	2 590
2014	43 015	3.4	23 423	6.0	19 592	0.4	3 831
2015	39 530	−8.0	22 735	−2.9	16 796	−14.2	5 939
2016	36 856	−6.8	20 976	−7.7	15 879	−5.5	5 097
2017	41 045	0.1	22 635	0.1	18 410	0.2	4 225
2018	46 230	0.1	24 874	0.1	21 356	0.2	3 518

注：表中数据根据海关总署最新数据修订。
Note: Data are revised by General Administration of Customs of the People's Republic of China.

出口总值与GDP之比
Total exports over GDP

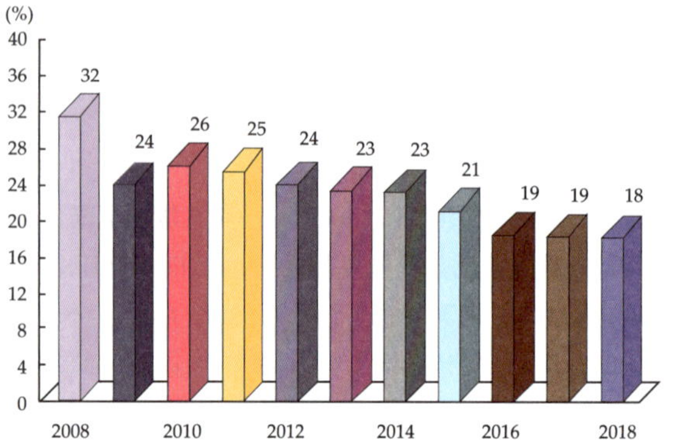

注：图中数据根据国家统计局最新数据修订。
Note: Data are revised by National Bureau of Statistics of China.

贸易差额
Trade balance

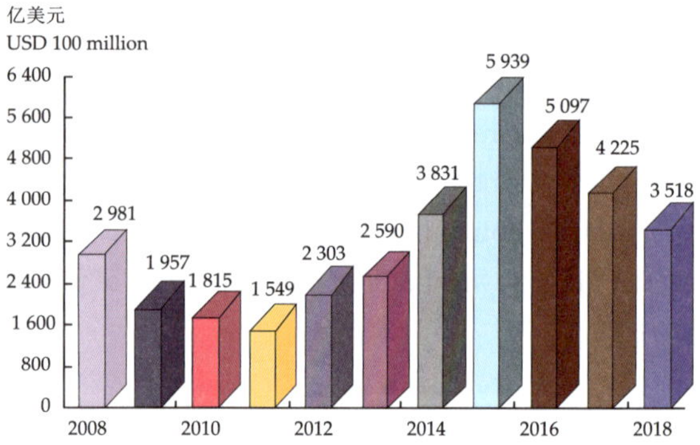

贸易总额及其增长趋势
Total trade volume and growth rates

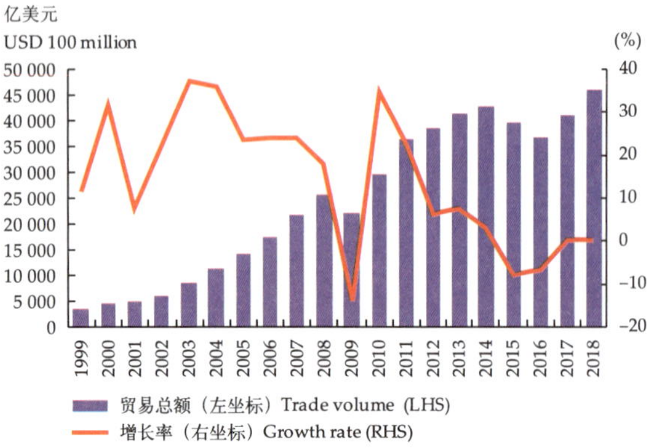

贸易总额与GDP之比
Total trade volume over GDP

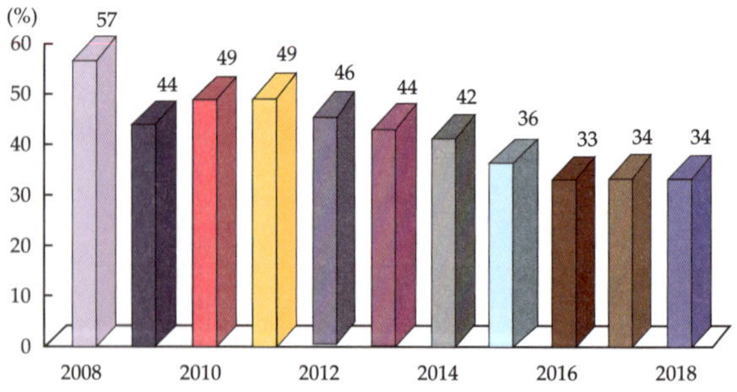

注：图中数据根据国家统计局最新数据修订。
Note: Data are revised by National Bureau of Statistics of China.

当月进出口总值及其增长率
Total monthly imports, exports, and growth rates

单位：亿美元
Unit: USD 100 million

年 / 月 Year/Month	出口总值 Total exports	进口总值 Total imports	出口同比增长率（%）Growth rate of exports (YOY)(%)	进口同比增长率（%）Growth rate of imports (YOY) (%)	当月差额 Monthly trade balance
2017.01	1 803	1 316	6.4	16.9	487
2017.02	1 188	1 298	−2.4	38.7	−109
2017.03	1 792	1 565	15.6	20.2	227
2017.04	1 778	1 413	6.6	11.4	365
2017.05	1 891	1 492	7.6	14.0	399
2017.06	1 948	1 535	10.3	17.0	412
2017.07	1 921	1 473	6.3	11.3	449
2017.08	1 980	1 580	4.9	13.9	400
2017.09	1 979	1 706	7.9	19.3	274
2017.10	1 879	1 510	6.3	17.4	369
2017.11	2 158	1 774	11.5	17.9	384
2017.12	2 315	1 777	10.7	4.8	539
2018.01	1 995	1 811	10.7	37.7	183
2018.02	1 706	1 384	43.6	6.6	323
2018.03	1 739	1 797	−3.0	14.8	−58
2018.04	1 989	1 727	11.9	22.3	262
2018.05	2 116	1 882	11.9	26.2	234
2018.06	2 156	1 747	10.7	13.8	409
2018.07	2 144	1 870	11.6	27.0	274
2018.08	2 170	1 908	9.6	20.7	262
2018.09	2 254	1 951	13.9	14.4	303
2018.10	2 148	1 817	14.3	20.3	331
2018.11	2 243	1 825	3.9	2.9	419
2018.12	2 209	1 641	−4.6	−7.6	568
2019.01	2 180	1 787	9.3	−1.4	393
2019.02	1 352	1 314	−20.7	− 5.0	38
2019.03	1 979	1 655	13.8	−7.9	324

月度累计进出口总值及其增长率
Total accumulated monthly imports, exports, and growth rates

单位：亿美元
Unit: USD 100 million

年 / 月 Year/Month	累计出口总值 Accumulated total exports	累计进口总值 Accumulated total imports	累计出口同比增长率 (%) Growth rate of accumulated exports (YOY) (%)	累计进口同比增长率 (%) Growth rate of accumulated imports (YOY) (%)	累计贸易差额 Accumulated trade balance
2017.01	1 803	1 316	6.4	16.9	487
2017.02	2 991	2 614	2.8	26.8	377
2017.03	4 784	4 179	7.2	24.3	604
2017.04	6 561	5 592	7.1	20.7	970
2017.05	8 452	7 083	7.2	19.3	1 369
2017.06	10 400	8 619	7.8	18.8	1 781
2017.07	12 321	10 091	7.5	17.7	2 230
2017.08	14 301	11 671	7.2	17.2	2 630
2017.09	16 281	13 377	7.2	17.4	2 904
2017.10	18 160	14 887	7.1	17.4	3 273
2017.11	20 318	16 661	7.6	17.5	3 657
2017.12	22 634	18 438	7.9	16.1	4 196
2018.01	1 995	1 811	10.7	37.7	183
2018.02	3 701	3 195	23.7	22.2	506
2018.03	5 440	4 992	13.7	19.4	449
2018.04	7 430	6 719	13.2	20.2	711
2018.05	9 546	8 601	12.9	21.4	945
2018.06	11 702	10 348	12.5	20.1	1 354
2018.07	13 846	12 218	12.4	21.1	1 628
2018.08	16 016	14 125	12.0	21.0	1 890
2018.09	18 270	16 076	12.2	20.2	2 194
2018.10	20 418	17 893	12.4	20.2	2 524
2018.11	22 661	19 718	11.5	18.4	2 943
2018.12	24 870	21 359	9.9	15.8	3 511
2019.01	2 180	1 787	9.3	−1.4	393
2019.02	3 532	3 100	−4.6	−3.0	431
2019.03	5 511	4 756	1.3	−4.7	756

注：表中数据根据海关总署最新数据修订。
Note: Data are revised by General Administration of Customs of the People's Republic of China.

当月进出口总值及其增长率
Total monthly imports, exports, and growth rates

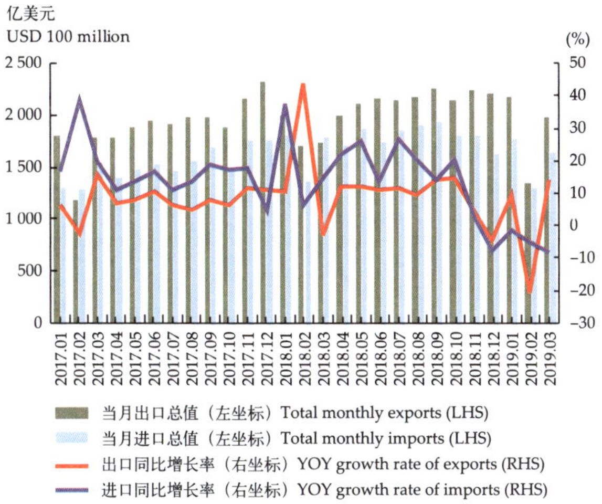

月度累计进出口总值及其增长率
Total accumulated monthly imports, exports, and growth rates

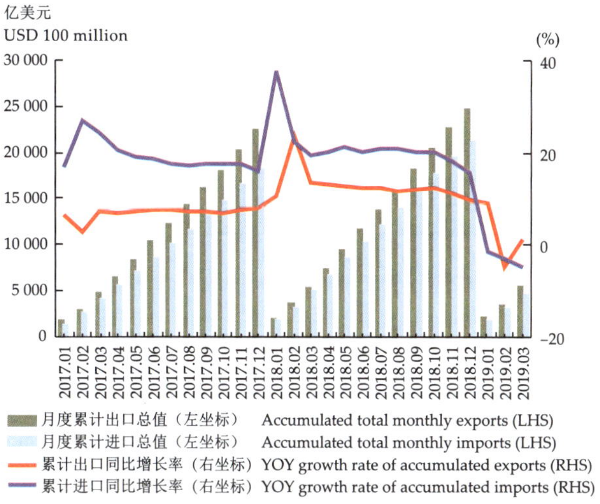

贸易差额月度变动趋势
Movement of monthly trade balance

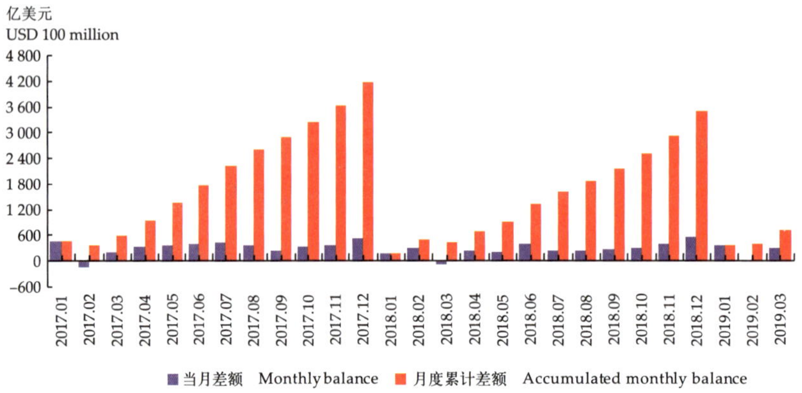

贸易差额构成
Composition of trade balance

单位：亿美元
Unit: USD 100 million

年 Year	贸易差额总计 Total trade balance	一般贸易 General trade	加工贸易 Processing trade	其他贸易 Other trade
1998	435	306	359	−229
1999	292	121	373	−202
2000	241	51	451	−261
2001	225	−16	535	−293
2002	304	71	577	−344
2003	255	−57	789	−478
2004	321	−45	1 063	−696
2005	1 020	354	1 425	−759
2006	1 775	832	1 889	−946
2007	2 643	1 107	2 491	−954
2008	2 981	908	2 967	−894
2009	1 957	−47	2 646	−642
2010	1 815	−487	3 228	−926
2011	1 549	−906	3 655	−1 200
2012	2 303	−345	3 814	−1 166
2013	2 590	−225	3 634	−818
2014	3 831	942	3 600	−710
2015	5 939	2 941	3 508	−509
2016	5 097	2 304	3 192	−399
2017	4 196	1 473	3 276	−554
2018	3 511	1 271	3 268	−1 027

注："贸易差额总计"根据《海关统计》月报修订。
Note: "Total trade balance" are revised by *China Monthly Exports and Imports*.

月度累计贸易差额按企业性质分
Accumulated monthly trade balance by enterprise

单位：亿美元
Unit: USD 100 million

年 / 月 Year/Month	国有企业 State-owned enterprises	外资企业 Foreign-funded enterprises	其他企业 Other enterprises
2017.01	−159	155	491
2017.02	−339	129	587
2017.03	−553	212	946
2017.04	−727	307	1 390
2017.05	−895	384	1 880
2017.06	−1 065	487	2 359
2017.07	−1 215	604	2 841
2017.08	−1 349	683	3 296
2017.09	−1 538	735	3 708
2017.10	−1 692	860	4 105
2017.11	−1 875	976	4 557
2017.12	−2 062	1 160	5 098
2018.01	−264	28	419
2018.02	−459	121	845
2018.03	−703	160	992
2018.04	−945	227	1 428
2018.05	−1 181	261	1 865
2018.06	−1 436	395	2 391
2018.07	−1 678	420	2 883
2018.08	−1 935	457	3 367
2018.09	−2 214	555	3 860
2018.10	−2 423	668	4 280
2018.11	−2 693	831	4 805
2018.12	−2 901	1 040	5 373
2019.01	−259	84	569
2019.02	−498	118	811
2019.03	−733	256	1 233

贸易差额构成
Composition of trade balance

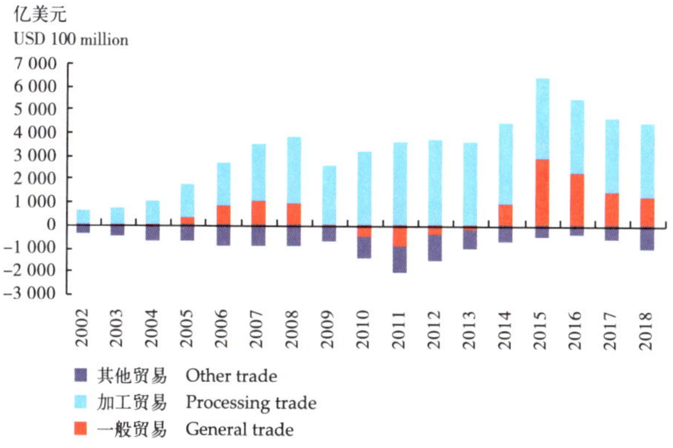

月度累计贸易差额按企业性质分
Accumulated monthly trade balance by enterprise

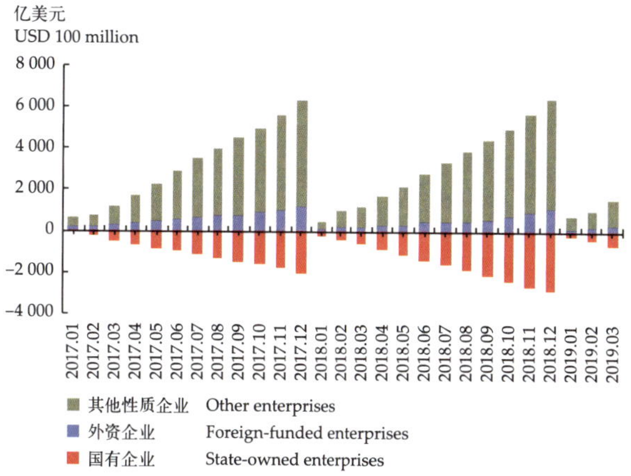

一般贸易累计进出口及其增长率
Accumulated imports and exports under general trade and growth rates

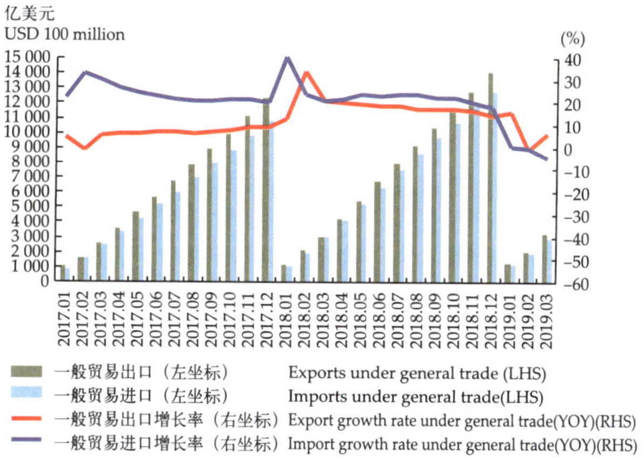

加工贸易累计进出口及其增长率
Accumulated imports and exports under processing trade and growth rates

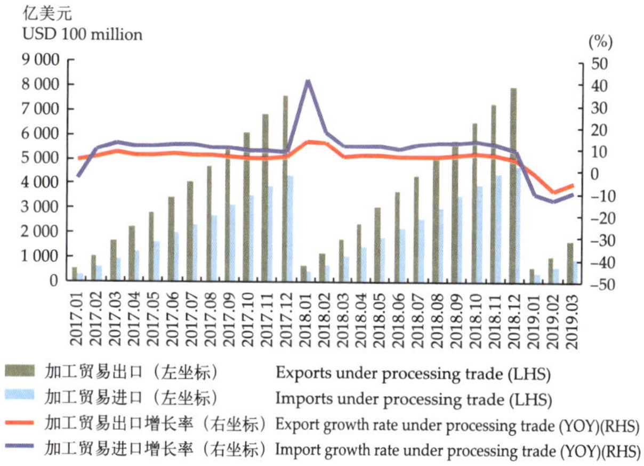

中国对美国进出口及其增长趋势
China's imports from and exports to the U.S. and their growth

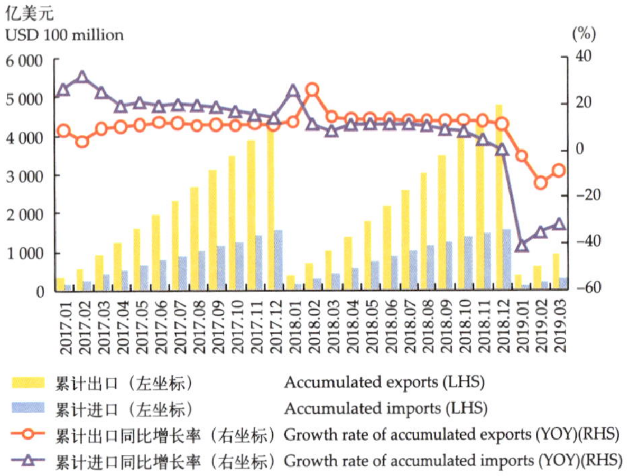

中国对美国贸易总额和贸易差额
China's trade volume and trade balance with the U.S.

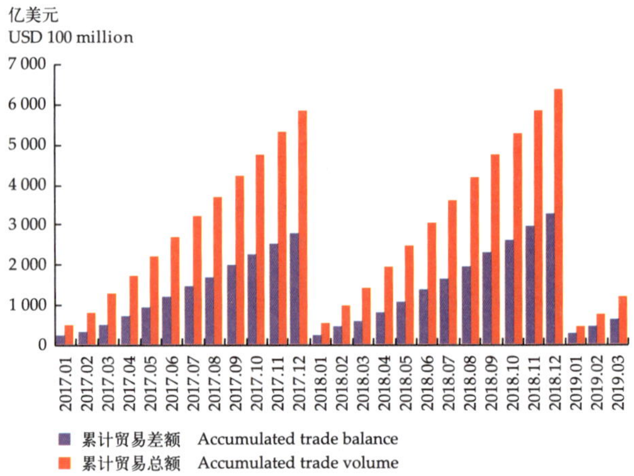

中国对欧盟进出口及其增长趋势
China's imports from and exports to the EU and their growth

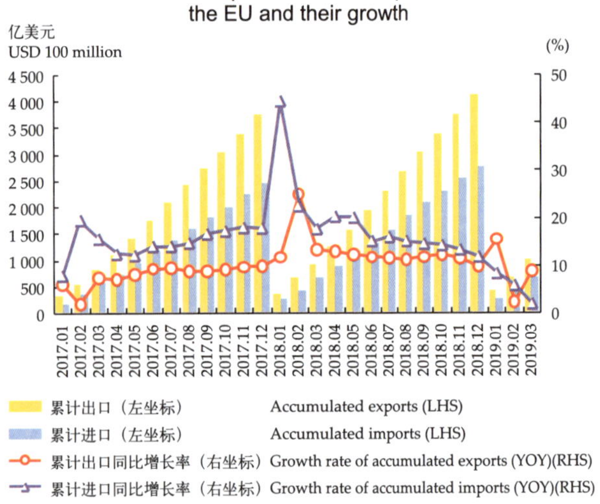

中国对欧盟贸易总额和贸易差额
China's trade volume and trade balance with the EU

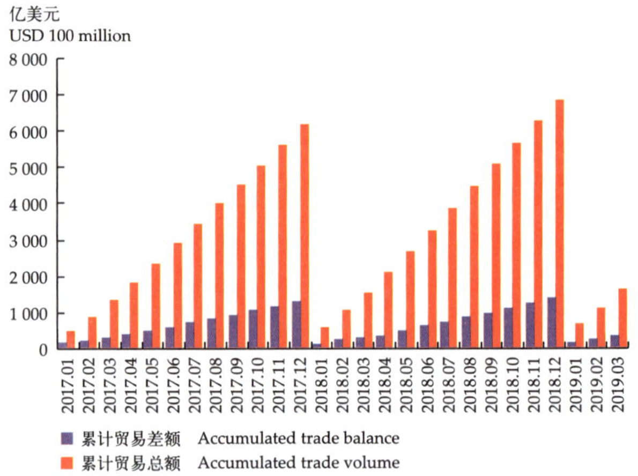

中国对日本进出口及其增长趋势
China's imports from and exports to Japan and their growth

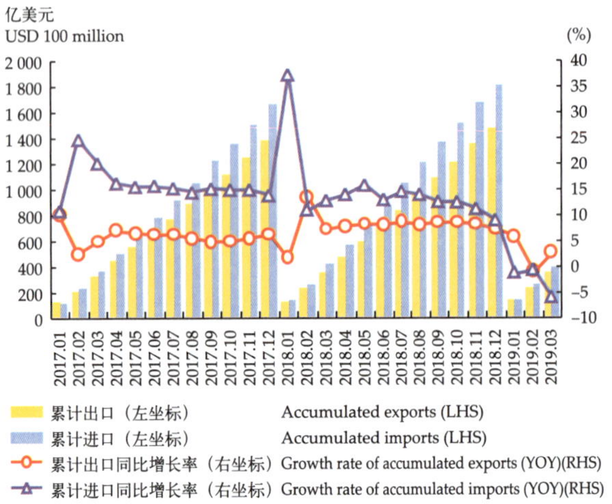

中国对日本贸易总额和贸易差额
China's trade volume and trade balance with Japan

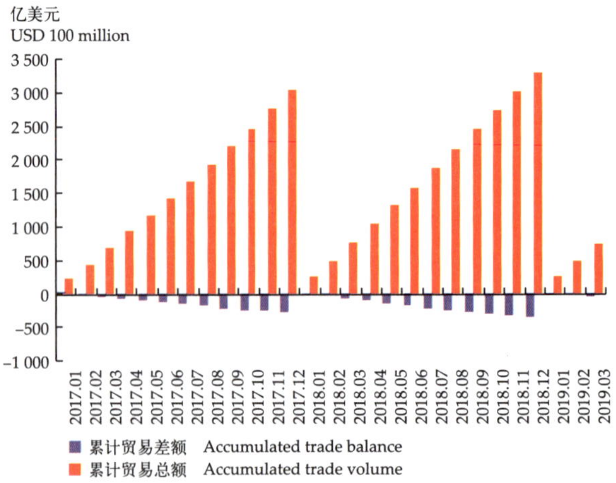

中国对东盟进出口及其增长趋势
China's imports from and exports to ASEAN and their growth

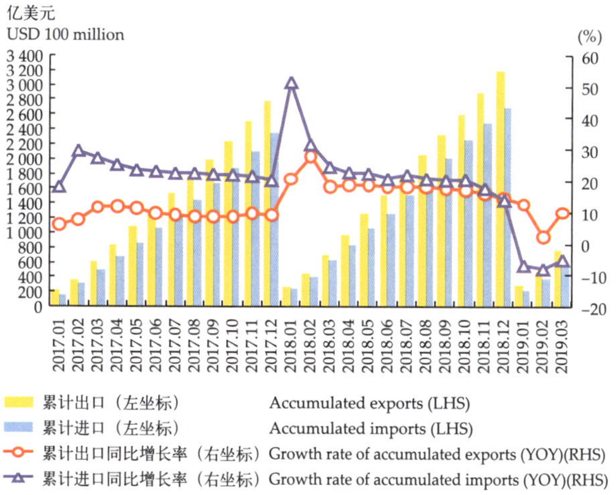

中国对东盟贸易总额和贸易差额
China's trade volume and trade balance with ASEAN

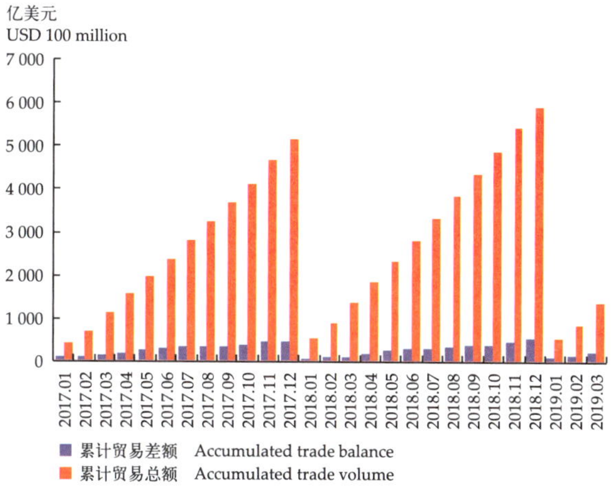

中国内地对中国香港地区进出口及其增长趋势
Mainland China's imports from and exports to Hong Kong SAR of China and their growth

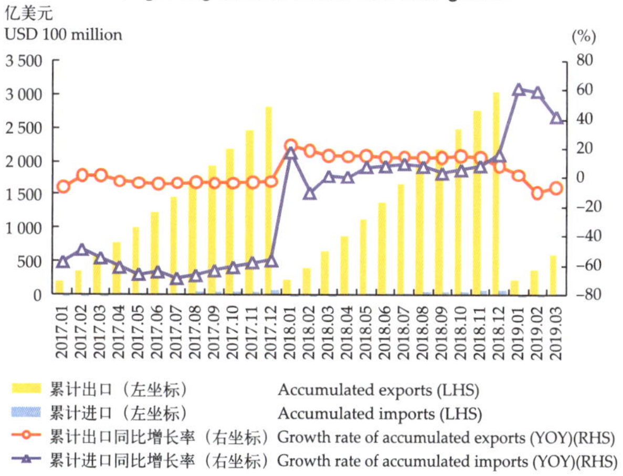

中国内地对中国香港地区贸易总额和贸易差额
Mainland China's trade volume and trade balance with Hong Kong SAR of China

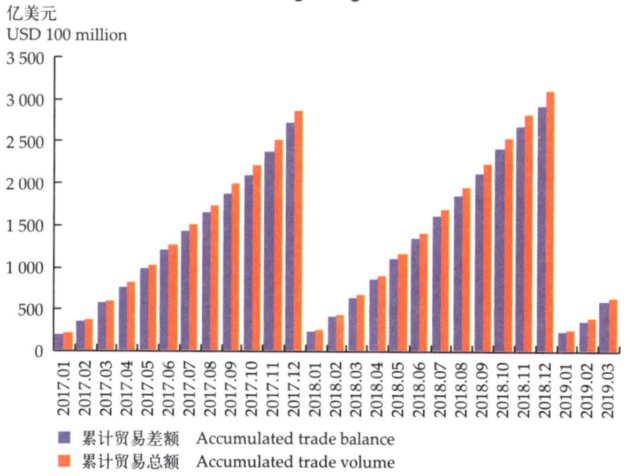

中国大陆对中国台湾地区进出口及其增长趋势
Mainland China's imports from and exports to China Taiwan and their growth

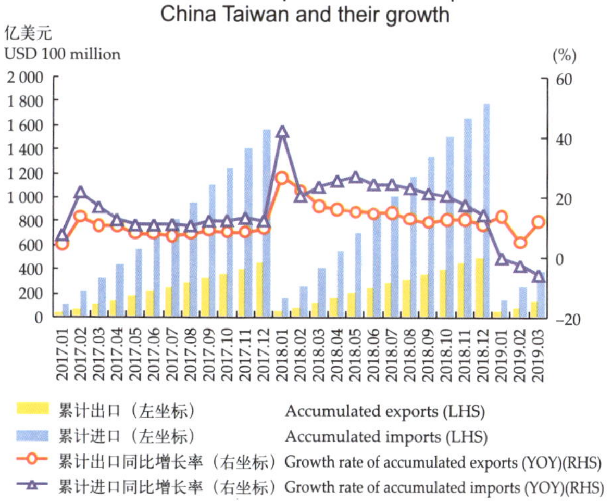

中国大陆对中国台湾地区贸易总额和贸易差额
Mainland China's trade volume and trade balance with China Taiwan

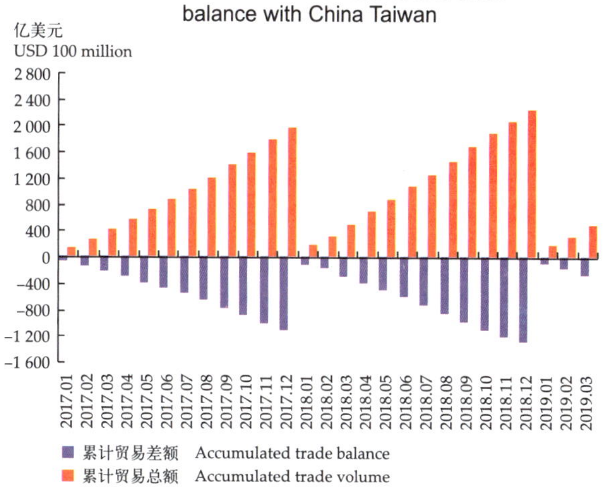

2.外资
(2) Foreign investment

据联合国贸易与发展会议2018年6月发布的《2018年世界投资报告》，2017年中国吸收外资全球排名第二，流入1 360亿美元，报告指出：2017年全球外国直接投资流入量为1.43万亿美元，较上年下降23%。

另据商务部统计，2017年，新批设立外商投资企业35 652家，实际使用外资金额1 310亿美元。

According to the UNCTAD's *World Investment Report 2018* published in June 2018, China ranked world's No.2 recipient of foreign direct investment (FDI) in 2017, with capital inflows of USD 136.0 billion. It is pointed out in the report that global FDI inflows decreased by 23% to USD 1.43 trillion in 2017.

According to statistics of the Ministry of Commerce, in 2017, 35,652 foreign-invested enterprises were approved for incorporation in China, with actual utilized FDI reaching USD 131.0 billion.

实际利用外商直接投资及其增长趋势
Actual utilized foreign direct investments and growth rates

单位：亿美元　Unit: USD 100 million

年 Year	绝对值 Absolute value	增长率（%） Growth rates（%）
1991	43.7	25.2
1992	110.1	152.1
1993	275.2	150.0
1994	337.7	22.7
1995	375.2	11.1
1996	417.3	11.2
1997	452.6	8.5
1998	454.6	0.5
1999	403.2	−11.3
2000	407.2	1.0
2001	468.8	15.1
2002	527.4	12.5
2003	535.1	1.4
2004	606.3	13.3
2005	603.3	−0.5
2006	630.2	4.5
2007	747.7	18.6
2008	924.0	23.6
2009	900.3	−2.6
2010	1 057.4	17.4
2011	1 160.1	9.7
2012	1 117.2	−3.7
2013	1 175.9	5.3
2014	1 195.6	1.7
2015	1 262.7	5.6
2016	1 260.0	−0.2
2017	1 310.0	4.0
2018	1 350.0	3.0

实际利用外商直接投资及其增长率
Actual utilized foreign direct investments and growth rates

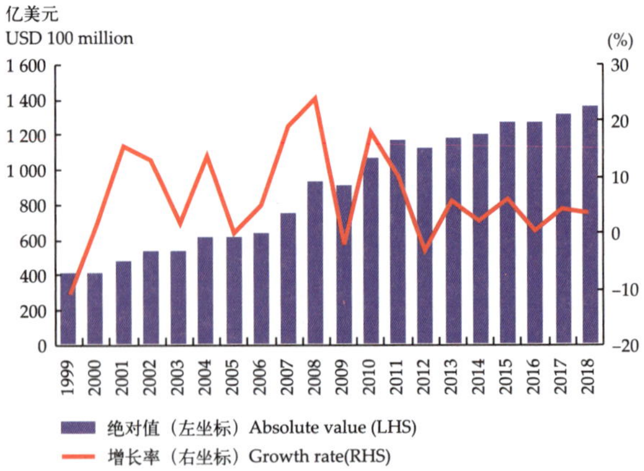

月度累计实际外商直接投资
Accumulated utilized FDI on a monthly basis

单位：亿美元　Unit: USD 100 million

年 / 月 Year/Month	实际外商直接投资累计金额 Accumulated utilized FDI	实际外商直接投资累计同比增长率 (%) Growth rate of accumulated utilized FDI (%)
2017.01	120	−14.7
2017.02	207	−8.1
2017.03	338	−4.5
2017.04	427	−5.7
2017.05	509	−6.2
2017.06	657	−5.4
2017.07	721	−6.5
2017.08	815	−5.1
2017.09	921	−3.2
2017.10	1 011	−2.7
2017.11	1 199	5.4
2017.12	1 310	4.0
2018.01	121	0.6
2018.02	211	1.7
2018.03	345	2.1
2018.04	436	2.0
2018.05	527	3.6
2018.06	683	4.1
2018.07	761	5.4
2018.08	865	6.1
2018.09	980	6.4
2018.10	1 077	6.5
2018.11	1 213	1.1
2018.12	1 350	3.0
2019.01	124	2.8
2019.02	217	3.0
2019.03	358	3.7

月度累计实际外商直接投资
Accumulated utilized FDI on a monthly basis

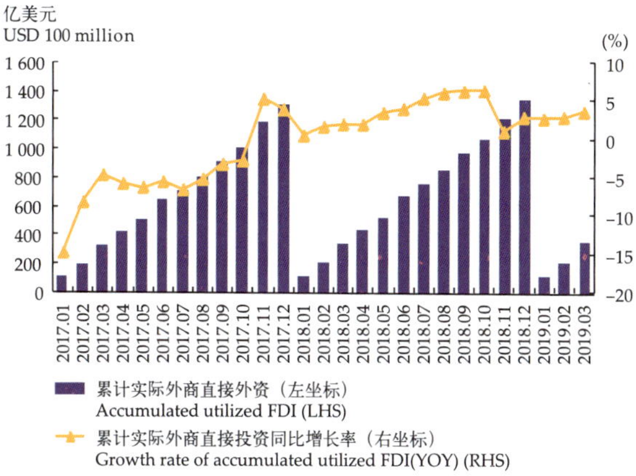

3.国际收支
(3) Balance of payments (BOP)

中国国际收支变化趋势

Movement of China's balance of payments

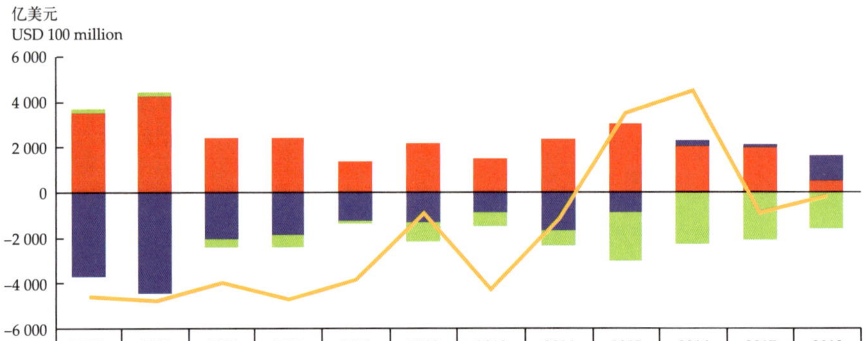

	2007	2008	2009	2010	2011	2012	2013	2014	2015	2016	2017	2018
净误差与遗漏差额 Balance of errors and omissions(net)	133	188	−414	−529	−138	−871	−629	−669	−2 130	−2 295	−2 130	−1 602
资本和金融项目差额 Balance of capital and financial accounts	−3 665	−4 394	−2 019	−1 849	−1 223	−1 283	−853	−1 692	−912	272	179	1 111
经常项目差额 Balance of current account	3 532	4 206	2 433	2 378	1 361	2 154	1 482	2 360	3 042	2 022	1 951	491
储备资产差额 Balance of reserve assets	−4 607	−4 795	−3 984	−4 717	−3 878	−966	−4 314	−1 178	3 429	4 437	−915	−189

注：
1. 储备资产的增加用负值表示，储备资产的减少用正值表示。
2. 图中数据根据国家外汇管理局最新数据修订。

Notes:
1. The increase in the reserve assets is expressed in a negative figure and the decrease in the reserve assets is expressed in a positive figure.
2. Data are revised by State Administration of Foreign Exchange.

2018年国际收支平衡表简表
BOP sheet in 2018

单位：亿美元
Unit: USD 100 million

项目 Items		金额 Amounts
一、经常账户 Current account		491
	贷方 credit	29 136
	借方 debit	−28 645
1.1 货物和服务 Goods and Services		1 029
	贷方 credit	26 510
	借方 debit	−25 481
1.1.1 货物 Goods		3 952
	贷方 credit	24 174
	借方 debit	−20 223
1.1.2 服务 Services		−2 922
	贷方 credit	2 336
	借方 debit	−5 258
1.2 初次收入 Primary income		−514
	贷方 credit	2 348
	借方 debit	−2 862
1.3 二次收入 Secondary income		−24
	贷方 credit	278
	借方 debit	−302
二、资本和金融账户 Capital and financial account		1 111
2.1 资本账户 Capital account		−6
	贷方 credit	3
	借方 debit	−9
2.2 金融账户 Financial account		1 117
资产 Assets		−3 721
负债 Liabilities		4 838
2.2.1 非储备性质的金融账户 Financial account excluding reserve assets		1 306
2.2.1.1 直接投资 Direct investment		1 070
资产 Assets		−965
负债 Liabilities		2 035
2.2.1.2 证券投资 Portfolio investment		1 067
资产 Assets		−535
负债 Liabilities		1 602
2.2.1.3 金融衍生工具 Financial derivatives		−62
资产 Assets		−48
负债 Liabilities		−13
2.2.1.4 其他投资 Other investment		−770
资产 Assets		−1 984
负债 Liabilities		1 214
2.2.2 储备资产 Reserve assets		−189
三、净误差与遗漏 Net errors and omissions		−1 602

注：根据《国际收支和国际投资头寸手册》（第六版）编制。
Note: Compiled in accordance with the sixth edition of *Balance of Payments and International Investment Position Manual* (BPM6)

4.外汇储备
(4) Foreign exchange reserves

外汇储备及其增长率
Foreign exchange reserves and growth rates

单位：亿美元　Unit: USD 100 million

年 / 月 Year/month	外汇储备 Foreign exchange reserves	同比增长（%） Growth rate(YOY)(%)
2017.01	29 982	−7.2
2017.02	30 051	−6.2
2017.03	30 091	−6.3
2017.04	30 295	−5.9
2017.05	30 536	−4.3
2017.06	30 568	−4.6
2017.07	30 807	−3.8
2017.08	30 915	−2.9
2017.09	31 085	−1.8
2017.10	31 092	−0.4
2017.11	31 193	2.2
2017.12	31 399	4.3
2018.01	31 615	5.4
2018.02	31 345	4.3
2018.03	31 428	4.4
2018.04	31 249	3.1
2018.05	31 106	1.9
2018.06	31 121	1.8
2018.07	31 179	1.2
2018.08	31 097	0.6
2018.09	30 870	−0.7
2018.10	30 531	−1.8
2018.11	30 617	−1.8
2018.12	30 727	−2.1
2019.01	30 879	−2.3
2019.02	30 902	−1.4
2019.03	30 988	−1.4

外汇储备及其增长率
Foreign exchange reserves and growth rates

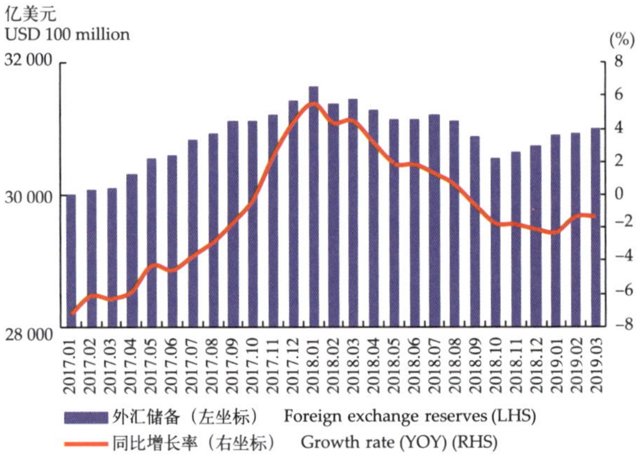

5.外债
(5) External debt

外币外债余额与债务率
Balance and ratio of external debt to foreign exchange income

外币外债余额与负债率
Balance and ratio of external debt to GDP

注：图中数据根据国家外汇管理局最新数据修订。
Note: Data are revised by State Administration of Foreign Exchange.

2018年末外债数据
External debt balance at the end of 2018

单位：亿美元
Unit: USD 100 million

	外债余额 Outstanding external debt	广义政府债务 General government debt	中央银行债务 Monetary authority debt	银行债务 Banks debt	其他部门债务 Other sectors debt	直接投资：公司间贷款 Direct investment: intercompany lending
债务余额 Debt balance	19 652	2 323	296	8 987	5 923	2 123
比重 (%) Share(%)	100.00	11.82	1.51	45.73	30.14	10.80

注：2014年末，国家外汇管理局按照国际货币基金组织“数据公布特殊标准”（SDDS）的分类标准公布我国外币外债数据，机构部门的分类相应进行了调整。
Note：At the end of 2014, State Administration of Foreign Exchange (SAFE) started to publish the data of China's external debts denominated in foreign currencies according to IMF's SDDS classification standards. The classification of sectors and departments were also adjusted accordingly.

2018年末外债结构
External debt structure at the end of 2018

2018年末，中国外债余额为19 652亿美元，其中，中长期外债余额为6 936亿美元，占外债余额的35.29%；短期外债余额为12 716亿美元，占外债余额的64.71%。
China's outstanding balance of external debt was USD 1, 965.2 billion at the end of 2018, among which USD 693.6 billion or 35.29 percent was medium-and long-term debt, and USD 1,271.6 billion or 64.71 percent was short-term debt.

六、财政收支与债务
6. Fiscal Revenue, Expenditure and Debt

年度财政收入、财政支出及其增长趋势
Annual budgetary revenue, budgetary expenditure, and their growth

单位：亿元
Unit: RMB 100 million

年 Year	财政收入 Budgetary revenue	财政支出 Budgetary expenditure	财政收入同比增长率(%) Growth rate of budgetary revenue (YOY) (%)	财政支出同比增长率(%) Growth rate of budgetary expenditure (YOY)(%)
1994	5 218	5 793	20.0	24.8
1995	6 242	6 824	19.6	17.8
1996	7 408	7 938	18.7	16.3
1997	8 651	9 234	16.8	16.3
1998	9 876	10 798	14.2	16.9
1999	11 444	13 188	15.9	22.1
2000	13 395	15 887	17.0	20.5
2001	16 386	18 903	22.3	19.0
2002	18 904	22 053	15.4	16.7
2003	21 715	24 650	14.9	11.8
2004	26 396	28 487	21.6	15.6
2005	31 649	33 930	19.9	19.1
2006	38 760	40 423	22.5	19.1
2007	51 322	49 781	32.4	23.2
2008	61 330	62 593	19.5	25.4
2009	68 518	76 300	11.7	21.9
2010	83 080	89 575	21.3	17.4
2011	103 740	108 930	24.8	21.2
2012	117 210	125 712	12.8	15.1
2013	129 143	139 744	10.2	11.2
2014	140 350	151 662	8.6	8.2
2015	152 217	175 768	8.4	15.8
2016	159 552	187 841	4.5	6.4
2017	172 567	203 330	7.4	7.7
2018	183 352	220 906	6.2	8.7

注：表中数据根据财政部最新数据修订。
Note: Data are revised by Ministry of Finance.

月度累计财政收支增长率与收支差额
Monthly growth rates and balance of accumulated fiscal revenue and expenditure

单位：亿元
Unit: RMB 100 million

年 / 月 Year/Month	财政收入累计同比增长率（%） Growth rate of accumulated fiscal revenue(YOY)(%)	财政支出累计同比增长率（%） Growth rate of accumulated fiscal expenditure(YOY)(%)	累计财政收支总量差额 Balance of accumulated fiscal revenue and expenditure
2017.01	17.7	37.5	6 273
2017.02	14.9	17.4	6 594
2017.03	14.1	21.0	−1 551
2017.04	11.8	16.3	1 598
2017.05	10.0	14.7	756
2017.06	9.8	15.8	−9 177
2017.07	10.0	14.5	−6 217
2017.08	9.8	13.1	−10 212
2017.09	9.7	11.4	−17 744
2017.10	9.2	9.8	−12 632
2017.11	8.4	7.8	−17 813
2017.12	7.4	7.7	−30 763
2018.01	16.5	−7.4	10 694
2018.02	15.8	16.7	7 492
2018.03	13.6	10.9	−451
2018.04	12.9	10.3	3 327
2018.05	12.2	8.1	3 955
2018.06	10.6	7.8	−7 261
2018.07	10.0	7.3	−3 745
2018.08	9.4	6.9	−7 805
2018.09	8.7	7.5	−17 458
2018.10	7.4	7.6	−13 762
2018.11	6.5	6.8	−19 418
2018.12	6.2	8.7	−37 554
2019.01	—	—	—
2019.02	7.0	14.6	5 790
2019.03	6.2	15.0	−4 973

注：表中数据根据财政部最新数据修订。
Note: Data are revised by Ministry of Finance.

年度财政收入、财政支出及其增长趋势
Annual budgetary revenue, budgetary expenditure, and their growth

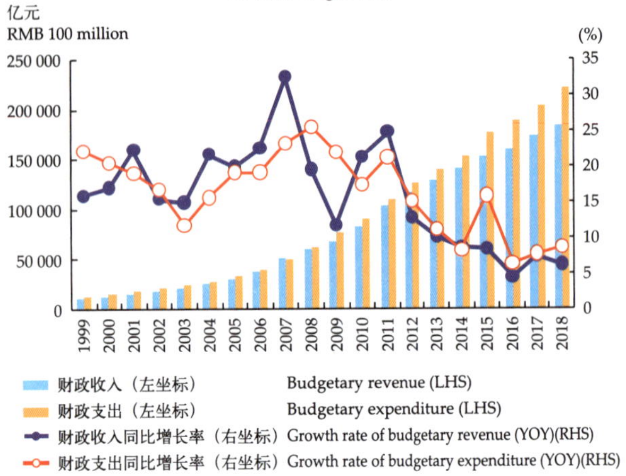

月度累计财政收支增长率与收支差额
Monthly growth rates and balance of accumulated fiscal revenue and expenditure

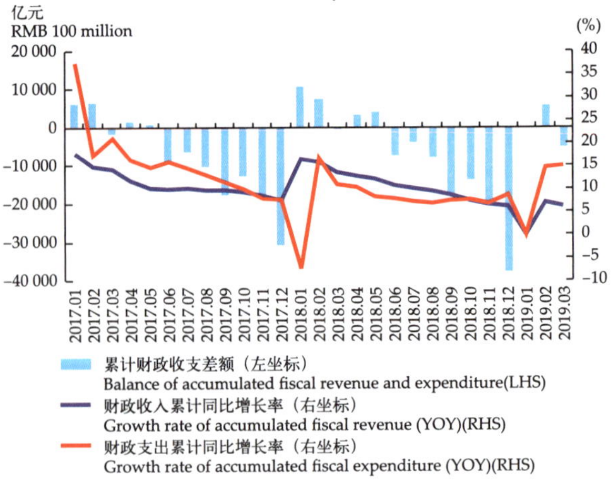

中央财政收支在全部财政收支中所占的比重

Ratio of revenues and expenditures of the central government to total fiscal revenues and expenditures

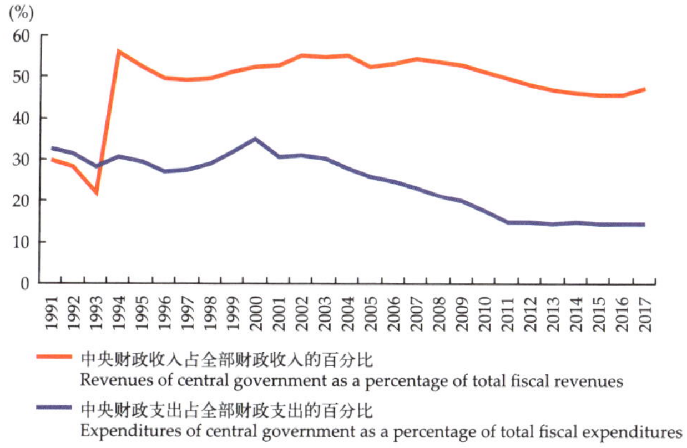

财政风险

Fiscal risks

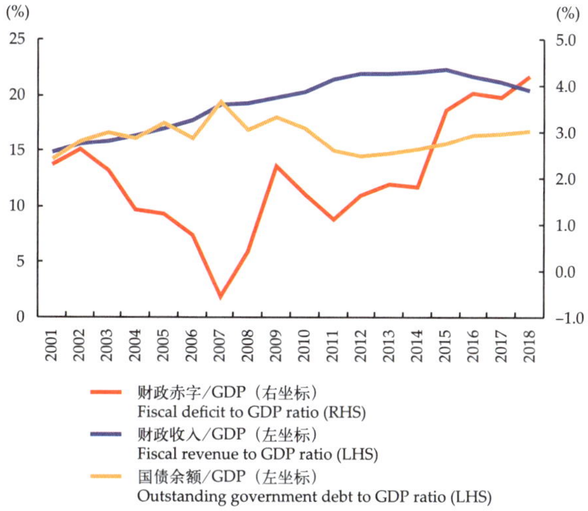

2018年主要预算指标：

2018年，中央财政预算收入为85 357亿元，比2017年执行数（下同）增长5.2%。从中央预算稳定调节基金调入2 130亿元，从中央政府性基金预算、中央国有资本经营预算调入323亿元，合计收入总量为87 810亿元。中央一般公共预算支出103 310亿元，增长8.5%。中央财政收支总量相抵，赤字为15 500亿元，与上年预算数持平。中央财政国债余额限额为156 908.35亿元。

汇总中央预算和地方预算安排，全国一般公共预算收入183 177亿元，增长6.1%。加上调入资金2 853亿元，可安排的收入总量为186 030亿元。全国一般公共预算支出209 830亿元，增长7.6%。赤字23 800亿元，与2017年持平。

Budgetary targets for 2018:

In 2018, revenue in the central government's general public budget is expected to reach RMB 8.5357 trillion, an increase of 5.2% over the actual figure for 2017. Adding in the RMB 213.0 billion from the Central Budget Stabilization Fund and the RMB 32.3 billion from the budgets of central government-managed funds and central government state capital operations, total revenue in 2018 should amount to RMB 8.7810 trillion. Expenditures from the central government's general public budget are projected to reach RMB 10.3310 trillion, an increase of 8.5%. Total expenditures are projected to exceed total revenue leaving a deficit of RMB 1.55 trillion, the same as last year. The ceiling for the outstanding balance of central government bonds will be RMB 15.690835 trillion.

Combining the general public budgets of the central and local governments, it is projected that nationwide revenue will amount to RMB 18.3177 trillion, up 6.1% from last year. Adding in the RMB 285.3 billion transferred from other sources, total revenue available is expected to reach RMB 18.6030 trillion. Nationwide expenditures are budgeted at RMB 20.9830 trillion, an increase of 7.6%. This will produce a national deficit of RMB 2.38 trillion, the same as 2017.

七、货币银行
7. Money and Banking

1. 货币供应量
(1) Money supply

年度M0、M1、M2及其变化趋势
Annual M0, M1, and M2 and their changes

单位：万亿元　Unit: RMB 1 trillion

年 Year	M0	M1	M2	M0 同比增长率 (%) Growth rate of M0 (YOY)(%)	M1 同比增长率 (%) Growth rate of M1 (YOY)(%)	M2 同比增长率 (%) Growth rate of M2 (YOY)(%)
1999	1.3	4.6	12.0	20.1	17.7	14.7
2000	1.5	5.3	13.8	8.9	16.0	14.0
2001	1.6	6.0	15.8	7.1	12.7	14.4
2002	1.7	7.1	18.5	10.1	16.8	16.8
2003	2.0	8.4	22.1	14.3	18.7	19.6
2004	2.1	9.6	25.3	8.7	13.6	14.6
2005	2.4	10.7	29.9	11.9	11.8	17.6
2006	2.7	12.6	34.6	12.7	17.5	16.9
2007	3.0	15.3	40.3	12.1	21.0	16.7
2008	3.4	16.6	47.5	12.7	9.1	17.8
2009	3.8	22.1	61.0	11.8	32.4	27.7
2010	4.5	26.7	72.6	16.7	21.2	19.7
2011	5.1	29.0	85.2	13.8	7.9	13.6
2012	5.5	30.9	97.4	7.7	6.5	13.8
2013	5.9	33.7	110.7	7.1	9.3	13.6
2014	6.0	34.8	122.8	2.9	3.2	12.2
2015	6.3	40.1	139.2	4.9	15.2	13.3
2016	6.8	48.7	155.0	8.1	21.4	11.3
2017	7.1	54.4	167.7	3.4	11.8	8.2
2018	7.3	55.2	182.7	3.6	1.5	8.1

月度M0、M1、M2及其变化趋势
Monthly M0, M1, and M2 and their changes

单位：万亿元　Unit:RMB 1 trillion

年 / 月 Year/Month	M0	M1	M2	M0 同比增长率 (%) Growth rate of M0 (YOY)(%)	M1 同比增长率 (%) Growth rate of M1 (YOY)(%)	M2 同比增长率 (%) Growth rate of M2 (YOY)(%)
2016.07	6.3	44.3	149.2	7.2	25.4	10.2
2016.08	6.3	45.5	151.1	7.4	25.3	11.4
2016.09	6.5	45.4	151.6	6.6	24.7	11.5
2016.10	6.4	46.5	151.9	7.2	23.9	11.6
2016.11	6.5	47.5	153.0	7.6	22.7	11.4
2016.12	6.8	48.7	155.0	8.1	21.4	11.3
2017.01	8.7	47.3	157.6	19.4	14.5	11.3
2017.02	7.2	47.7	158.3	3.3	21.4	11.1
2017.03	6.9	48.9	160.0	6.1	18.8	10.6
2017.04	5.8	49.6	161.0	−3.7	22.5	10.3
2017.05	4.9	50.4	162.2	−10.4	24.7	10.0
2017.06	4.0	51.2	163.3	−17.0	26.8	9.6
2017.07	6.7	51.0	162.9	6.1	15.3	9.2
2017.08	6.8	51.8	164.5	6.5	14.0	8.9
2017.09	7.0	51.8	165.6	7.2	14.0	9.2
2017.10	6.8	52.6	165.3	6.3	13.0	8.8
2017.11	6.9	53.6	167.0	5.7	12.7	9.1
2017.12	7.1	54.4	167.7	3.4	11.8	8.2
2018.01	7.5	54.3	172.1	−13.8	15.0	8.6
2018.02	8.1	51.7	172.9	13.5	8.5	8.8
2018.03	7.3	52.4	174.0	6.0	7.1	8.2
2018.04	7.1	52.5	173.8	4.5	7.2	8.3
2018.05	7.0	52.6	174.3	3.6	6.0	8.3
2018.06	7.0	54.4	177.0	3.9	6.6	8.0
2018.07	7.0	53.7	177.6	3.6	5.1	8.5
2018.08	7.0	53.8	178.9	3.3	3.9	8.2
2018.09	7.1	53.9	180.2	2.2	4.0	8.3
2018.10	7.0	54.0	179.6	2.6	2.7	8.6
2018.11	7.1	54.3	181.3	3.5	1.4	8.6
2018.12	7.3	55.2	182.7	3.6	1.5	8.1
2019.01	7.0	54.0	179.6	2.6	2.7	8.6
2019.02	7.1	54.3	181.3	3.5	1.4	8.6
2019.03	7.3	55.2	182.7	3.6	1.5	8.1

货币供应量与货币流动性
Money supply and monetary liquidity

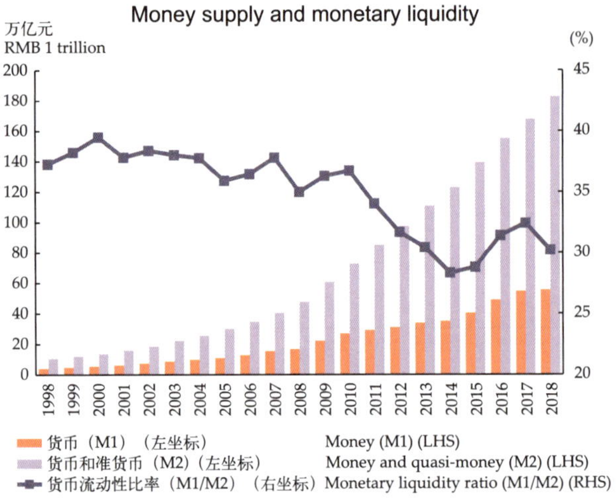

年度M0、M1、M2及其变化趋势
Annual M0, M1, and M2 and their changes

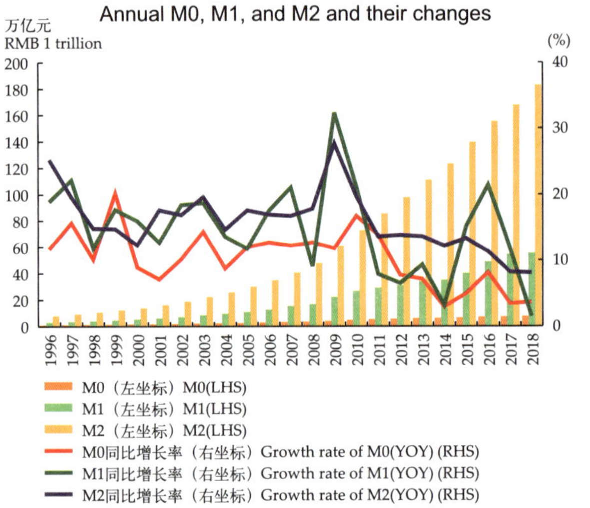

月度M0、M1、M2及其变化趋势
Monthly M0, M1, and M2 and their changes

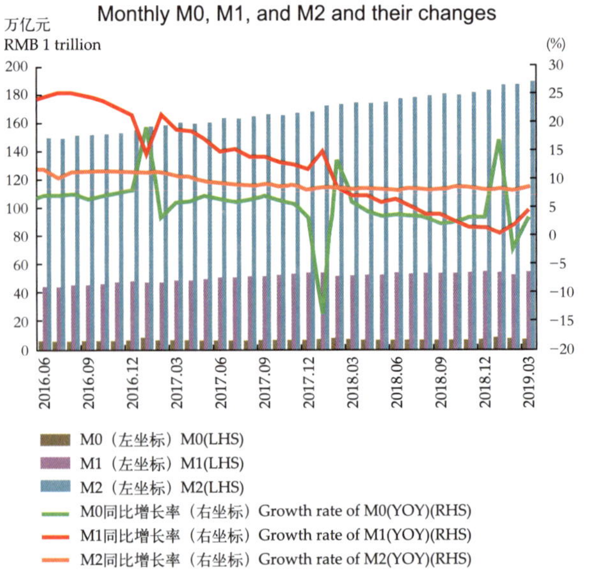

货币供应量构成
Composition of money supply

单位：亿元
Unit: RMB 100 million

年 / 月 Year/Month	货币和准货币 Money & quasi-money M2	货币 Money M1	流通中货币 Currency in circulation M0	单位活期存款 Corporate demand deposits	准货币 Quasi-money	单位定期存款 Corporate time deposits	个人存款 Personal deposits	其他存款 Other deposits
2017.07	1 628 997	510 485	67 129	443 356	1 118 512	314 700	635 230	168 583
2017.08	1 645 157	518 114	67 551	450 563	1 127 043	317 889	637 887	171 267
2017.09	1 655 662	517 863	69 749	448 115	1 137 799	326 614	648 350	162 835
2017.10	1 653 434	525 977	68 231	457 747	1 127 457	319 741	640 251	167 465
2017.11	1 670 013	535 565	68 623	466 942	1 134 448	320 652	641 620	172 177
2017.12	1 676 769	543 790	70 646	473 145	1 132 978	320 196	649 341	163 441
2018.01	1 720 814	543 247	74 636	468 611	1 177 567	328 170	658 424	190 973
2018.02	1 729 070	517 036	81 424	435 612	1 212 034	330 532	687 076	194 426
2018.03	1 739 859	523 540	72 693	450 847	1 216 319	332 606	692 564	191 150
2018.04	1 737 684	525 448	71 476	453 971	1 212 236	335 348	679 186	197 702
2018.05	1 743 064	526 277	69 775	456 502	1 216 787	336 063	681 334	199 390
2018.06	1 770 178	543 945	69 589	474 355	1 226 234	334 425	692 441	199 368
2018.07	1 776 196	536 624	69 531	467 094	1 239 572	335 935	689 397	214 239
2018.08	1 788 670	538 325	69 775	468 549	1 250 346	341 834	692 848	215 664
2018.09	1 801 666	538 574	71 254	467 320	1 263 092	349 827	706 256	207 008
2018.10	1 795 562	540 128	70 107	470 022	1 255 433	340 816	702 827	211 790
2018.11	1 813 175	543 499	70 563	472 935	1 269 676	342 191	710 236	217 249
2018.12	1 826 744	551 686	73 208	478 478	1 275 058	340 179	721 689	213 191
2019.01	1 865 935	545 638	87 471	458 168	1 320 297	355 605	760 392	204 300
2019.02	1 867 427	527 190	79 485	447 706	1 340 237	356 710	773 741	209 786
2019.03	1 889 412	547 576	74 942	472 634	1 341 837	359 015	782 606	200 215

广义货币供应量M2变动
Changes in the composition of broad money M2

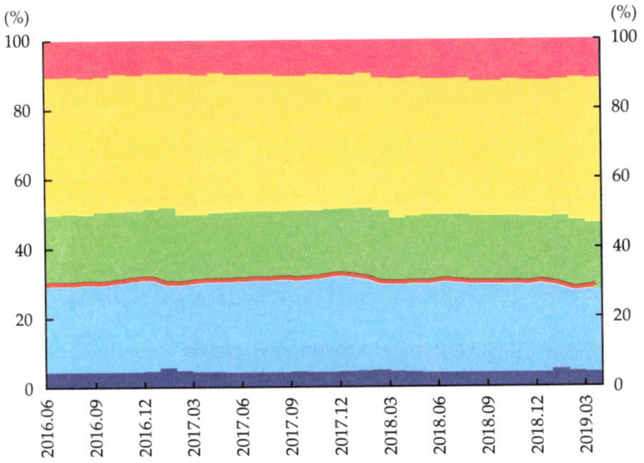

其他存款占M2的比重　Other deposits/M2
个人存款占M2的比重　Personal deposits/M2
单位定期存款占M2的比重　Corporate time deposits/M2
单位活期存款占M2的比重　Corporate demand deposits/M2
M0占M2的比重　M0/M2
M1占M2的比重　M1/M2

2019年3月末货币供应量构成
Composition of money supply at the end of March, 2019

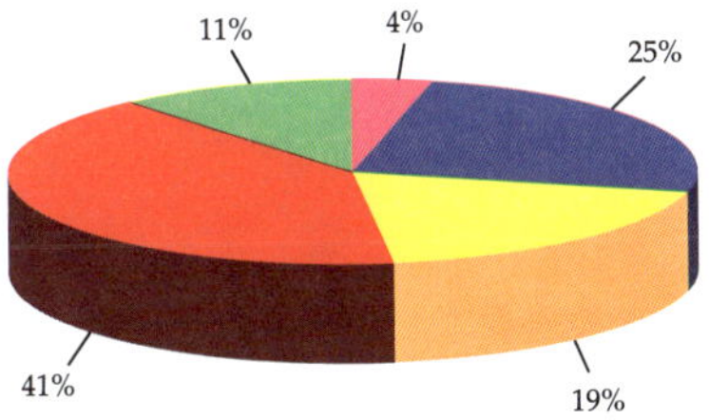

流通中货币　Currency in circulation M0
单位活期存款　Corporate demand deposits
单位定期存款　Corporate time deposits
个人存款　Personal deposits
其他存款　Other deposits

存款性公司概览
Depository corporations survey

单位：万亿元
Unit: RMB 1 trillion

年 / 月 Year/Month	国外净资产 Net foreign assets	国内信贷 Domestic credit	对政府债权（净）Claims on government (net)	对非金融部门债权 Claims on non-financial sectors	对其他金融部门债权 Claims on other financial sectors	其他 Others	货币和准货币 Money & quasi-money M2
2016.07	27.00	150.48	12.92	112.42	25.14	−28.33	149.16
2016.08	27.08	152.69	13.91	112.95	25.83	−28.67	151.10
2016.09	26.84	154.44	14.69	113.97	25.78	−29.64	151.64
2016.10	26.76	155.50	14.38	114.83	26.29	−30.31	151.95
2016.11	26.52	157.86	14.99	116.26	26.61	−31.34	153.04
2016.12	26.39	160.01	16.24	116.61	27.16	−31.39	155.01
2017.01	26.29	162.05	15.84	118.12	28.09	−30.75	157.59
2017.02	26.13	162.94	15.64	118.97	28.33	−30.78	158.29
2017.03	26.08	165.06	16.63	120.02	28.42	−31.18	159.96
2017.04	25.89	165.69	16.59	121.00	28.10	−31.95	160.98
2017.05	25.68	166.51	16.86	121.97	27.68	−32.05	162.17
2017.06	25.55	170.14	17.65	123.41	29.09	−32.56	163.35
2017.07	25.45	170.42	17.45	124.32	28.64	−32.97	162.90
2017.08	25.23	172.65	18.33	125.67	28.64	−33.36	164.52
2017.09	25.48	174.09	19.02	126.59	28.48	−34.01	165.57
2017.10	25.39	174.12	18.47	127.18	28.47	−34.17	165.34
2017.11	25.39	176.00	19.04	128.17	28.79	−34.39	167.00
2017.12	25.33	178.03	20.49	128.88	28.66	−35.68	167.68
2018.01	25.62	181.47	20.12	131.58	29.77	−35.00	172.08
2018.02	25.58	182.56	20.77	132.60	29.19	−35.24	172.91
2018.03	25.54	184.18	21.50	133.88	28.79	−35.73	173.99
2018.04	25.54	184.00	21.23	134.74	28.03	−35.77	173.77
2018.05	25.54	184.45	21.02	135.49	27.95	−35.68	174.31
2018.06	25.71	187.32	22.04	137.31	27.98	−36.01	177.02
2018.07	25.80	188.53	21.94	139.11	27.48	−36.71	177.62
2018.08	25.72	190.52	22.71	140.89	26.92	−37.37	178.87
2018.09	25.67	192.77	23.90	142.37	26.51	−38.27	180.17
2018.10	25.64	193.09	23.43	143.22	26.44	−39.17	179.56
2018.11	25.57	194.70	23.88	144.32	26.50	−38.96	181.32
2018.12	25.57	196.55	25.14	145.07	26.33	−39.44	182.67
2019.01	25.65	200.58	24.87	148.74	26.97	−39.63	186.59
2019.02	25.83	200.85	25.01	149.42	26.43	−39.94	186.74
2019.03	26.01	203.92	26.06	151.43	26.43	−40.99	188.94

国外净资产及国内信贷对广义货币的影响
The impact of net foreign assets and domestic credit on broad money M2

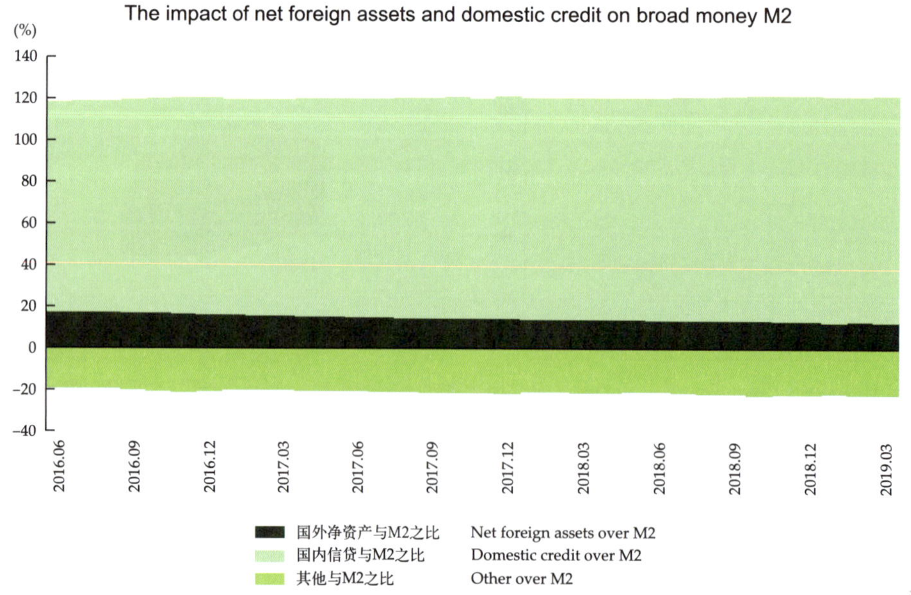

2.存贷款
(2) Deposits and loans

金融机构人民币各项存贷款余额及其增长趋势
Outstanding amounts of total deposits & loans and their growth in financial institutions

单位：万亿元
Unit: RMB 1 trillion

年 / 月 Year/month	各项存款 Total deposits	各项贷款 Total loans	各项存款同比增长率 (%) Growth rate of deposits (YOY)(%)	各项贷款同比增长率 (%) Growth rate of loans (YOY)(%)
2016.07	146.7	101.9	9.5	12.9
2016.08	148.5	102.9	10.8	13.0
2016.09	148.5	104.1	11.1	13.0
2016.10	149.7	104.8	11.5	13.1
2016.11	150.4	105.6	10.8	13.1
2016.12	150.6	106.6	11.0	13.5
2017.01	152.1	108.6	10.4	12.6
2017.02	154.4	109.8	11.4	13.0
2017.03	155.6	110.8	10.3	12.4
2017.04	155.9	111.9	9.8	12.9
2017.05	157.0	113.0	9.2	12.9
2017.06	159.7	114.6	9.2	12.9
2017.07	160.5	115.4	9.4	13.2
2017.08	161.8	116.5	9.0	13.2
2017.09	162.3	117.8	9.3	13.1
2017.10	163.3	118.4	9.1	13.0
2017.11	164.9	119.5	9.6	13.3
2017.12	164.1	120.1	9.0	12.7
2018.01	168.0	123.0	10.5	13.2
2018.02	167.7	123.9	8.6	12.8
2018.03	169.2	125.0	8.7	12.8
2018.04	169.7	126.2	8.9	12.7
2018.05	171.0	127.3	8.9	12.6
2018.06	173.1	129.2	8.4	12.7
2018.07	174.1	130.6	8.5	13.2
2018.08	175.2	131.9	8.3	13.2
2018.09	176.1	133.3	8.5	13.2
2018.09	176.1	133.3	8.5	13.2
2018.10	176.5	134.0	8.1	13.1
2018.11	177.4	135.2	7.6	13.1
2018.12	177.5	136.3	8.2	13.5
2019.01	180.8	139.5	7.6	13.4
2019.02	182.1	140.4	8.6	13.4
2019.03	183.8	142.1	8.7	13.7

金融机构人民币各项存贷款余额及其增长趋势
Outstanding amounts of total deposits & loans and their growth in financial institutions

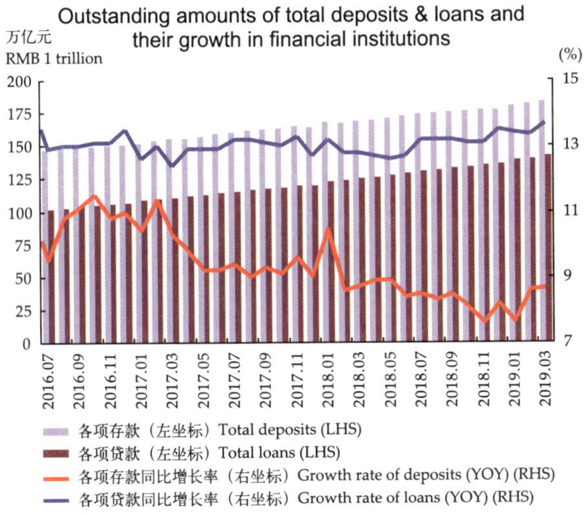

金融机构当年累计新增人民币存款
Accumulated new RMB deposits in financial institutions

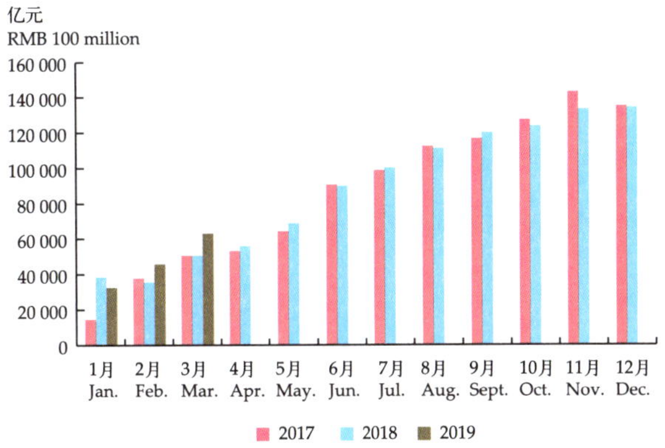

金融机构当月新增人民币存款
New RMB deposits in financial institutions by month

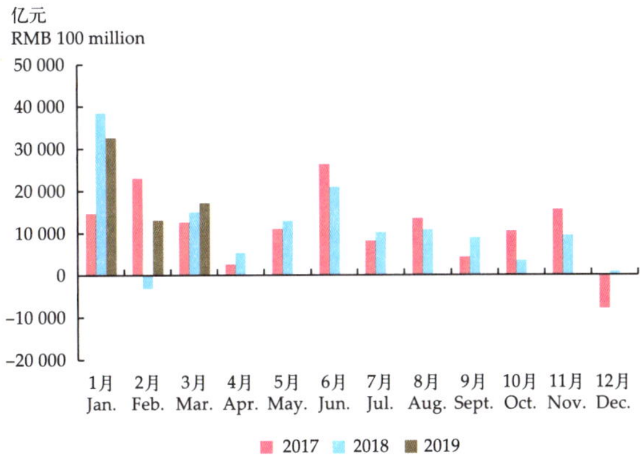

2019年3月末人民币存款余额
Outstanding amounts of RMB deposits at the end of March, 2019

单位：亿元
Unit: RMB 100 million

	余额 Outstanding amount
各项存款 Total deposits	**1 838 227**
境内存款 Domestic Deposits	1 826 924
住户存款 Deposits of households	776 654
非金融企业存款 Deposits of non-financial enterprises	565 751
政府存款 Deposits of government	334 297
非银行业金融机构存款 Deposits of non-banking financial institutions	150 222
境外存款 Overseas deposits	11 303

住户存款和非金融企业存款余额
Outstanding amounts of household deposits and non-financial corporate deposits

单位：亿元
Unit: RMB 100 million

年 / 月 Year/Month	住户存款 Deposits of households	活期及临时性存款 Demand & temporary deposits	定期及保证性存款 Time & marginal deposits	非金融企业存款 Deposits of non-financial enterprises	活期及临时性存款 Demand & temporary deposits	定期及保证性存款 Time & marginal deposits
2016.07	579 279	215 652	363 627	462 284	188 193	274 091
2016.08	583 411	218 758	364 653	476 050	194 385	281 665
2016.09	592 909	225 331	367 578	480 303	192 839	287 464
2016.10	588 229	222 213	366 016	482 386	199 872	282 514
2016.11	591 500	225 149	366 351	490 742	205 371	285 370
2016.12	597 751	231 630	366 121	502 178	215 107	287 072
2017.01	629 064	249 796	379 268	484 207	195 938	288 268
2017.02	630 077	240 875	389 202	490 852	204 560	286 291
2017.03	637 409	241 907	395 502	503 768	212 132	291 636
2017.04	625 236	235 017	390 219	504 220	213 156	291 064
2017.05	626 485	236 093	390 392	505 292	215 037	290 255
2017.06	637 138	242 055	395 083	515 971	222 012	293 960
2017.07	629 623	238 119	391 504	512 274	221 195	291 079
2017.08	632 213	240 076	392 136	518 343	223 821	294 522
2017.09	642 591	246 818	395 772	521 823	219 597	302 226
2017.10	634 539	241 454	393 085	521 948	224 655	297 293
2017.11	635 994	241 874	394 120	529 130	229 895	299 235
2017.12	643 768	248 239	395 529	542 405	237 888	304 517
2018.01	652 744	250 481	402 263	541 612	232 055	309 557
2018.02	681 474	263 966	417 509	517 594	211 486	306 108
2018.03	686 804	258 521	428 283	529 321	219 818	309 503
2018.04	673 585	249 895	423 690	534 777	221 556	313 221
2018.05	675 751	250 395	425 355	534 916	222 502	312 414
2018.06	686 695	255 578	431 117	544 362	230 035	314 327
2018.07	683 763	252 705	431 059	538 174	225 358	312 816
2018.08	687 226	252 639	434 587	544 313	224 653	319 660
2018.09	700 518	258 601	441 917	547 417	220 860	326 557
2018.10	697 171	255 942	441 228	541 413	223 267	318 146
2018.11	704 576	259 573	445 003	548 748	225 026	323 723
2018.12	716 038	267 215	448 824	562 976	236 190	326 786
2019.01	754 594	286 398	468 197	558 512	225 512	332 999
2019.02	767 902	278 186	489 716	546 489	215 395	331 094
2019.03	776 654	275 339	501 315	565 751	226 505	339 246

住户存款和非金融企业存款余额
Outstanding amounts of household deposits and non-financial enterprise deposits

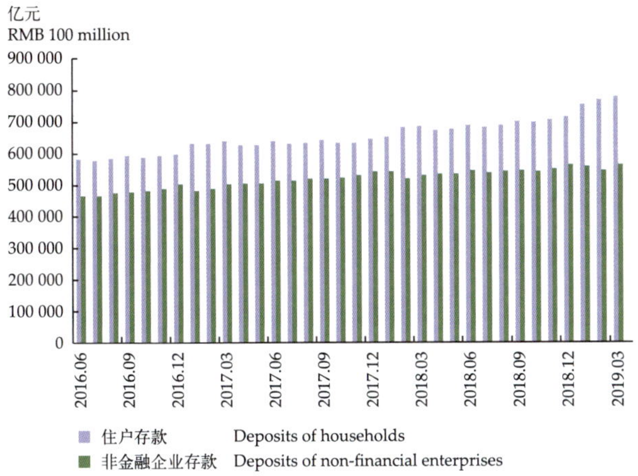

住户存款构成
Composition of household deposits

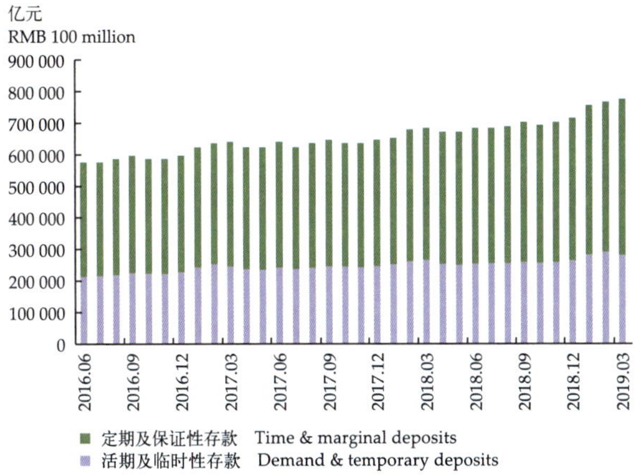

非金融企业存款构成
Composition of non-financial enterprise deposits

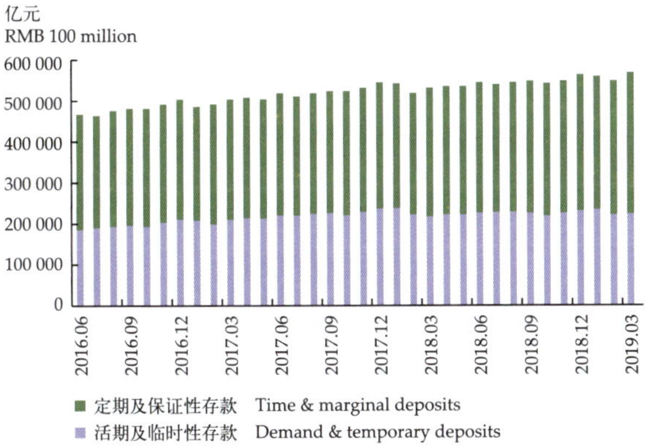

2019年3月末人民币存款余额
Outstanding amounts of RMB deposits at the end of March, 2019

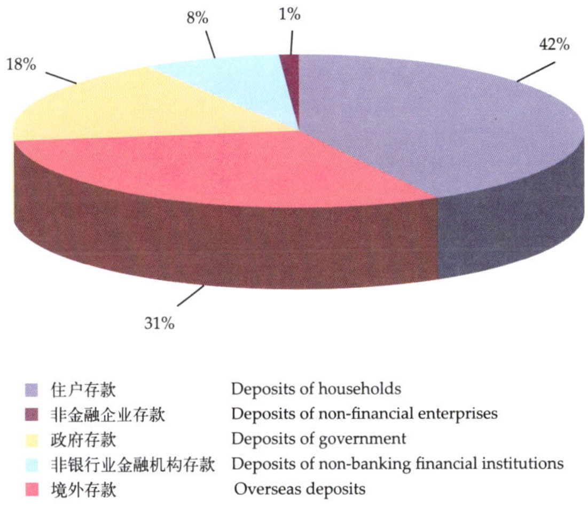

2019年3月末人民币贷款余额
RMB loans issued by the end of March, 2019 by sectors

单位：亿元
Unit: RMB 100 million

	余额 Outstanding amounts	比年初增加 Increase over the beginning of the year
各项贷款 Total loans	**1 421 057**	**58 091**
境内贷款 Domestic loans	1 415 914	58 023
住户贷款 Loans to households	496 985	18 142
短期贷款 Short-term loans	138 977	979
中长期贷款 Mid & long-term loans	358 008	17 163
非金融性企业及机关团体贷款 Loans to non-financial enterprises and government departments & organizations	913 048	44 760
短期贷款及票据融资 Short-term loans and paper financing	356 749	17 309
中长期贷款 Mid & long-term loans	532 273	26 628
其他贷款 Other loans	24 026	823
非银行业金融机构贷款 Loans to non-banking financial institutions	5 881	-4 879
境外贷款 Overseas loans	5 143	68

金融机构当年累计新增人民币贷款
Accumulated new RMB loans in financial institutions

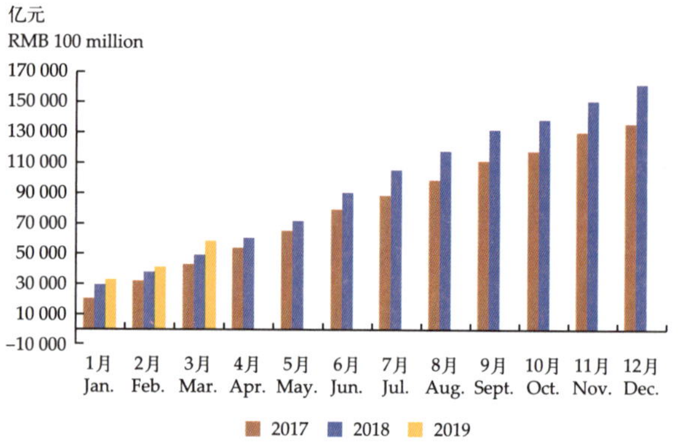

金融机构当月新增人民币贷款
New RMB loans in financial institutions by month

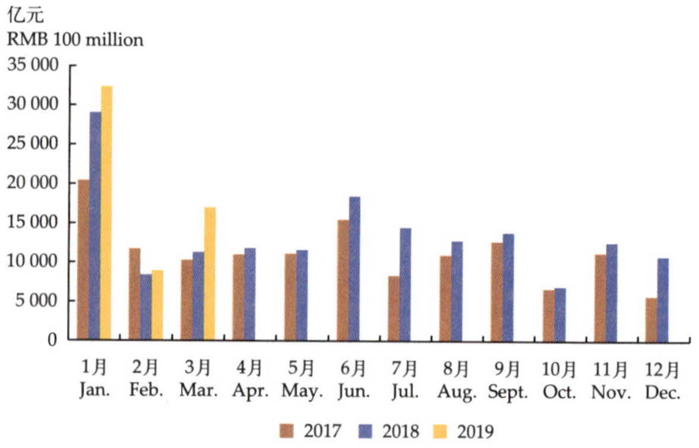

当年累计新增住户贷款
Accumulated new loans to households

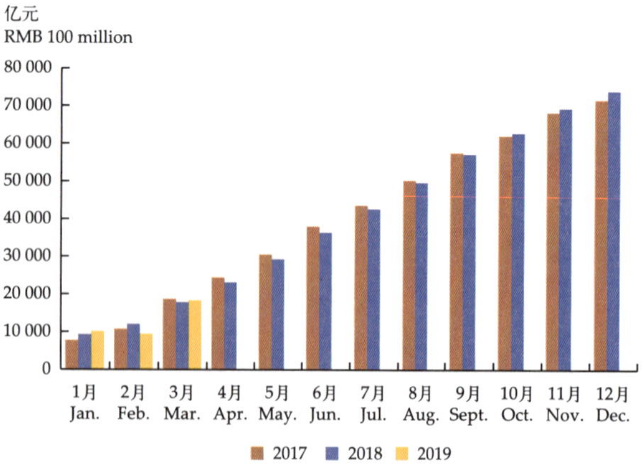

当月新增住户贷款
New loans to households by month

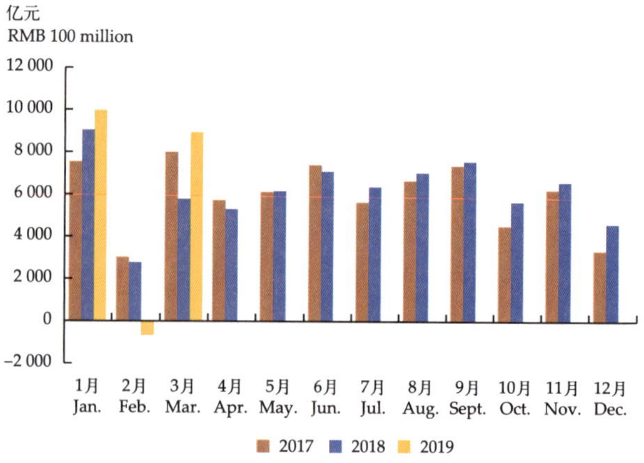

当年累计新增非金融企业及其他部门贷款
Accumulated new loans to non-financial institutions and other sectors

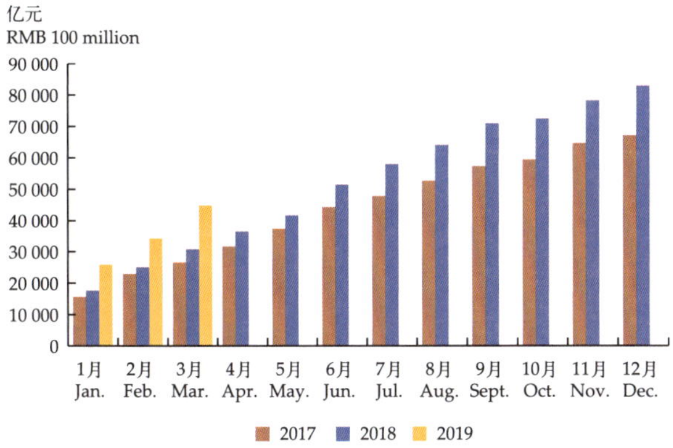

当月新增非金融企业及其他部门贷款
New loans to non-financial institutions and other sectors by month

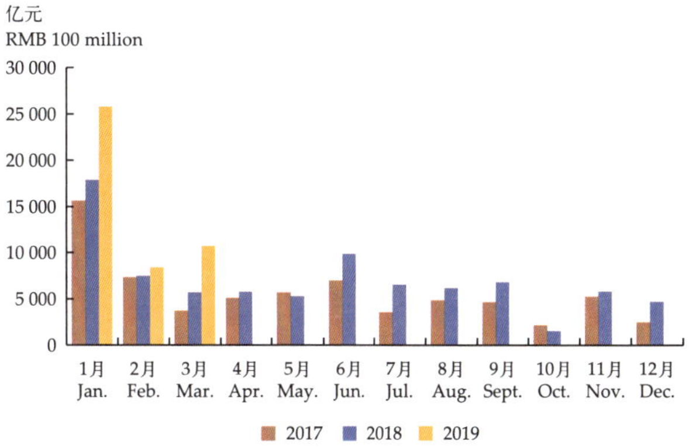

2019年3月末个人消费贷款构成
Composition of consumer loans at the end of March 2019

单位：亿元
Unit: RMB 100 million

	余额 Outstanding amounts	同比增长(%) Growth rate (YOY, %)	比年初增加 Increase over the beginning of the year	比上年同期变化 Change compared with the same period of last year
个人消费贷款 Consumer loans	**392 259**	**19.1**	**14 257**	**14 197**
个人住房贷款 Individual housing mortgage loans	268 715	17.6	11 115	9 944
个人汽车消费贷款 Individual auto loans	10 686	11.0	286	423
助学贷款 Student loans	1 028	13.0	−23	−19
其他贷款 Other loans	111 830	23.8	2 878	3 849

2019年3月末个人消费贷款构成
Composition of consumption loans at the end of March, 2019

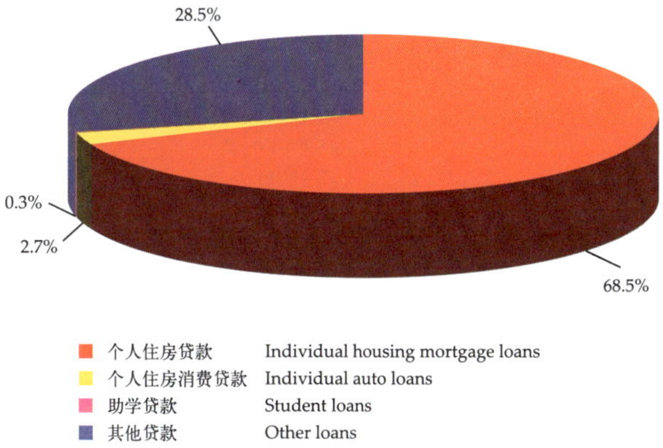

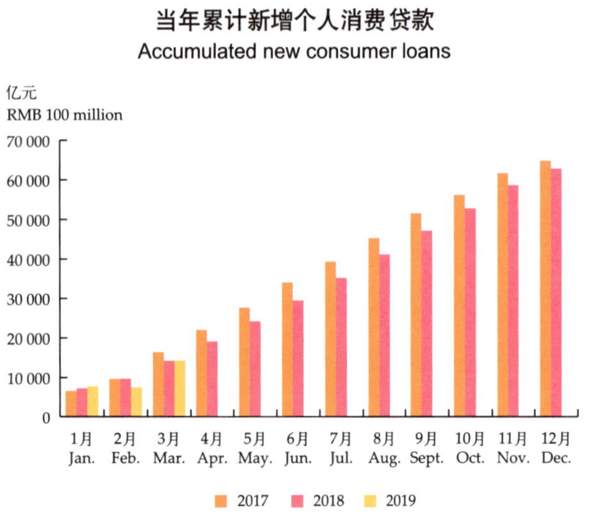
当年累计新增个人消费贷款
Accumulated new consumer loans
亿元
RMB 100 million
70 000
60 000
50 000
40 000
30 000
20 000
10 000
0
1月 Jan. 2月 Feb. 3月 Mar. 4月 Apr. 5月 May. 6月 Jun. 7月 Jul. 8月 Aug. 9月 Sept. 10月 Oct. 11月 Nov. 12月 Dec.
2017 2018 2019

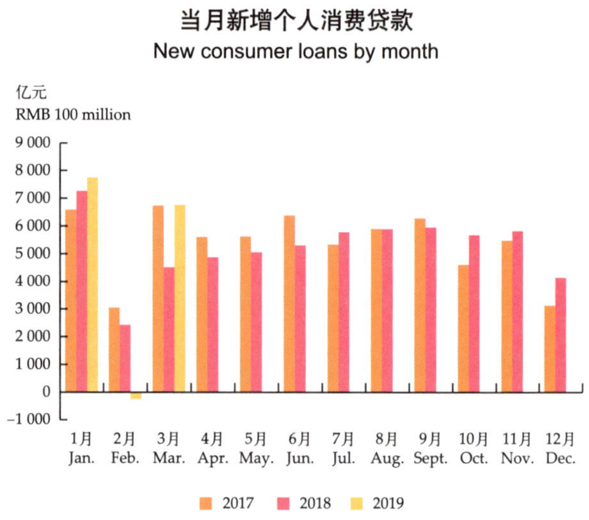
当月新增个人消费贷款
New consumer loans by month
亿元
RMB 100 million
9 000
8 000
7 000
6 000
5 000
4 000
3 000
2 000
1 000
0
−1 000
1月 Jan. 2月 Feb. 3月 Mar. 4月 Apr. 5月 May. 6月 Jun. 7月 Jul. 8月 Aug. 9月 Sept. 10月 Oct. 11月 Nov. 12月 Dec.
2017 2018 2019

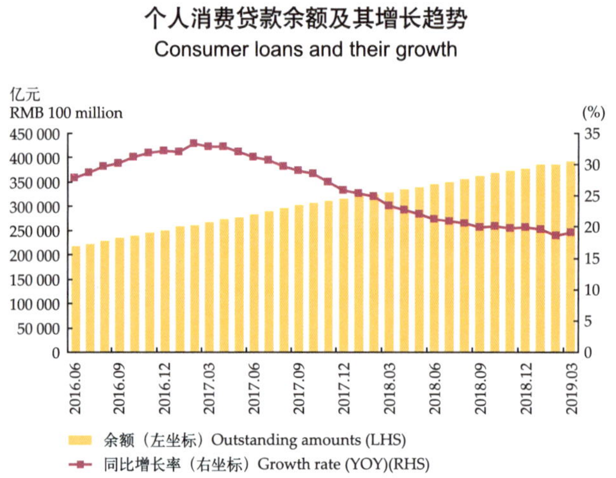
个人消费贷款余额及其增长趋势
Consumer loans and their growth
亿元
RMB 100 million
(%)
450 000
400 000
350 000
300 000
250 000
200 000
150 000
100 000
50 000
0
35
30
25
20
15
10
5
0
2016.06 2016.09 2016.12 2017.03 2017.06 2017.09 2017.12 2018.03 2018.06 2018.09 2018.12 2019.03
余额（左坐标）Outstanding amounts (LHS)
同比增长率（右坐标）Growth rate (YOY)(RHS)

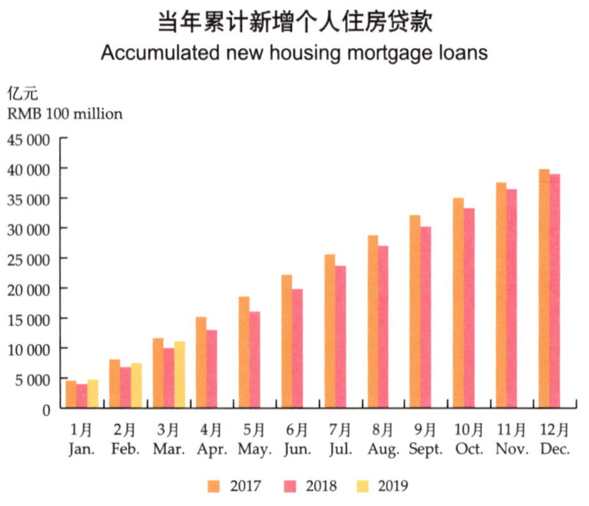
当年累计新增个人住房贷款
Accumulated new housing mortgage loans
亿元
RMB 100 million
45 000
40 000
35 000
30 000
25 000
20 000
15 000
10 000
5 000
0
1月 Jan. 2月 Feb. 3月 Mar. 4月 Apr. 5月 May. 6月 Jun. 7月 Jul. 8月 Aug. 9月 Sept. 10月 Oct. 11月 Nov. 12月 Dec.
2017 2018 2019

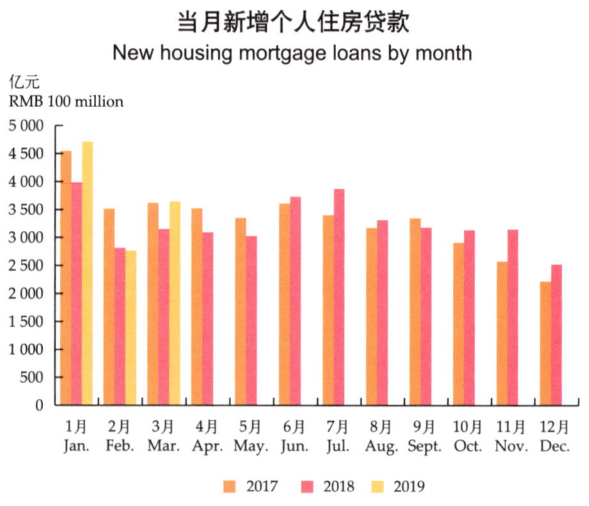
当月新增个人住房贷款
New housing mortgage loans by month
亿元
RMB 100 million
5 000
4 500
4 000
3 500
3 000
2 500
2 000
1 500
1 000
500
0
1月 Jan. 2月 Feb. 3月 Mar. 4月 Apr. 5月 May. 6月 Jun. 7月 Jul. 8月 Aug. 9月 Sept. 10月 Oct. 11月 Nov. 12月 Dec.
2017 2018 2019

个人住房贷款余额及其增长趋势
Individual housing mortgage loans and their growth

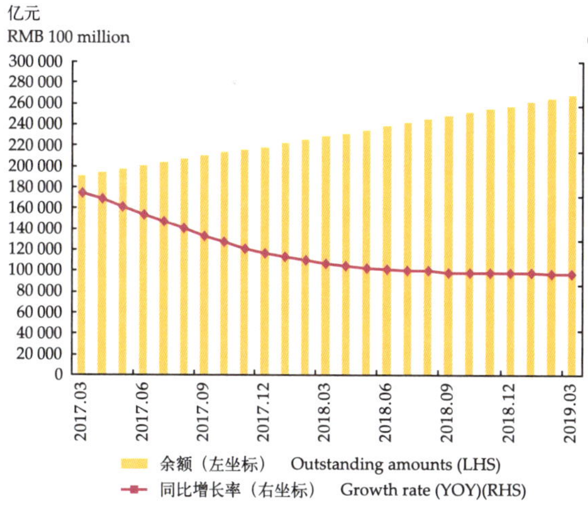

个人汽车消费贷款余额及其增长趋势
Individual auto loans and their growth

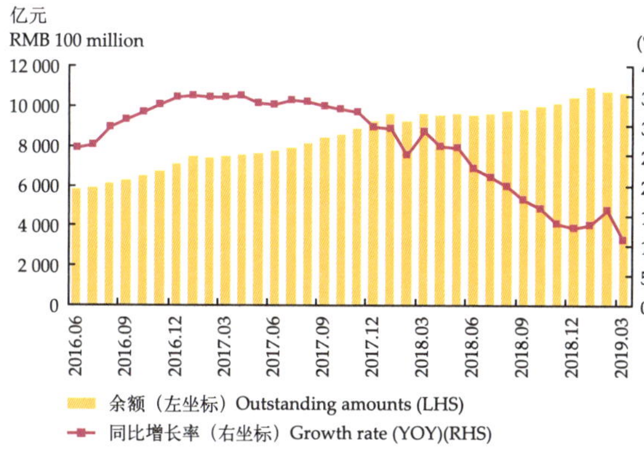

助学贷款余额及其增长趋势
Student loans and their growth

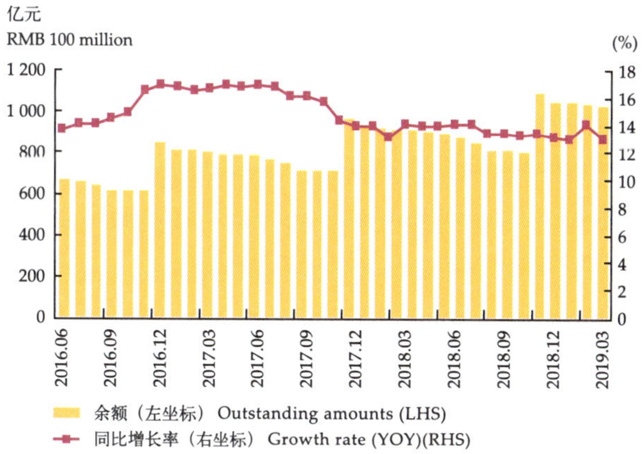

3.基础货币
(3) Monetary base

基础货币余额及其增长趋势
Monetary base and its growth

单位：万亿元
Unit: RMB 1 trillion

年 / 月 Year/Month	余额 Outstanding amounts	同比增长率 (%) Growth rate (YOY)(%)
2016.07	28.41	-1.1
2016.08	28.52	-0.9
2016.09	29.07	2.4
2016.10	29.01	3.7
2016.11	29.19	5.9
2016.12	30.90	10.2
2017.01	30.78	6.0
2017.02	30.27	4.2
2017.03	30.24	6.7
2017.04	29.95	7.1
2017.05	29.96	7.3
2017.06	30.38	5.9
2017.07	29.91	6.1
2017.08	30.19	6.7
2017.09	30.60	6.1
2017.10	30.53	6.0
2017.11	30.71	6.0
2017.12	32.19	4.9
2018.01	30.75	0.6
2018.02	31.83	5.9
2018.03	32.13	7.0
2018.04	30.73	3.4
2018.05	30.45	2.4
2018.06	31.85	4.8
2018.07	31.19	4.3
2018.08	31.11	3.1
2018.09	31.79	3.9
2018.10	29.82	-2.3
2018.11	30.58	-0.4
2018.12	33.10	2.8
2019.01	31.32	1.9
2019.02	30.36	-4.6
2019.03	30.37	-5.5

基础货币余额及其增长趋势
Monetary base and its growth

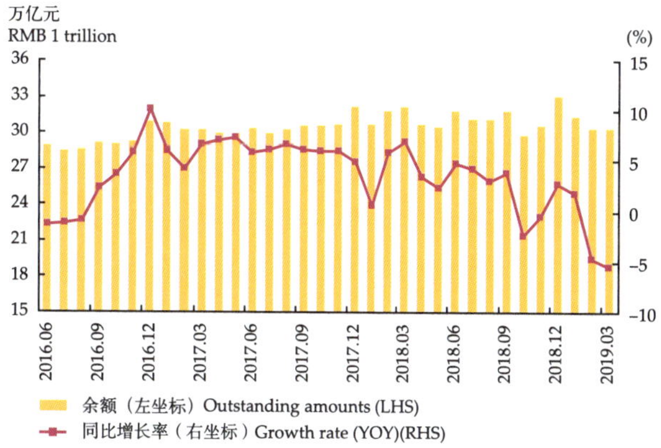

基础货币构成
Composition of monetary base

单位：亿元
Unit: RMB 100 million

年 / 季度 Year/Quarter	货币发行 Currency issue	其他存款性公司存款 Deposits of other depository corporations
2016Q3	71 920	218 786
2016Q4	74 884	234 095
2017Q1	75 247	227 141
2017Q2	73 269	229 662
2017Q3	76 626	228 516
2017Q4	77 074	243 802
2018Q1	79 453	238 740
2018Q2	75 658	237 805
2018Q3	78 117	231 051
2018Q4	79 146	235 511
2019Q1	81 311	209 648

基础货币构成
Composition of monetary base

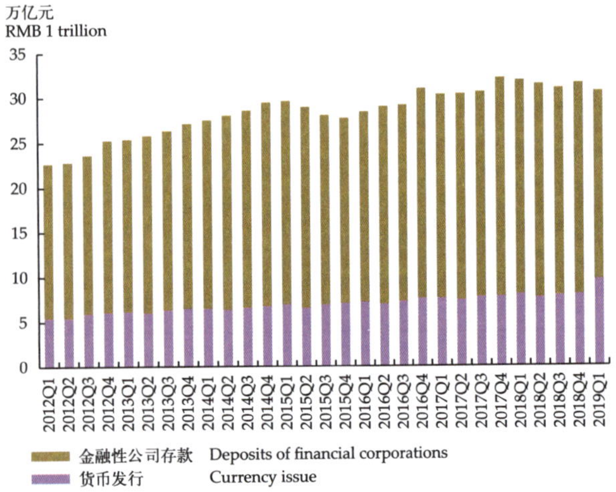

金融机构准备金和超额准备金率
Reserves and excess reserve ratio of financial institutions

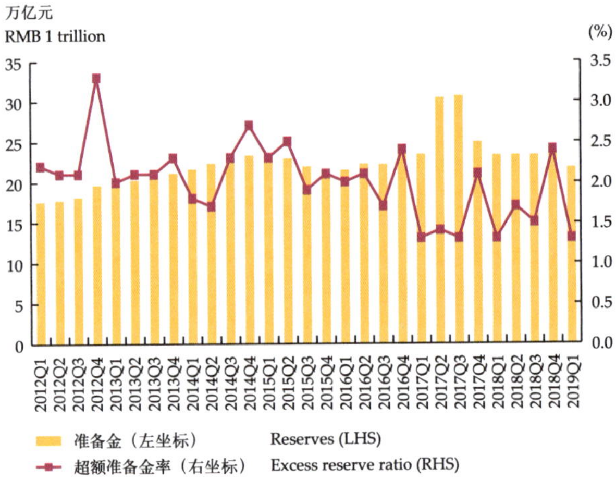

金融机构法定人民币存款准备金率
Official RMB reserve requirement ratios of financial institutions

单位：%
Unit: %

日期 Date	中资全国性大型银行① Chinese-funded large banks operating nationwide[1]	中小金融机构② Medium-and small-sized financial institutions[2]	农村合作银行 Rural cooperative banks	农村信用社和村镇银行 Rural credit cooperatives and township and village banks
2003.09.21	7.0	7.0	—	6.0
2004.04.25	7.5	7.5	7.5	6.0
2006.07.05	8.0	8.0	7.5	6.0
2006.08.15	8.5	8.5	7.5	6.0
2006.11.15	9.0	9.0	8.0	6.5
2007.01.15	9.5	9.5	8.5	7.0
2007.02.25	10.0	10.0	9.0	7.5
2007.04.16	10.5	10.5	9.5	8.0
2007.05.15	11.0	11.0	10.0	8.5
2007.06.05	11.5	11.5	10.5	9.0
2007.08.15	12.0	12.0	11.0	9.5
2007.09.25	12.5	12.5	11.5	10.0
2007.10.25	13.0	13.0	12.0	10.5
2007.11.26	13.5	13.5	12.5	11.0
2007.12.25	14.5	14.5	13.5	12.0
2008.01.25	15.0	15.0	14.0	12.5
2008.03.25	15.5	15.5	14.5	13.0
2008.04.25	16.0	16.0	15.0	13.5
2008.05.20	16.5	16.5	15.5	14.0
2008.06.15	17.0	17.0	16.0	14.5
2008.06.25	17.5	17.5	16.5	15.0
2008.09.25	17.5	16.5	15.5	14.0
2008.10.15	17.0	16.0	15.0	13.5
2008.12.05	16.0	14.0	13.0	11.5
2008.12.25	15.5	13.5	11.0	11.0
2010.01.18	16.0	14.0	11.0	11.0
2010.02.25	16.5	14.5	11.0	11.0
2010.05.10	17.0	15.0	11.5	11.0
2010.11.16	17.5	15.5	12.0	11.5
2010.11.29	18.0	16.0	12.5	12.0
2010.12.20	18.5	16.5	13.0	12.5
2011.01.20	19.0	17.0	13.5	13.0
2011.02.24	19.5	17.5	14.0	13.5
2011.03.25	20.0	18.0	14.5	14.0
2011.04.21	20.5	18.5	15.0	14.5
2011.05.18	21.0	19.0	15.5	15.0
2011.06.20	21.5	19.5	16.0	15.5
2011.12.05	21.0	19.0	15.5	15.0
2012.02.24	20.5	18.5	15.0	14.5
2012.05.18	20.0	18.0	14.5	14.0
2015.02.05	19.5	17.5	14.0	13.5
2015.04.20	18.5	16.5	11.5	11.5
2015.09.06	18.0	16.0	10.5	10.5
2015.10.24	17.5	15.5	9.5	9.5
2016.03.01	17.0	15.0	9.0	9.0
2018.04.25	16.0	14.0	9.0	9.0
2018.07.05	15.5	13.5	9.0	9.0
2018.10.15	14.5	12.5	9.0	9.0
2019.01.15	14.0	12.0	8.5	8.5
2019.01.25	13.5	11.5	8.0	8.0

注：①包括中国工商银行、中国农业银行、中国银行、中国建设银行、交通银行和中国邮政储蓄银行。
②包括中国农业发展银行、股份制商业银行、城市商业银行、农村商业银行、有关外资金融机构。
③2014年4月、6月，2015年2月、4月、6月、9月、10月和2018年1月，中国人民银行八次实施定向降准。

Notes: 1. Including Industrial and Commercial Bank of China,Agricultural Bank of China,Bank of China,China Construction Bank,Bank of Communications,Postal Savings Bank of China.
2. Including Agricultural Development Bank of China, joint-stock commercial banks, city commercial banks, rural commercial banks and foreign-funded financial institutions.
3. In April and June 2014, and February, April, June, September, and October 2015, and January 2018,the PBC conducted targeted reductions of the deposit reserve requirement ratio (RRR) on 8 occasions.

4. 社会融资规模
(4) All-system financing aggregates

社会融资规模增量统计表
Statistics of the increments in all-system financing aggregates

单位：亿元人民币
Unit: RMB 100 million

年 / 月 Year/Month	增量 Flow	其中：Of which : 人民币贷款 RMB loans	外币贷款（折合人民币）Foreign currency-denominated loans (RMB equivalent)	委托贷款 Entrusted loans	信托贷款 Trust loans	未贴现的银行承兑汇票 Undiscounted bankers' acceptances	企业债券 Net financing of corporate bonds	非金融企业境内股票融资 Equity financing on the domestic stock market by non-financial enterprises
2016.07	4 791	4 550	- 401	1 775	210	−5 118	2 208	1 135
2016.08	14 605	7 969	70	1 432	736	− 376	3 236	1 075
2016.09	17 115	12 628	- 487	1 451	1 057	−2 230	2 872	1 368
2016.10	8 865	6 010	- 335	725	530	−1 801	2 192	1 125
2016.11	18 328	8 463	- 310	1 994	1 625	1 171	3 859	861
2016.12	16 260	9 943	- 389	4 011	1 643	1 589	−2 048	828
2017.01	37 095	23 133	126	3 136	3 175	6 130	- 619	1 565
2017.02	11 046	10 317	368	1 172	1 062	−1 719	−1 169	570
2017.03	24 001	11 586	288	2 039	3 113	2 390	306	800
2017.04	15 604	10 806	- 283	- 48	1 473	345	455	769
2017.05	13 136	11 780	- 99	- 278	1 812	−1 245	−2 513	511
2017.06	21 131	14 474	73	- 32	2 481	− 230	− 176	487
2017.07	14 983	9 152	- 213	163	1 232	−2 037	2 599	536
2017.08	17 514	11 466	- 332	- 82	1 143	242	1 116	653
2017.09	22 451	11 885	- 232	775	2 368	784	1 643	519
2017.10	12 004	6 635	- 44	43	1 019	12	1 482	601
2017.11	19 139	11 428	198	280	1 434	15	920	1 324
2017.12	15 865	5 769	169	601	2 245	676	343	792
2018.01	30 673	26 850	266	- 714	455	1 437	1 194	500
2018.02	11 854	10 199	86	- 750	660	102	722	379
2018.03	15 685	11 425	139	−1 850	- 357	− 323	3 344	404
2018.04	17 726	10 987	- 26	−1 481	- 94	1 454	4 008	533
2018.05	9 458	11 396	- 228	−1 570	- 904	−1 741	- 412	438
2018.06	14 852	16 787	- 364	−1 642	−1 623	−3 649	1 413	258
2018.07	12 161	12 861	- 773	- 950	−1 192	−2 744	2 102	175
2018.08	19 286	13 140	- 344	−1 207	- 688	− 779	3 297	141
2018.09	22 054	14 341	- 670	−1 432	- 909	− 547	487	272
2018.10	7 288	7 141	- 800	- 949	−1 273	− 453	1 381	176
2018.11	15 191	12 302	- 787	−1 310	- 467	− 127	3 163	200
2018.12	15 898	9 281	- 702	−2 210	- 509	1 023	3 757	130
2019.01	46 353	35 668	343	- 699	345	3 786	4 990	293
2019.02	7 030	7 641	- 105	- 508	- 37	−3 103	805	119
2019.03	28 593	19 584	3	−1 070	528	1 365	3 455	122

注：社会融资规模增量是指一定时期内实体经济（国内非金融企业和住户）从金融体系获得的资金额。
数据来源：中国人民银行、国家发展和改革委员会、中国证券监督管理委员会、中国银行保险监督管理委员会、中央国债登记结算有限责任公司和银行间市场交易商协会等部门。
Notes: The increment in all-system financing aggregates refers to the total volume of financing provided by the financial system to the real economy (the non-financial corporate sector and the household sector in the domestic market) during a certain period of time.
Sources: The People's Bank of China, National Development and Reform Commission, China Securities Regulatory Commission, China banking and Insurance Regulatory Commission, China Central Depository & Clearing Co., Ltd., National Association of Financial Market Institutional Investors, and etc..

社会融资规模存量统计表（年）
Statistics of stocks of all-system financing aggregates (by year)

年 Year	存量（亿元） Stock (RMB 100 million)	同比增速（%） Growth rate (%)	其中：Of which: 人民币贷款（%） RMB loans (%)	外币贷款（折合人民币）（%） Foreign currency-denominated loans (RMB equivalent) (%)	委托贷款（%） Entrusted loans (%)	信托贷款（%） Trust loans (%)	未贴现的银行承兑汇票（%） Undiscounted bankers' acceptances (%)	企业债券（%） Net financing of corporate bonds (%)	非金融企业境内股票融资（%） Equity financing on the domestic stock market by non-financial enterprises (%)
2004	204 143	14.9	14.3	16.8	61.6		−8.0	4.0	8.5
2005	224 265	13.5	13.3	11.0	11.8		0.7	129.1	4.2
2006	264 500	18.1	16.3	9.0	20.0		44.9	68.7	12.5
2007	321 326	21.5	16.4	21.9	29.9	84.0	138.4	41.0	45.8
2008	379 765	20.5	18.7	5.1	29.1	84.3	9.2	78.7	17.7
2009	511 835	34.8	31.3	55.5	35.8	63.4	36.5	86.2	18.3
2010	649 869	27.0	19.9	15.9	44.2	34.4	135.5	42.3	30.9
2011	767 478	18.2	16.1	13.1	21.2	13.5	24.8	36.2	17.7
2012	914 186	19.1	15.0	27.2	17.1	75.0	20.7	44.4	8.6
2013	1074 575	17.5	14.2	7.2	39.7	61.1	12.6	24.2	6.7
2014	1228 591	14.3	13.6	4.1	29.2	10.7	−1.8	25.8	12.7
2015	1381 383	12.4	13.9	−13.0	17.2	0.8	−14.8	25.1	20.2
2016	1559 900	12.8	13.4	−12.9	19.8	15.8	−33.4	22.5	27.6
2017	1746 370	12.0	13.2	−5.8	5.9	35.9	13.7	2.5	15.1
2018	200 750	9.8	13.2	−10.7	−11.5	−8.0	−14.3	9.2	5.4

社会融资规模存量统计表（季）
Statistics of stocks of all-system financing aggregates (by year)

单位：万亿元人民币
Unit: RMB 1 trillion

年 / 季度 Year/Quarter	存量 Stock	其中：Of which: 人民币贷款 RMB loans	外币贷款（折合人民币） Foreign currency-denominated loans (RMB equivalent)	委托贷款 Entrusted loans	信托贷款 Trust loans	未贴现的银行承兑汇票 Undiscounted bankers' acceptances	企业债券 Net financing of corporate bonds	非金融企业境内股票融资 Equity financing on the domestic stock market by non-financial enterprises
2015Q1	127.58	85.09	3.48	9.67	5.35	6.96	12.07	3.94
2015Q2	131.58	88.07	3.50	9.87	5.38	6.94	12.61	4.16
2015Q3	134.70	90.48	3.33	10.35	5.41	6.32	13.47	4.30
2015Q4	138.14	92.75	3.02	10.93	5.39	5.85	14.63	4.53
2016Q1	144.75	97.42	2.78	11.56	5.61	5.63	15.89	4.81
2016Q2	147.99	100.23	2.70	12.06	5.73	4.58	16.47	5.13
2016Q3	151.51	102.75	2.63	12.52	5.93	3.80	17.31	5.49
2016Q4	155.99	105.19	2.63	13.20	6.31	3.90	17.92	5.77
2017Q1	168.31	109.69	2.69	13.83	7.01	4.58	17.86	6.07
2017Q2	173.15	113.40	2.62	13.79	7.59	4.47	17.67	6.24
2017Q3	178.40	116.65	2.48	13.88	8.06	4.37	18.21	6.43
2017Q4	182.87	119.03	2.48	13.97	8.53	4.44	18.37	6.65
2018Q1	188.37	123.86	2.46	13.63	8.62	4.56	18.87	6.78
2018Q2	192.37	127.78	2.53	13.17	8.35	4.17	19.20	6.90
2018Q3	197.30	131.81	2.45	12.81	8.08	3.76	19.45	6.96
2018Q4	200.75	134.69	2.21	12.36	7.85	3.81	20.13	7.01
2019Q1	208.41	140.98	2.18	12.15	7.88	4.01	20.79	7.06

5. 利率
(5) Interest rates

中央银行基准利率

Central bank benchmark interest rates

单位：年利率%
Unit: annual interest rate %

日期 Date	法定存款准备金 Required reserves	超额存款准备金 Excess reserves	对金融机构贷款 Lending to financial institutions 1年期 1-year	 6个月以内 6-month and less	 3个月以内 3-month and less	 1个月以内 1-month and less	再贴现 Rediscount
1996.05.01	8.82	8.82	10.98	10.17	10.08	9.00	*
1996.08.23	8.28	7.92	10.62	—	9.72	—	*
1997.10.23	7.56	7.02	9.36	9.09	8.82	8.55	*
1998.03.25	5.22	—	7.92	7.02	6.84	6.39	6.03
1998.07.01	3.51	—	5.67	5.58	5.49	5.22	4.32
1998.12.07	3.24	—	5.13	5.04	4.86	4.59	3.96
1999.06.10	2.07	—	3.78	3.69	3.51	3.24	2.16
2001.09.11	—	—	—	—	—	—	2.97
2002.02.21	1.89	—	3.24	3.15	2.97	2.70	2.97
2003.12.20	—	1.62	—	—	—	—	—
2004.03.25	—	—	3.87	3.78	3.60	3.33	3.24
2005.03.17	—	0.99	—	—	—	—	—
2008.01.01	—	—	4.68	4.59	4.41	4.14	4.32
2008.11.27	1.62	0.72	3.60	3.51	3.33	3.06	2.97
2008.12.23	—	—	3.33	3.24	3.06	2.79	1.80
2010.12.26	—	—	3.85	3.75	3.55	3.25	2.25
2015.11.05	—	—	3.50	3.40	3.20	2.90	2.25

注：1. 1998年3月法定准备金和超额准备金两个账户合并为准备金账户。
2. *按同档次中央银行贷款利率下浮5%~10%。
3. 2015年11月，中国人民银行将原期限"20天以内"改为"1个月以内"。

Notes: 1. The required reserves account and excess reserves account were merged into the reserves account in March 1998.
2. *The interest rate is 5%~10% below that of the central bank lending rate of the same tranche.
3. In November 2015, the PBC switched previous tenor "20 days and less" to "1-month and less".

法定存款准备金利率和再贴现利率

Required reserves interest rates and rediscount interest rates

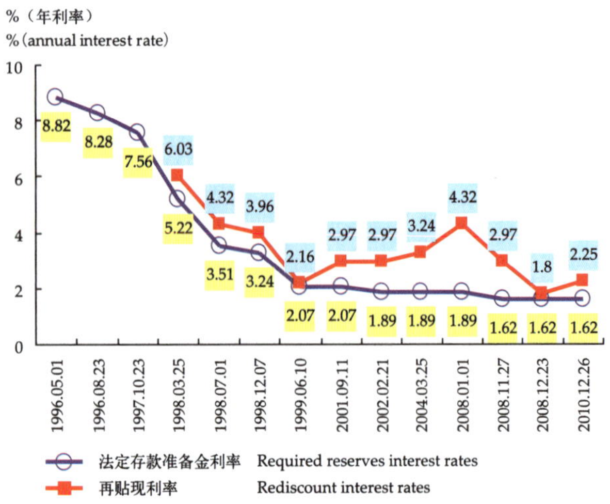

对金融机构贷款利率

Interest rates of central bank lending to financial institutions

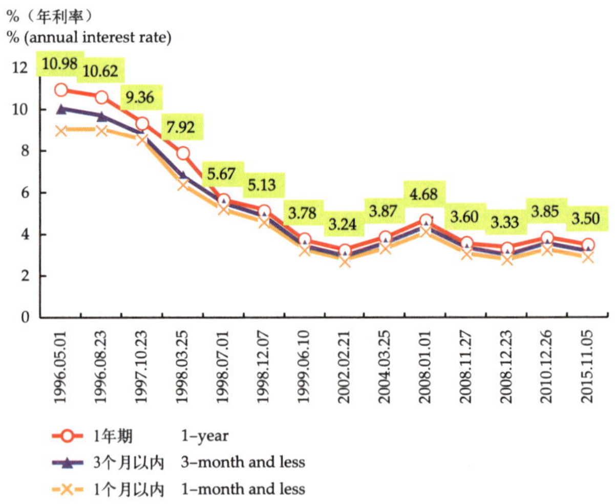

金融机构人民币存款基准利率
RMB deposit benchmark interest rates in financial institutions

单位：年利率 %
Unit: annual interest rate %

日期 Date	活期 Demand deposits	定期 Time deposits					
		3个月 3-month	6个月 6-month	1年 1-year	2年 2-year	3年 3-year	5年 5-year
1990.04.15	2.88	6.30	7.74	10.08	10.98	11.88	13.68
1990.08.21	2.16	4.32	6.48	8.64	9.36	10.08	11.52
1991.04.21	1.80	3.24	5.40	7.56	7.92	8.28	9.00
1993.05.15	2.16	4.86	7.20	9.18	9.90	10.80	12.06
1993.07.11	3.15	6.66	9.00	10.98	11.70	12.24	13.86
1996.05.01	2.97	4.86	7.20	9.18	9.90	10.80	12.06
1996.08.23	1.98	3.33	5.40	7.47	7.92	8.28	9.00
1997.10.23	1.71	2.88	4.14	5.67	5.94	6.21	6.66
1998.03.25	1.71	2.88	4.14	5.22	5.58	6.21	6.66
1998.07.01	1.44	2.79	3.96	4.77	4.86	4.95	5.22
1998.12.07	1.44	2.79	3.33	3.78	3.96	4.14	4.50
1999.06.10	0.99	1.98	2.16	2.25	2.43	2.70	2.88
2002.02.21	0.72	1.71	1.89	1.98	2.25	2.52	2.79
2004.10.29	0.72	1.71	2.07	2.25	2.70	3.24	3.60
2006.08.19	0.72	1.80	2.25	2.52	3.06	3.69	4.14
2007.03.18	0.72	1.98	2.43	2.79	3.33	3.96	4.41
2007.05.19	0.72	2.07	2.61	3.06	3.69	4.41	4.95
2007.07.21	0.81	2.34	2.88	3.33	3.96	4.68	5.22
2007.08.22	0.81	2.61	3.15	3.60	4.23	4.95	5.49
2007.09.15	0.81	2.88	3.42	3.87	4.50	5.22	5.76
2007.12.21	0.72	3.33	3.78	4.14	4.68	5.40	5.85
2008.10.09	0.72	3.15	3.51	3.87	4.41	5.13	5.58
2008.10.30	0.72	2.88	3.24	3.60	4.14	4.77	5.13
2008.11.27	0.36	1.98	2.25	2.52	3.06	3.60	3.87
2008.12.23	0.36	1.71	1.98	2.25	2.79	3.33	3.60
2010.10.20	0.36	1.91	2.20	2.50	3.25	3.85	4.20
2010.12.26	0.36	2.25	2.50	2.75	3.55	4.15	4.55
2011.02.09	0.40	2.60	2.80	3.00	3.90	4.50	5.00
2011.04.06	0.50	2.85	3.05	3.25	4.15	4.75	5.25
2011.07.07	0.50	3.10	3.30	3.50	4.40	5.00	5.50
2012.06.08	0.40	2.85	3.05	3.25	4.10	4.65	5.10
2012.07.06	0.35	2.60	2.80	3.00	3.75	4.25	4.75
2014.11.22	0.35	2.35	2.55	2.75	3.35	4.00	—
2015.03.01	0.35	2.10	2.30	2.50	3.10	3.75	—
2015.05.11	0.35	1.85	2.05	2.25	2.85	3.50	—
2015.06.28	0.35	1.60	1.80	2.00	2.60	3.25	—
2015.08.26	0.35	1.35	1.55	1.75	2.35	3.00	—
2015.10.24	0.35	1.10	1.30	1.50	2.10	2.75	—

注：自2014年11月起，中国人民银行不再公布人民币5年期定期存款基准利率。
Note: Since November, 2014, the PBC stopped publishing the benchmark interest rate for 5-year RMB deposits.

人民币存款基准利率
RMB deposit benchmark interest rates

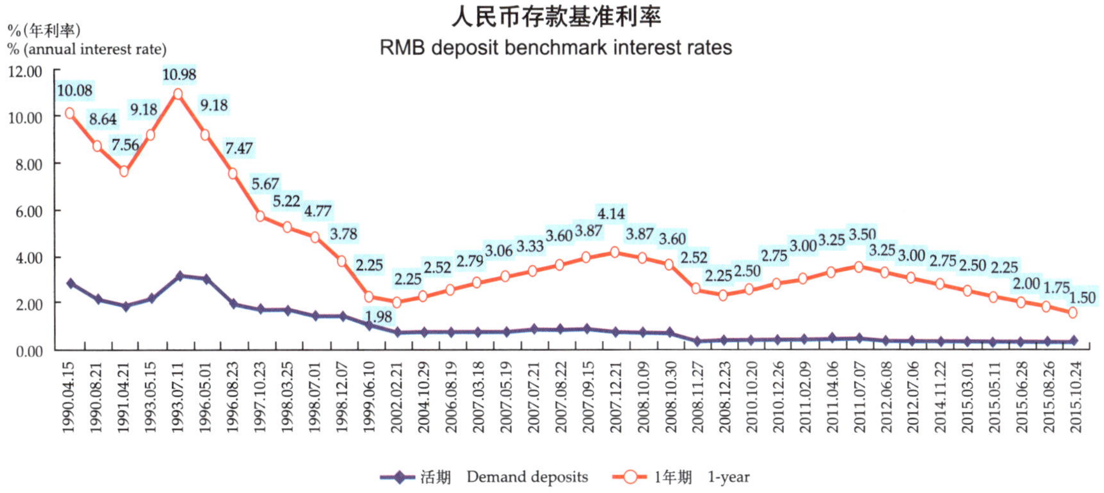

金融机构人民币贷款基准利率
RMB lending benchmark interest rates in financial institutions

单位：年利率 %
Unit: annual interest rate %

日期 Date	短期贷款 Short-term loans		中长期贷款 Medium-and long-term loans		
	6个月以内（含6个月）① 6-month and less (including 6-month)[1]	6个月至1年（含1年）② 6-month to 1-year (including 1-year)[2]	1~3年（含3年） 1 to 3-year (including 3-year)	3~5年（含5年）③ 3 to 5-year (including 5-year)[3]	5年以上 More than 5-year
1991.04.21	8.10	8.64	9.00	9.54	9.72
1993.05.15	8.82	9.36	10.80	12.06	12.24
1993.07.11	9.00	10.98	12.24	13.86	14.04
1995.01.01	9.00	10.98	12.96	14.58	14.76
1995.07.01	10.08	12.06	13.50	15.12	15.30
1996.05.01	9.72	10.98	13.14	14.94	15.12
1996.08.23	9.18	10.08	10.98	11.70	12.42
1997.10.23	7.65	8.64	9.36	9.90	10.53
1998.03.25	7.02	7.92	9.00	9.72	10.35
1998.07.01	6.57	6.93	7.11	7.65	8.01
1998.12.07	6.12	6.39	6.66	7.20	7.56
1999.06.10	5.58	5.85	5.94	6.03	6.21
2002.02.21	5.04	5.31	5.49	5.58	5.76
2004.10.29	5.22	5.58	5.76	5.85	6.12
2006.04.28	5.40	5.85	6.03	6.12	6.39
2006.08.19	5.58	6.12	6.30	6.48	6.84
2007.03.18	5.67	6.39	6.57	6.75	7.11
2007.05.19	5.85	6.57	6.75	6.93	7.20
2007.07.21	6.03	6.84	7.02	7.20	7.38
2007.08.22	6.21	7.02	7.20	7.38	7.56
2007.09.15	6.48	7.29	7.47	7.65	7.83
2007.12.21	6.57	7.47	7.56	7.74	7.83
2008.09.16	6.21	7.20	7.29	7.56	7.74
2008.10.09	6.12	6.93	7.02	7.29	7.47
2008.10.30	6.03	6.66	6.75	7.02	7.20
2008.11.27	5.04	5.58	5.67	5.94	6.12
2008.12.23	4.86	5.31	5.40	5.76	5.94
2010.10.20	5.10	5.56	5.60	5.96	6.14
2010.12.26	5.35	5.81	5.85	6.22	6.40
2011.02.09	5.60	6.06	6.10	6.45	6.60
2011.04.06	5.85	6.31	6.40	6.65	6.80
2011.07.07	6.10	6.56	6.65	6.90	7.05
2012.06.08	5.85	6.31	6.40	6.65	6.80
2012.07.06	5.60	6.00	6.15	6.40	6.55
2014.11.22	—	5.60	—	6.00	6.15
2015.03.01	—	5.35	—	5.75	5.90
2015.05.11	—	5.10	—	5.50	5.65
2015.06.28	—	4.85	—	5.25	5.40
2015.08.26	—	4.60	—	5.00	5.15
2015.10.24	—	4.35	—	4.75	4.90

注：①自2014年11月起，中国人民银行将贷款基准利率期限档次简并为1年以内（含1年）、1~5年（含5年）和5年以上三个档次。
②2014年11月后为1年以内（含1年）。
③2014年11月后为1~5年（含5年）。

Note: 1. Since November, 2014, the PBC simplified the term category of RMB benchmark lending rates, which thereafter included less than 1-year(including 1-year), 1 to 5-year (including 5-year), and more than 5-year.
2. Less than 1-year (including 1-year) after November, 2014.
3. 1 to 5-year (including 5-year) after November, 2014.

人民币贷款基准利率
RMB lending benchmark interest rates

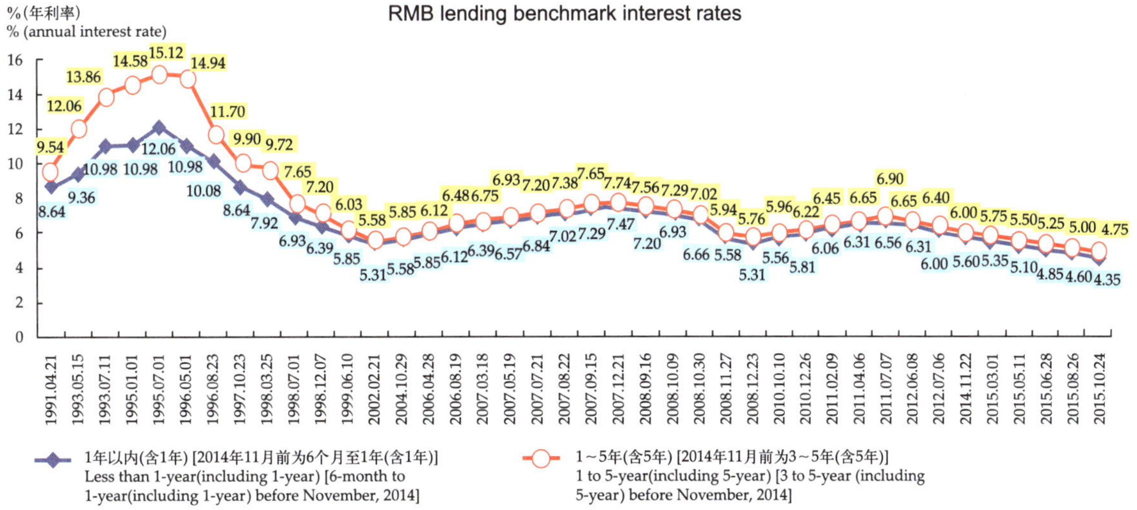

金融机构人民币贷款各利率区间占比表
Share of loans with floating rates in various ranges

单位：% Unit:%

年 / 月 Year/Month	下浮 Floating downward	基准 At benchmark	上浮 Floating upward					
			小计 Subtotal	(1.0，1.1]	(1.1，1.3]	(1.3，1.5]	(1.5，2.0]	2.0 以上 Above 2.0
2016.07	21.37	16.11	62.52	12.83	17.52	11.16	13.00	8.01
2016.08	21.46	15.77	62.77	12.95	17.61	11.07	13.27	7.87
2016.09	21.43	18.19	60.38	13.77	17.00	10.73	11.72	7.16
2016.10	22.94	16.89	60.17	13.01	16.17	10.82	12.20	7.98
2016.11	24.24	17.65	58.11	12.72	15.96	10.02	11.79	7.61
2016.12	28.22	19.05	52.73	13.04	14.93	8.44	10.02	6.29
2017.01	23.87	19.41	56.72	14.53	16.04	9.24	10.43	6.48
2017.02	27.64	18.55	53.81	15.12	15.14	8.17	9.12	6.27
2017.03	23.30	18.13	58.57	14.19	16.17	9.83	10.76	7.62
2017.04	21.41	17.71	60.88	15.23	17.60	9.75	10.83	7.46
2017.05	20.70	18.11	61.19	14.76	17.68	10.27	11.11	7.37
2017.06	16.13	19.47	64.39	15.12	19.06	11.77	11.45	6.99
2017.07	12.96	18.93	68.11	15.08	19.98	12.37	12.45	8.22
2017.08	13.44	17.85	68.72	15.04	19.14	12.88	12.99	8.67
2017.09	13.69	18.17	68.14	14.86	19.79	12.69	12.73	8.07
2017.10	13.63	17.88	68.49	14.55	19.68	12.42	13.00	8.84
2017.11	13.59	19.36	67.05	15.20	18.67	12.49	12.68	8.01
2017.12	14.28	21.31	64.41	14.50	18.07	11.33	12.68	7.84
2018.01	11.89	20.31	67.80	16.45	19.67	12.32	12.11	7.26
2018.02	12.50	18.83	68.67	15.98	18.66	12.88	12.65	8.50
2018.03	9.61	16.04	74.35	15.86	21.29	14.00	14.53	8.68
2018.04	10.38	15.15	74.47	15.77	21.12	14.13	14.72	8.73
2018.05	9.03	14.36	76.61	16.60	20.85	14.39	15.65	9.12
2018.06	9.93	14.83	75.24	15.19	21.36	14.10	16.32	8.27
2018.07	9.59	14.08	76.33	14.96	21.08	14.07	16.63	9.59
2018.08	11.87	13.33	74.81	13.20	20.53	14.23	16.31	10.55
2018.09	12.60	13.64	73.76	12.79	21.26	13.87	16.06	9.78
2018.10	12.91	14.40	72.69	12.15	19.73	13.22	16.49	11.10
2018.11	14.92	14.87	70.21	12.39	19.71	13.12	15.28	9.70
2018.12	16.27	18.47	65.26	13.59	17.81	11.52	13.89	8.45
2019.01	15.67	16.56	67.77	13.84	19.63	11.58	14.37	8.35
2019.02	17.78	16.07	66.15	13.09	18.14	10.33	13.97	10.63
2019.03	16.35	15.77	67.88	12.77	19.11	11.41	15.09	9.50

2019年第一季度金融机构人民币贷款各利率区间占比表
Share of loans with rates floating at various ranges in the first quarter of 2019

单位：%　Unit: %

	下浮 Floating downward	基准 At benchmark	上浮 Floating upward					
			小计 subtotal	(1.0，1.1]	(1.1，1.3]	(1.3，1.5]	(1.5，2.0]	2.0 以上 Above2.0
四大国有商业银行 Four state-owned commercial banks	23.45	27.15	49.40	23.58	21.20	3.61	0.78	0.23
股份制商业银行 Joint-stock commercial banks	11.27	13.75	74.98	14.65	30.11	16.20	10.39	3.62
外资商业银行 Foreign commercial banks	47.33	9.82	42.85	13.85	20.04	6.63	1.84	0.50
城市商业银行 City commercial banks	2.77	7.74	89.49	6.78	18.30	17.84	25.00	21.57
农村合作金融机构 Rural cooperative financial institutions	2.12	5.95	91.93	4.16	12.30	17.02	34.79	23.66
政策性银行 Policy banks	43.40	29.48	27.12	19.07	7.92	0.13	0.00	0.00
合计 Total	16.34	16.18	67.49	13.30	19.14	11.27	14.55	9.22

大额美元存款与美元贷款平均利率表

Average interest rates of large-value dollar deposits and loans

单位：%　Unit: %

年 / 月 Year/Month	大额存款 Large-value deposits						贷款 Loans				
	活期 Demand	3 个月以内 Within 3 months	3（含）~6 个月 3~6 months (including 3 months)	6（含）~12 个月 6~12 months (including 6 months)	1 年 1 year	1 年以上 Above 1 year	3 个月以内 Within 3 months	3（含）~6 个月 3~6 months (including 3 months)	6（含）~12 个月 6~12 months (including 6 months)	1 年 1 year	1 年以上 Above 1 year
2016.07	0.21	0.76	1.13	1.46	1.67	1.61	1.62	2.07	1.89	2.04	2.87
2016.08	0.21	0.79	1.24	1.63	1.76	1.79	1.74	2.23	2.02	2.14	3.26
2016.09	0.18	0.69	1.36	1.60	1.76	1.81	1.78	2.11	1.83	2.03	3.41
2016.10	0.18	0.74	1.11	1.51	1.66	1.73	1.72	2.26	1.93	2.16	3.31
2016.11	0.17	0.76	1.25	1.51	1.76	1.91	1.75	2.24	2.31	2.40	3.63
2016.12	0.14	0.88	1.50	1.80	1.79	1.95	1.89	2.26	2.61	2.46	3.69
2017.01	0.20	1.05	1.59	1.88	2.03	2.19	2.03	2.32	2.19	2.21	3.80
2017.02	0.20	1.05	1.57	1.89	2.13	2.24	1.95	2.30	2.02	2.28	4.07
2017.03	0.22	1.14	1.68	2.01	2.25	2.24	2.17	2.32	2.26	2.38	3.90
2017.04	0.25	1.22	1.59	2.02	2.14	2.25	2.31	2.45	2.42	2.55	3.22
2017.05	0.22	1.39	1.73	2.51	2.09	2.25	2.67	2.77	2.61	2.58	3.48
2017.06	0.22	1.41	1.93	2.02	2.35	1.87	2.43	2.45	2.71	2.46	3.50
2017.07	0.19	1.50	1.93	2.18	2.30	2.28	2.55	2.70	2.89	2.57	3.53
2017.08	0.21	1.46	1.95	2.05	2.28	2.61	2.45	2.67	2.79	2.89	3.92
2017.09	0.20	1.55	1.97	2.30	2.35	2.26	2.48	2.69	2.54	3.07	3.85
2017.10	0.20	1.50	1.96	2.25	2.47	2.37	2.53	2.88	2.68	2.96	3.84
2017.11	0.22	1.49	2.11	3.01	2.56	2.39	2.56	2.91	2.95	2.87	4.15
2017.12	0.20	1.70	2.23	2.44	2.58	2.60	2.67	2.99	2.96	3.27	3.98
2018.01	0.19	1.79	2.37	2.61	2.77	2.87	2.72	3.10	2.84	3.04	4.48
2018.02	0.18	1.82	2.39	2.70	2.97	2.81	2.79	3.28	2.95	3.21	4.11
2018.03	0.30	1.92	2.70	3.09	3.28	3.33	3.17	3.42	3.21	3.73	4.23
2018.04	0.31	2.00	2.90	3.21	2.82	3.26	3.28	3.63	3.39	3.67	4.99
2018.05	0.32	2.06	3.30	3.45	3.31	3.23	3.30	3.60	3.49	3.60	4.60
2018.06	0.33	2.15	2.95	2.95	3.40	3.43	3.35	3.61	3.55	3.67	4.32
2018.07	0.30	2.18	2.94	3.11	3.41	3.34	3.47	3.67	3.57	3.61	4.66
2018.08	0.38	2.23	3.00	3.20	2.80	3.54	3.50	3.71	3.59	4.01	4.39
2018.09	0.40	2.34	2.95	3.37	3.03	3.19	3.49	3.66	3.56	3.82	4.49
2018.10	0.42	2.45	3.03	3.33	3.68	3.09	3.64	3.87	3.89	5.09	4.74
2018.11	0.37	2.46	3.22	3.75	3.74	3.99	3.65	4.05	4.07	4.21	4.85
2018.12	0.40	2.64	3.31	3.45	3.54	3.59	3.61	3.89	3.91	3.93	4.74
2019.01	0.42	2.74	3.40	3.64	3.77	3.77	3.94	4.06	3.72	3.99	4.90
2019.02	0.45	2.70	3.29	3.44	3.63	3.53	3.62	3.90	3.58	3.79	4.32
2019.03	0.44	2.67	3.26	3.38	3.39	3.58	3.63	3.59	3.87	3.66	4.65

八、金融市场
8. Financial Market

1. 货币市场
(1) Money market

银行间市场交易量
Transaction volume in the inter-bank market

单位：万亿元
Unit: RMB 1 trillion

年 Year	债券回购 Repurchasing	同业拆借 Inter-bank borrowing	现券买卖 Outright transactions
2000	1.6	0.7	0.1
2001	4.0	0.8	0.1
2002	10.2	1.2	0.4
2003	11.7	2.4	3.1
2004	9.4	1.5	2.5
2005	15.9	1.3	6.0
2006	26.6	2.2	10.2
2007	44.8	10.6	15.6
2008	58.1	15.0	37.1
2009	70.3	19.4	47.3
2010	87.6	27.9	64.0
2011	99.5	33.4	63.6
2012	141.7	46.7	75.2
2013	158.2	35.5	41.6
2014	224.4	37.7	40.4
2015	457.8	64.2	86.7
2016	601.3	95.9	127.1
2017	616.4	79.0	102.8
2018	722.7	139.3	150.7

银行间市场月加权平均利率
Monthly weighted average interest rates in the inter-bank market

单位：% Unit::%

年 / 月 Year/Month	同业拆借市场 Inter-bank borrowing market	质押式债券回购 Bond-pledged repurchasing
2017.04	2.65	2.80
2017.05	2.88	2.92
2017.06	2.94	3.03
2017.07	2.82	2.90
2017.08	2.96	3.09
2017.09	2.92	3.07
2017.10	2.82	2.91
2017.11	2.92	3.00
2017.12	2.91	3.11
2018.01	2.78	2.88
2018.02	2.73	2.87
2018.03	2.74	2.90
2018.04	2.81	3.10
2018.05	2.72	2.82
2018.06	2.73	2.89
2018.07	2.47	2.43
2018.08	2.29	2.25
2018.09	2.59	2.60
2018.10	2.42	2.39
2018.11	2.49	2.46
2018.12	2.57	2.68
2019.01	2.15	2.16
2019.02	2.20	2.24
2019.03	2.42	2.47

银行间市场交易量
Transaction volume in the inter-bank market

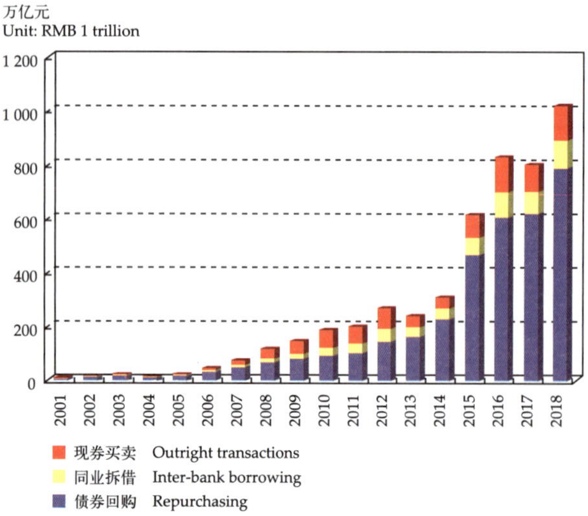

银行间市场月加权平均利率
Monthly weighted average interest rates in the inter-bank market

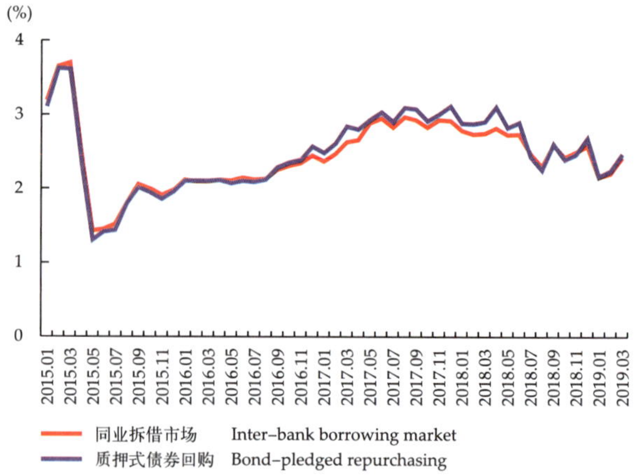

各品种Shibor走势
Movements of the Shibor

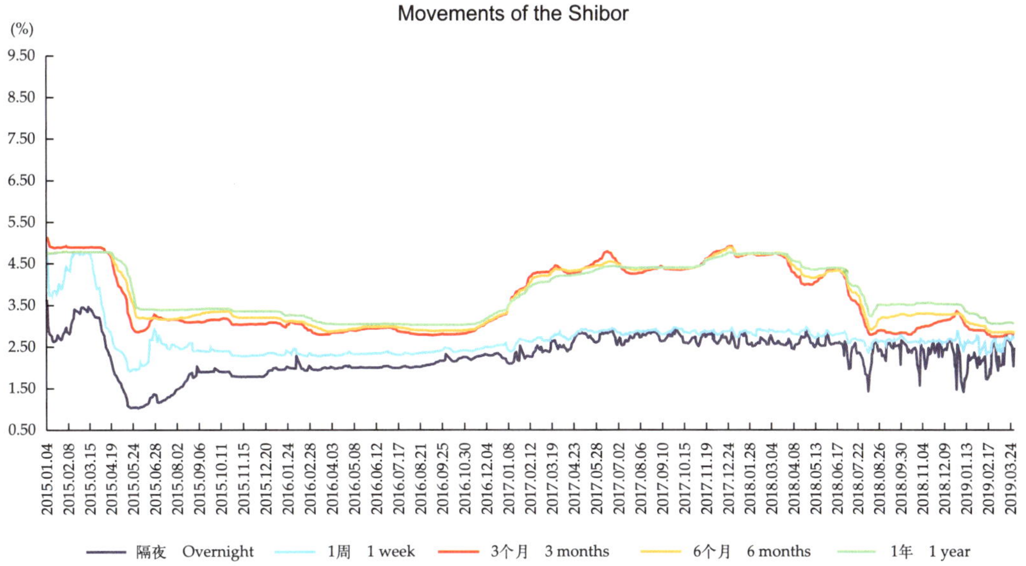

全国银行间同业拆借各期限当月交易量及月加权平均利率
Monthly transaction volume and monthly weighted average interest rates of inter-bank borrowing with different maturities

单位：亿元、%
Unit: RMB 100 million, %

年 / 月 Year/Month	1天 1 day		7天 7 days		14天 14 days		21天 21 days		1个月 1 month		2个月 2 months		3个月 3 months		4个月 4 months		6个月 6 months		9个月 9 months		1年 1 year	
	交易量 Volume	利率 Rate	交易量 Volume	利率 Rate	交易量 Volume	利率 Rate	交易量 Volume	利率 Rate	交易量 Volume	利率 Rate	交易量 Volume	利率 Rate	交易量 Volume	利率 Rate	交易量 Volume	利率 Rate	交易量 Volume	利率 Rate	交易量 Volume	利率 Rate	交易量 Volume	利率 Rate
2017.04	53 821	2.56	4 989	3.18	761	3.41	63	4.03	466	4.13	447	4.35	129	4.55	11	4.62	39	4.43	11	4.67	31	4.78
2017.05	47 751	2.79	6 267	3.24	729	3.83	38	4.20	270	4.13	229	4.67	175	4.86	11	4.70	20	4.96	9	4.97	17	4.36
2017.06	55 703	2.85	6 910	3.30	661	3.92	64	4.50	365	4.91	224	5.11	249	5.14	24	5.09	33	4.91	10	5.20	42	5.26
2017.07	48 944	2.73	6 593	3.26	444	3.80	69	4.13	365	3.89	207	4.20	158	4.57	11	4.46	36	4.55	14	4.81	30	4.89
2017.08	54 286	2.88	6 633	3.41	613	3.96	46	3.93	392	3.67	247	4.24	156	4.66	32	4.47	26	4.71	11	4.86	19	4.85
2017.09	59 760	2.78	7 094	3.50	1 736	4.07	219	4.18	294	4.19	437	4.73	100	4.93	4	4.89	12	4.87	6	5.01	15	5.34
2017.10	47 104	2.71	6 327	3.36	416	4.02	22	4.25	216	4.16	449	4.44	206	4.81	58	4.57	22	4.89	3	5.01	12	5.04
2017.11	63 922	2.79	7 995	3.44	807	3.99	580	4.10	570	4.03	448	4.70	286	5.18	24	5.12	81	4.86	9	5.08	8	4.86
2017.12	68 003	2.71	9 337	3.46	2 838	4.18	1 103	4.03	716	4.80	747	5.22	200	5.59	46	5.31	14	5.29	5	5.27	28	5.32
2018.01	93 171	2.69	10 728	3.17	1 060	3.89	226	4.23	264	4.32	347	4.78	232	5.18	90	5.03	77	5.20	18	5.23	71	5.34
2018.02	73 939	2.61	7 741	3.26	1 509	3.96	319	4.16	309	4.11	445	4.43	243	4.88	82	5.05	45	5.17	37	5.26	41	5.46
2018.03	103 998	2.66	8 921	3.39	771	4.00	115	4.68	246	4.48	296	4.75	238	5.42	32	5.10	99	5.25	52	5.23	56	5.45
2018.04	73 557	2.67	8 430	3.57	487	4.05	116	4.34	412	3.95	289	4.18	802	4.33	145	4.24	133	4.52	33	4.85	45	5.14
2018.05	105 699	2.63	8 950	3.31	711	3.73	180	3.96	984	3.78	349	4.21	431	4.51	12	4.73	38	4.70	36	4.69	104	4.86
2018.06	87 492	2.62	9 190	3.51	610	3.88	132	4.60	151	4.35	179	4.84	161	5.40	20	4.84	78	4.85	19	4.93	82	5.18
2018.07	110 556	2.39	8 821	3.18	563	3.00	61	3.46	274	3.16	249	3.46	463	3.81	71	3.61	76	3.70	6	4.13	53	4.02
2018.08	141 082	2.23	8 799	3.03	1 116	2.76	121	2.89	521	2.75	289	3.00	525	3.46	32	3.47	65	3.56	44	3.54	59	3.68
2018.09	120 855	2.52	7 417	3.33	2 704	3.19	1 243	2.81	381	3.40	750	3.18	231	4.32	12	3.79	95	3.90	14	4.40	33	4.43
2018.10	107 791	2.35	7 110	3.20	1 021	2.71	461	2.76	564	2.90	211	3.07	929	3.24	571	3.10	135	3.50	13	3.77	22	4.37
2018.11	127 077	2.43	8 521	3.17	1 265	2.73	492	2.75	408	2.88	505	3.05	567	3.59	59	3.38	48	3.94	5	4.62	33	4.32
2018.12	110 241	2.46	8 361	3.57	1 062	3.54	674	3.04	524	3.46	296	3.95	312	4.45	88	3.76	108	3.90	47	3.90	53	4.25
2019.01	133 759	2.07	8 504	3.19	735	2.89	393	3.03	391	2.95	225	3.41	414	3.82	140	2.94	22	3.53	8	3.45	52	3.86
2019.02	103 760	2.12	8 277	3.03	895	2.63	74	2.60	311	2.76	548	2.77	256	3.68	161	2.95	93	3.02	8	3.27	85	3.68
2019.03	138 424	2.35	9 415	3.20	1 388	2.93	186	2.98	674	2.97	277	2.90	360	4.00	63	2.97	39	3.33	23	3.50	50	3.67

全国银行间同业拆借各期限月加权平均利率
Monthly weighted average interest rates of inter-bank borrowing with different maturities

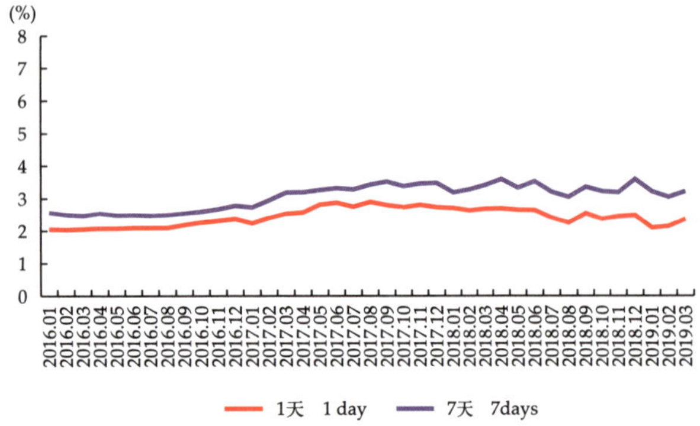

全国银行间同业拆借各期限当月交易量
Monthly transaction volume of inter-bank borrowing with different maturities

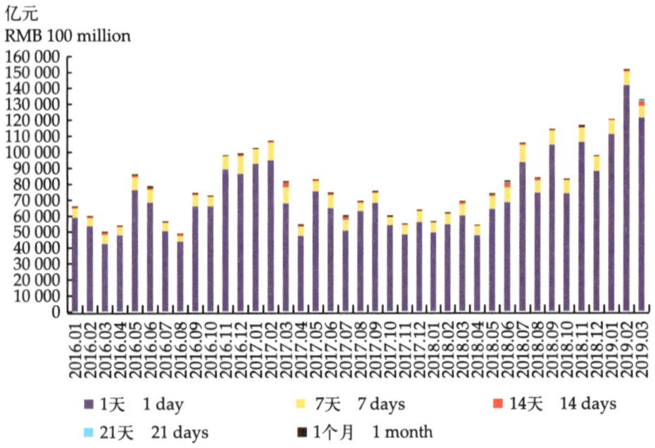

2. 债券市场
(2) Bond market

债券回购交易成交金额
Turnover of repurchasing

单位：亿元
Unit: RMB 100 million

年 / 月 Year/Month	银行间债券市场 Inter-bank bond market	交易所 Stock exchanges
2017.04	434 587	193 041
2017.05	489 018	231 671
2017.06	574 017	258 220
2017.07	538 507	244 525
2017.08	586 545	261 321
2017.09	604 380	224 596
2017.10	458 306	170 298
2017.11	612 262	218 731
2017.12	606 340	212 407
2018.01	578 129	218 587
2018.02	404 493	147 246
2018.03	612 286	218 515
2018.04	494 618	180 524
2018.05	579 504	215 901
2018.06	557 380	194 004
2018.07	651 531	202 381
2018.08	769 566	205 528
2018.09	613 276	169 558
2018.10	569 715	168 456
2018.11	716 132	199 208
2018.12	627 825	190 640
2019.01	752 840	216 521
2019.02	517 487	149 124
2019.03	695 491	199 858

债券现券交易成交金额
Turnover of outright transactions

单位：亿元
Unit: RMB 100 million

年 / 月 Year/Month	银行间债券市场 Inter-bank bond market	交易所 Stock exchanges
2017.04	69 993	3 927
2017.05	76 416	4 753
2017.06	91 797	5 250
2017.07	91 649	4 451
2017.08	97 950	4 901
2017.09	101 985	4 373
2017.10	81 686	4 249
2017.11	106 248	6 009
2017.12	103 247	5 322
2018.01	92 379	5 729
2018.02	53 381	3 896
2018.03	98 548	6 278
2018.04	92 702	4 511
2018.05	116 037	5 126
2018.06	115 628	4 270
2018.07	138 524	5 739
2018.08	165 650	5 562
2018.09	147 080	5 065
2018.10	134 207	4 632
2018.11	180 142	6 066
2018.12	173 089	6 712
2019.01	149 129	6 881
2019.02	108 276	4 637
2019.03	175 711	7 303

债券回购交易成交金额
Turnover of repurchasing

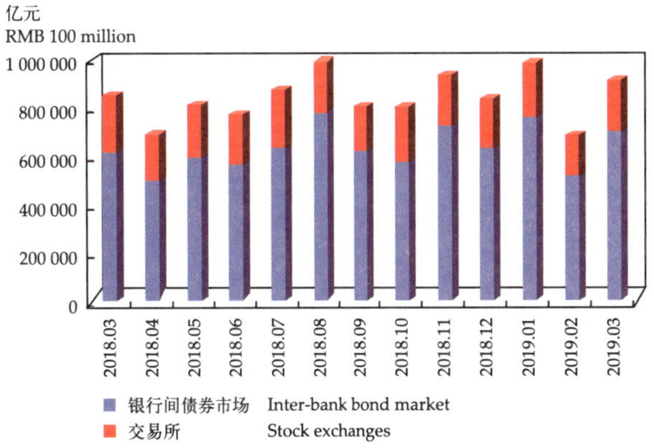

债券现券交易成交金额
Turnover of outright transactions

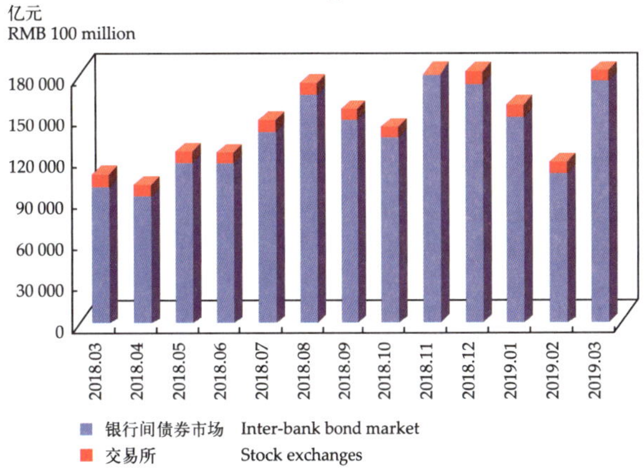

政府债券发行、兑付、期末余额
Issue and redemption values and end-period balance of government bonds

单位：亿元
Unit: RMB 100 million

年 / 月 Year/Month	发行额 Issue value	兑付额 Redemption value	期末余额 End-period balance
2017.04	6 084	1 074	235 378
2017.05	8 408	1 898	24 1883
2017.06	8 697	2 111	248 454
2017.07	11 479	2 006	257 926
2017.08	13 987	9 046	262 346
2017.09	7 317	2 434	267 832
2017.10	7 053	1 159	272 800
2017.11	8 013	2 047	278 779
2017.12	2 772	776	281 538
2018.01	1 900	1 665	281 544
2018.02	1 486	1 422	281 719
2018.03	4 009	2 387	283 535
2018.04	6 269	1 063	288 838
2018.05	7 002	3 593	291 566
2018.06	9 188	3 309	298 075
2018.07	10 943	2 379	306 073
2018.08	12 525	3 242	314 725
2018.09	11 059	3 189	323 833
2018.10	6 055	2 820	326 865
2018.11	3 348	3 776	326 618
2018.12	4 495	1 028	330 069
2019.01	5 880	1 537	331 769
2019.02	5 242	1 555	336 116
2019.03	8 036	3 772	339 528

政府债券发行与兑付
Issue and redemption values of government bonds

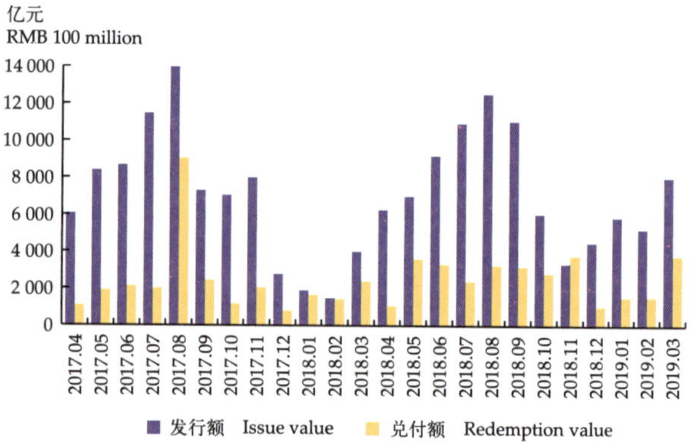

政府债券期末余额
Outstanding amounts of government bonds at end-period

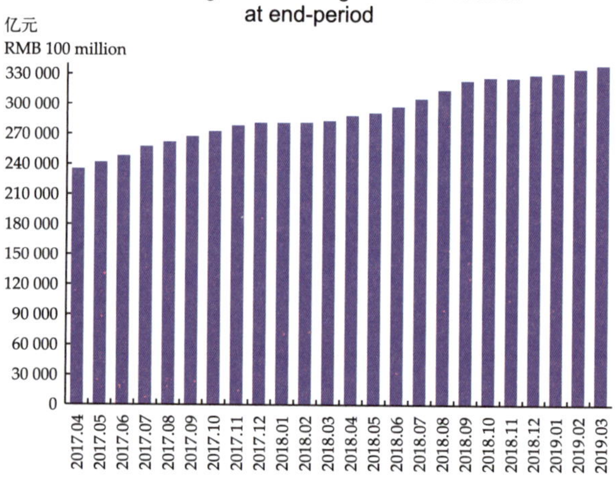

3.股票市场
(3) Stock market

股票成交、发行筹资额
Turnover of stock trading and funds raised in the stock market

年 / 月 Year/Month		成交金额（亿元）Turnover of stock trading (RMB 100 million)		A 股筹资（亿元）A-shares capital raised (RMB 100 million)					B 股筹资（亿元）B-shares capital raised (RMB 100 million)		H 股筹资（亿元）H-shares capital raised (RMB 100 million)	
		上海证券交易所 A 股 A-shares on the Shanghai Stock Exchange	深圳证券交易所 A 股 A-shares on the Shenzhen Stock Exchange	首次发行金额 Initial public offering	公开增发 Additional offering	定向增发（现金）Placement (Cash)	配股 Allotment	权证行权 Exercise warrant	首次发行金额 Initial public offering	再筹资金额 Refinancing	首次发行金额 Initial public offering	再筹资金额 Refinancing
2018	1	57 871	56 935	235.00	0.00	754.00	40.00	0.00	0.00	0.00	46.64	61.75
	2	32 703	31 634	112.00	0.00	237.00	30.00	0.00	0.00	0.00	0.00	0.00
	3	44 101	59 135	43.00	0.00	343.00	18.00	0.00	0.00	0.00	0.00	103.01
	4	33 837	48 510	76.00	0.00	448.00	47.00	0.00	0.00	0.00	0.57	3.01
	5	38 250	51 566	364.00	0.00	73.00	0.00	0.00	0.00	0.00	0.00	27.25
	6	31 155	38 614	92.00	0.00	193.00	5.00	0.00	0.00	0.00	64.49	0.00
	7	32 642	45 100	34.00	0.00	1 139.00	26.00	0.00	0.00	0.00	58.12	22.54
	8	28 793	36 948	58.00	0.00	225.00	0.00	0.00	0.00	0.00	546.62	0.00
	9	21 596	28 116	181.00	0.00	146.00	0.00	0.00	0.00	0.00	42.49	0.00
	10	24 511	27 819	45.00	0.00	148.00	17.00	0.00	0.00	0.00	29.49	0.00
	11	33 592	44 452	90.00	0.00	124.00	46.00	0.00	0.00	0.00	1.70	0.62
	12	22 524	30 697	45.00	0.00	97.00	0.00	0.00	0.00	0.00	112.14	86.65
2019	1	28 072	37 427	127.00	0.00	496.00	0.00	0.00	0.00	0.00	9.91	0.00
	2	38 505	87 775	34.00	0.00	85.00	0.00	0.00	0.00	0.00	0.00	0.00
	3	83 066	190 870	94.00	0.00	53.00	19.00	0.00	0.00	0.00	20.84	67.38

月末加权平均市盈率
Weighted average price-earnings ratio at month-end

年 / 月 Year/Month	上海证券交易所 A 股 A-shares on the Shanghai Stock Exchange	上海证券交易所 B 股 B-shares on the Shanghai Stock Exchange	深圳证券交易所 A 股 A-shares on the Shenzhen Stock Exchange	深圳证券交易所 B 股 B-shares on the Shenzhen Stock Exchange
2018.01	19.2	22.8	36.3	11.6
2018.02	18.3	21.7	34.7	11.3
2018.03	17.8	21.6	33.2	11.3
2018.04	17.3	21.0	28.2	7.9
2018.05	15.2	12.1	27.8	7.9
2018.06	14.1	11.5	25.3	7.5
2018.07	14.3	11.5	24.9	7.4
2018.08	13.6	11.2	22.9	7.0
2018.09	14.1	11.4	22.7	6.9
2018.10	13.0	10.7	20.5	6.1
2018.11	13.0	10.9	21.2	6.0
2018.12	12.5	10.6	20.1	6.0
2019.01	13.0	10.7	20.4	5.8
2019.02	14.8	11.7	24.8	6.7
2019.03	15.5	12.0	26.3	7.3

股票成交金额
Turnover of stock trading

月末加权平均市盈率
Weighted average price-earnings ratio at month-end

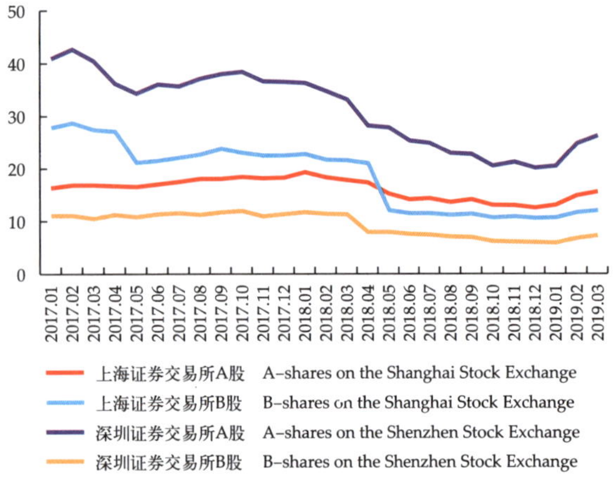

月末收盘指数
Closing index at month-end

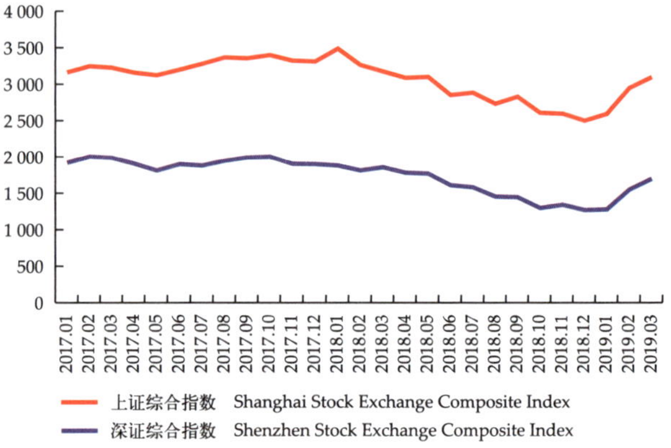

4.票据市场
(4) Commercial paper market

票据市场交易额与期末余额
Transactions and outstanding balance of commercial paper market

单位：亿元
Unit: RMB 100 million

年 / 月 Year/Month	商业汇票 Drafts	贴现 Discount bills	再贴现 Rediscount bills
发生额 Transactions during the period			
2017.04	12 294	38 573	320
2017.05	13 044	40 618	343
2017.06	13 760	23 226	434
2017.07	11 536	29 658	285
2017.08	11 426	29 386	386
2017.09	13 992	28 893	392
2017.10	10 147	29 721	394
2017.11	13 727	29 721	481
2017.12	13 893	31 692	530
2018.01	14 538	27 401	385
2018.02	9 896	20 121	320
2018.03	16 007	23 512	541
2018.04	11 424	24 117	464
2018.05	12 187	20 341	534
2018.06	12 923	23 038	388
2018.07	12 591	25 085	586
2018.08	14 542	28 357	525
2018.09	14 087	25 671	616
2018.10	11 451	19 325	410
2018.11	13 957	30 567	1 133
2018.12	16 931	29 585	1 058
2019.01	22 055	43 128	967
2019.02	9 875	24 927	655
2019.03	16 037	32 072	901
期末余额 Outstanding balance at the end of the period			
2017.04	88 417	41 895	1 255
2017.05	84 618	40 426	1 298
2017.06	82 756	38 828	1 402
2017.07	81 030	37 166	1 418
2017.08	79 200	37 485	1 478
2017.09	81 281	37 463	1 504
2017.10	81 135	37 085	1 611
2017.11	79 729	37 470	1 699
2017.12	81 715	38 873	1 829
2018.01	82 680	39 207	1 829
2018.02	83 075	38 432	1 815
2018.03	84 993	38 313	1 894
2018.04	84 325	38 336	1 875
2018.05	85 111	39 783	1 955
2018.06	85 327	42 730	1 901
2018.07	83 212	45 118	1 994
2018.08	86 198	49 217	2 114
2018.09	87 080	50 987	2 162
2018.10	87 942	52 052	2 109
2018.11	89 376	54 393	2 718
2018.12	93 921	57 807	3 290
2019.01	100 979	62 968	3 522
2019.02	102 590	64 663	3 692
2019.03	106 320	65 641	3 858

商业汇票交易情况
Draft transactions

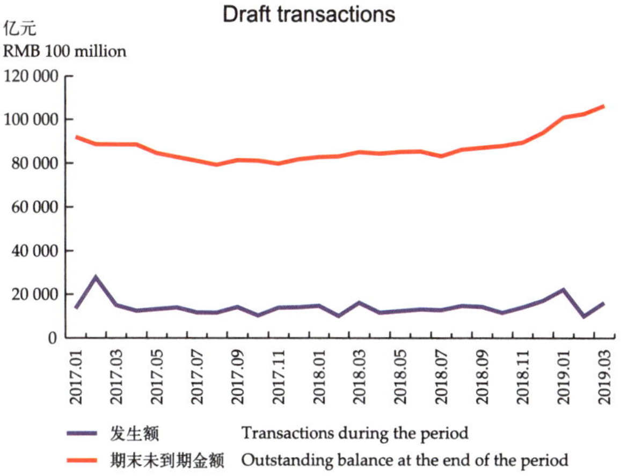

贴现情况
Discount bills

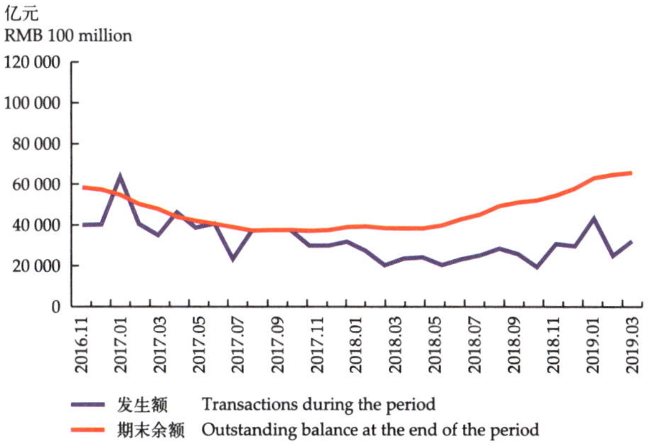

再贴现情况
Rediscount bills

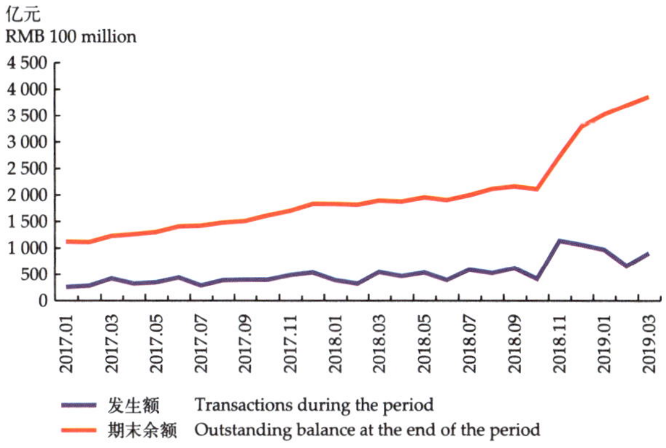

5.外汇市场
(5) Foreign exchange market

世界主要货币兑人民币月平均汇率
Monthly average exchange rate of the RMB against major foreign currencies

年 / 月 Year/Month	人民币 / 美元 RMB/USD	人民币 / 欧元 RMB/EUR	人民币 /100 日元 RMB/JPY100	人民币 / 港元 RMB/HKD	卢布 / 人民币 RUB/RMB
2017.04	6.8845	7.3829	6.2655	0.8856	8.1998
2017.05	6.8827	7.6042	6.1331	0.8840	8.2929
2017.06	6.8019	7.6389	6.1367	0.8723	8.5123
2017.07	6.7654	7.7898	6.0174	0.8664	8.8057
2017.08	6.6736	7.8855	6.0762	0.85329	8.9183
2017.09	6.5634	7.8143	5.9272	0.83995	8.7937
2017.10	6.6154	7.7845	5.8592	0.8477	8.7171
2017.11	6.6186	7.7643	5.8643	0.848	8.9063
2017.12	6.5942	7.8019	5.8373	0.844	8.8873
2018.01	6.4364	7.8414	5.7951	0.8231	8.8101
2018.02	6.3162	7.7866	5.8235	0.8075	9.0202
2018.03	6.322	7.7975	5.9612	0.8063	9.0319
2018.04	6.2975	7.7417	5.8603	0.8024	9.6695
2018.05	6.3758	7.5344	5.8097	0.8123	9.7806
2018.06	6.4556	7.5397	5.8698	0.8227	9.7217
2018.07	6.7034	7.8345	6.0191	0.8542	9.3733
2018.08	6.8433	7.9083	6.1668	0.8718	9.6799
2018.09	6.8445	7.9788	6.1207	0.8730	9.8971
2018.10	6.9264	7.9526	6.1587	0.8837	9.5050
2018.11	6.9351	7.8824	6.1219	0.8857	9.5827
2018.12	6.8853	7.8309	6.1279	0.8805	9.7763
2019.01	6.7897	7.7553	6.2346	0.8659	9.8408
2019.02	6.7364	7.6363	6.0964	0.8584	9.7729
2019.03	6.7093	7.5869	6.0358	0.8548	9.7102

世界主要货币兑人民币期末汇率
Exchange rate of the RMB against major foreign currencies at the end of the period

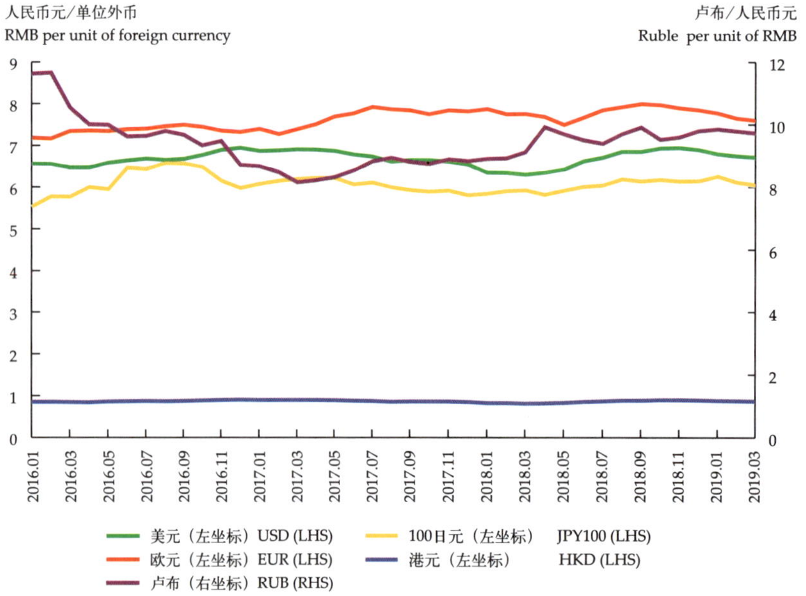

人民币/美元中间价
Central parity of the RMB against the USD

2005年7月21日至2019年3月29日
From July 21, 2005 to March 29, 2019

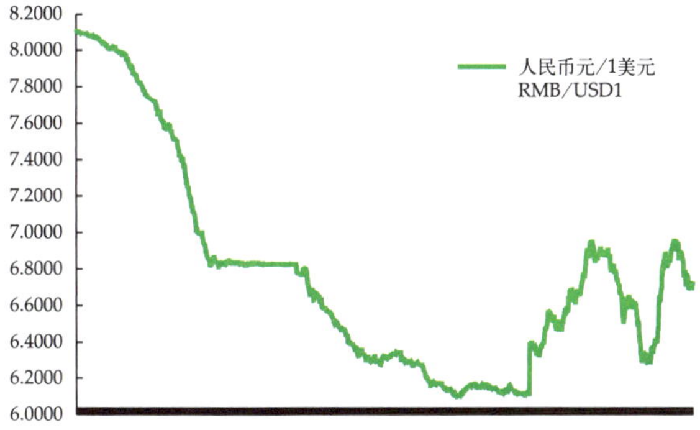

人民币/日元中间价
Central parity of the RMB against the JPY

2005年7月21日至2019年3月29日
From July 21, 2005 to March 29, 2019

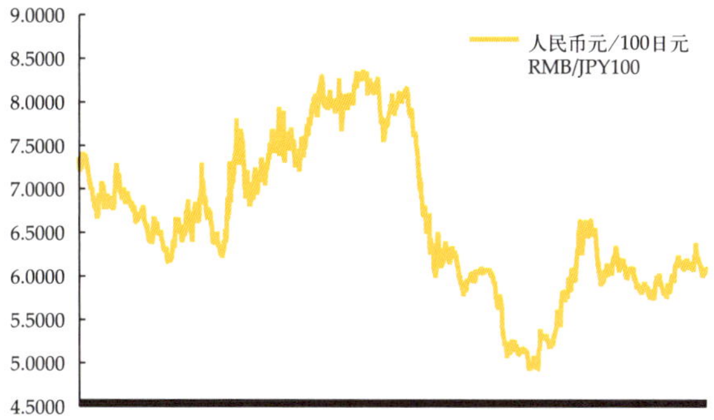

人民币/欧元中间价
Central parity of the RMB against the EUR

2005年7月21日至2019年3月29日
From July 21, 2005 to March 29,2019

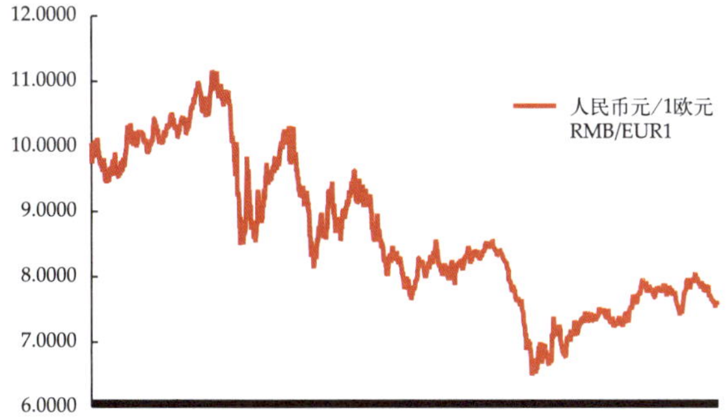

人民币/港元中间价
Central parity of the RMB against the HKD

2005年7月21日至2019年3月29日
From July 21,2005 to March 29,2019

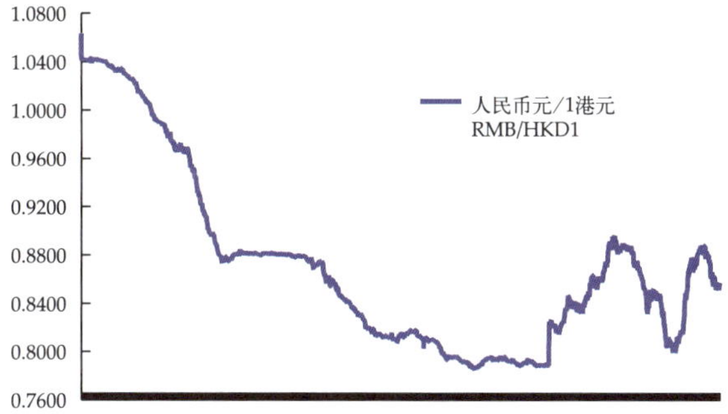

卢布/人民币中间价
Central parity of the RUB against the RMB

2010年11月22日至2019年3月29日
From November 22, 2010 to March 29, 2019

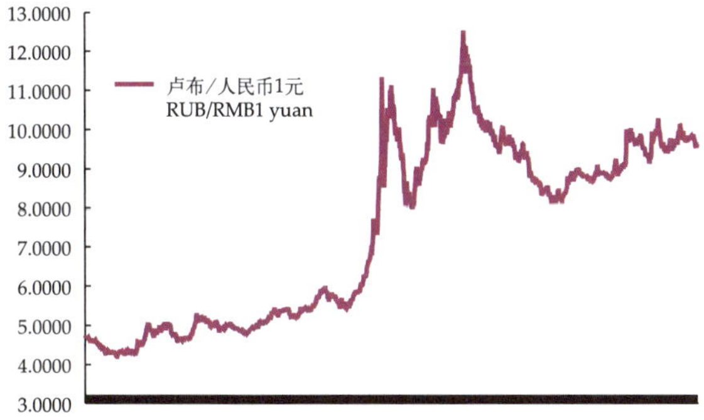

2019年1月2日以来人民币汇率中间价

Central parity of RMB against major foreign currencies
Since January 2, 2019

日期 Date	人民币 / 美元 RMB/USD	人民币/欧元 RMB/EUR	人民币 /100 日元 RMB/JPY100	人民币 / 港元 RMB/HKD	卢布/人民币 RUB/RMB
2019.01.02	6.8482	7.8521	6.2469	0.8742	10.1290
2019.01.03	6.8631	7.7818	6.3793	0.8760	10.0602
2019.01.04	6.8586	7.8157	6.3613	0.8760	10.0104
2019.01.07	6.8517	7.8186	6.3117	0.8746	9.9084
2019.01.08	6.8402	7.8512	6.2961	0.8728	9.7553
2019.01.09	6.8526	7.8443	6.2981	0.8742	9.7641
2019.01.10	6.8160	7.8765	6.3006	0.8696	9.7848
2019.01.11	6.7909	7.8149	6.2678	0.8663	9.8527
2019.01.14	6.7560	7.7447	6.2289	0.8617	9.8937
2019.01.15	6.7542	7.7487	6.2422	0.8612	9.9149
2019.01.16	6.7615	7.7142	6.2245	0.8621	9.9149
2019.01.17	6.7592	7.7038	6.1975	0.8618	9.8178
2019.01.18	6.7665	7.7073	6.1991	0.8627	9.8025
2019.01.21	6.7774	7.7039	6.1797	0.8640	9.7693
2019.01.22	6.7854	7.7142	6.1879	0.8649	9.7738
2019.01.23	6.7969	7.7225	6.2150	0.8662	9.7781
2019.01.24	6.7802	7.7204	6.1897	0.8643	9.7427
2019.01.25	6.7941	7.6817	6.2010	0.8659	9.6755
2019.01.28	6.7472	7.7027	6.1652	0.8600	9.7520
2019.01.29	6.7356	7.6997	6.1642	0.8585	9.8323
2019.01.30	6.7343	7.7003	6.1559	0.8586	9.8024
2019.01.31	6.7025	7.6981	6.1478	0.8546	9.7629
2019.02.01	6.7081	7.6775	6.1605	0.8551	9.7572
2019.02.11	6.7495	7.6432	6.1450	0.8602	9.7009
2019.02.12	6.7765	7.6418	6.1396	0.8635	9.6972
2019.02.13	6.7675	7.6711	6.1253	0.8623	9.7270
2019.02.14	6.7744	7.6281	6.1077	0.8632	9.8171
2019.02.15	6.7623	7.6400	6.1199	0.8617	9.8502
2019.02.18	6.7659	7.6412	6.1223	0.8621	9.7899
2019.02.19	6.7642	7.6505	6.1163	0.8619	9.7905
2019.02.20	6.7558	7.6622	6.1076	0.8607	9.7374
2019.02.21	6.7220	7.6268	6.0665	0.8565	9.7664
2019.02.22	6.7151	7.6168	6.0682	0.8557	9.7693
2019.02.25	6.7131	7.6138	6.0594	0.8554	9.7441
2019.02.26	6.6952	7.6063	6.0291	0.8530	9.7931
2019.02.27	6.6857	7.6168	6.0472	0.8518	9.8164
2019.02.28	6.6901	7.6082	6.0321	0.8523	9.8367
2019.03.01	6.6957	7.6121	6.0094	0.8530	9.8483
2019.03.04	6.7049	7.6247	5.9891	0.8543	9.8276
2019.03.05	6.6998	7.5966	5.9953	0.8535	9.8088
2019.03.06	6.7053	7.5796	5.9931	0.8542	9.8117
2019.03.07	6.7110	7.5895	6.0087	0.8549	9.8286
2019.03.08	6.7235	7.5264	6.0263	0.8565	9.8652
2019.03.11	6.7202	7.5485	6.0492	0.8561	9.8755
2019.03.12	6.7128	7.5584	6.0318	0.8552	9.8148
2019.03.13	6.7114	7.5754	6.0299	0.8550	9.7810
2019.03.14	6.7009	7.5924	6.0237	0.8537	9.7588
2019.03.15	6.7167	7.5940	6.0119	0.8557	9.7428
2019.03.18	6.7088	7.5954	6.0162	0.8547	9.6590
2019.03.19	6.7062	7.6028	6.0235	0.8543	9.5907
2019.03.20	6.7101	7.6170	6.0235	0.8548	9.5907
2019.03.21	6.6850	7.6376	6.0350	0.8517	9.5554
2019.03.22	6.6944	7.6135	6.0429	0.8532	9.5412
2019.03.25	6.7098	7.5787	6.0969	0.8552	9.6104
2019.03.26	6.7042	7.5861	6.0922	0.8542	9.5451
2019.03.27	6.7141	7.5688	6.0758	0.8554	9.5871
2019.03.28	6.7263	7.5658	6.0898	0.8569	9.6387
2019.03.29	6.7335	7.5607	6.0867	0.8578	9.6338

九、中央银行公开市场业务
9. Central Bank Open Market Operations

中央银行公开市场业务交易
Central bank open market operations

日期 Date		操作工具 Mode of transaction	招标方式 Mode of bidding	期限品种（天） Maturity (Day)	招标数量（亿元） Bidding amount (RMB 100 million)	交易量（亿元） Transaction volume (RMB 100 million)	中标利率（%） Interest rate of successful bidding (%)
2019.01.02	周三 Wednesday	逆回购 Repurchase	利率招标 Interest rate bidding	7天 7-day	300	300	2.55
2019.01.02	周三 Wednesday	逆回购 Repurchase	利率招标 Interest rate bidding	14天 14-day	100	100	2.7
2019.01.03	周四 Thursday	逆回购 Repurchase	利率招标 Interest rate bidding	7天 7-day	400	400	2.55
2019.01.03	周四 Thursday	逆回购 Repurchase	利率招标 Interest rate bidding	14天 14-day	200	200	2.7
2019.01.04	周五 Friday	逆回购 Repurchase	利率招标 Interest rate bidding	7天 7-day	100	100	2.55
2019.01.14	周一 Monday	逆回购 Repurchase	利率招标 Interest rate bidding	7天 7-day	800	800	2.55
2019.01.14	周一 Monday	逆回购 Repurchase	利率招标 Interest rate bidding	28天 28-day	200	200	2.85
2019.01.15	周二 Tuesday	逆回购 Repurchase	利率招标 Interest rate bidding	7天 7-day	800	800	2.55
2019.01.15	周二 Tuesday	逆回购 Repurchase	利率招标 Interest rate bidding	28天 28-day	1 000	1 000	2.85
2019.01.16	周三 Wednesday	逆回购 Repurchase	利率招标 Interest rate bidding	7天 7-day	3 500	3 500	2.55
2019.01.16	周三 Wednesday	逆回购 Repurchase	利率招标 Interest rate bidding	28天 28-day	2 200	2 200	2.85
2019.01.17	周四 Thursday	逆回购 Repurchase	利率招标 Interest rate bidding	7天 7-day	2 500	2 500	2.55
2019.01.17	周四 Thursday	逆回购 Repurchase	利率招标 Interest rate bidding	28天 28-day	1 500	1 500	2.85
2019.01.18	周五 Friday	逆回购 Repurchase	利率招标 Interest rate bidding	7天 7-day	100	100	2.55
2019.01.18	周五 Friday	逆回购 Repurchase	利率招标 Interest rate bidding	28天 28-day	100	100	2.85
2019.01.30	周三 Wednesday	逆回购 Repurchase	利率招标 Interest rate bidding	14天 14-day	500	500	2.7
2019.01.31	周四 Thursday	逆回购 Repurchase	利率招标 Interest rate bidding	14天 14-day	500	500	2.7
2019.02.01	周五 Friday	逆回购 Repurchase	利率招标 Interest rate bidding	14天 14-day	800	800	2.7
2019.02.20	周三 Wednesday	逆回购 Repurchase	利率招标 Interest rate bidding	7天 7-day	200	200	2.55
2019.02.22	周五 Friday	逆回购 Repurchase	利率招标 Interest rate bidding	7天 7-day	400	400	2.55
2019.02.25	周一 Monday	逆回购 Repurchase	利率招标 Interest rate bidding	7天 7-day	400	400	2.55
2019.02.26	周二 Tuesday	逆回购 Repurchase	利率招标 Interest rate bidding	7天 7-day	1 200	1 200	2.55
2019.02.27	周三 Wednesday	逆回购 Repurchase	利率招标 Interest rate bidding	7天 7-day	600	600	2.55
2019.03.15	周五 Friday	逆回购 Repurchase	利率招标 Interest rate bidding	7天 7-day	200	200	2.55
2019.03.18	周一 Monday	逆回购 Repurchase	利率招标 Interest rate bidding	7天 7-day	600	600	2.55
2019.03.19	周二 Tuesday	逆回购 Repurchase	利率招标 Interest rate bidding	7天 7-day	500	500	2.55

附录四 世界主要经济体经济和金融指标

Appendix 4 Economic and Financial Indicators of Major Economies

一、经济增长率

1. Economic Growth Rate

世界经济增长率

World economic growth rate

单位：% Unit: %

		2016	2017	2018	2019 年 1 月预计 Projection in January,2019		2019 年 6 月预计 Projection in June,2019	
					2019	2020	2019	2020
国际货币基金组织 IMF	按购买力平价方法计算的实际 GDP 增长率 Real GDP growth rate based on PPP	3.2	3.8	3.8	3.5	3.6	3.3	3.6
	按市场汇率法计算的实际 GDP 增长率 Real GDP growth rate based on market exchange rate	2.5	3.2	3.1	3.0	2.9	2.7	2.9
世界银行 World Bank	按 2005 年不变价及市场汇率法计算的实际 GDP 增长率 Real GDP growth rate based on 2005 constant price and market exchange rate	2.4	3.1	3.0	2.9	2.8	2.6	2.7

数据来源：国际货币基金组织《世界经济展望》（2019年4月），世界银行《全球经济展望》（2019年6月）。
Source : *World Economic Outlook*, IMF, April, 2019; *Global Economic Prospects Forecast*, The World Bank, June, 2019.

世界经济增长率

World economic growth rate

单位：% Unit: %

年 Year	国际货币基金组织按购买力平价方法计算的实际 GDP 增长率 Real GDP growth rate based on PPP (IMF)	国际货币基金组织按市场汇率法计算的实际 GDP 增长率 Real GDP growth rate based on market exchange rate (IMF)
1986	3.7	3.4
1987	4.0	3.8
1988	4.7	4.6
1989	3.8	3.8
1990	3.5	3.2
1991	2.6	1.9
1992	2.3	2.5
1993	2.1	1.5
1994	3.3	3.2
1995	3.3	2.9
1996	3.9	3.4
1997	4.0	3.5
1998	2.6	2.3
1999	3.6	3.2
2000	4.8	4.2
2001	2.5	1.7
2002	3.0	2.0
2003	4.3	2.9
2004	5.4	4.0
2005	4.9	3.5
2006	5.4	3.9
2007	5.6	3.8
2008	3.0	1.5
2009	−0.2	-2.1
2010	5.4	4.1
2011	4.3	3.1
2012	3.5	2.5
2013	3.5	2.6
2014	3.6	2.8
2015	3.5	2.8
2016	3.2	2.5
2017	3.8	3.2
2018	3.6	3.1
2019*	3.3	2.7
2020*	3.6	2.9

注：*为预测数。
Note: *Projection.

世界经济增长

World economic growth

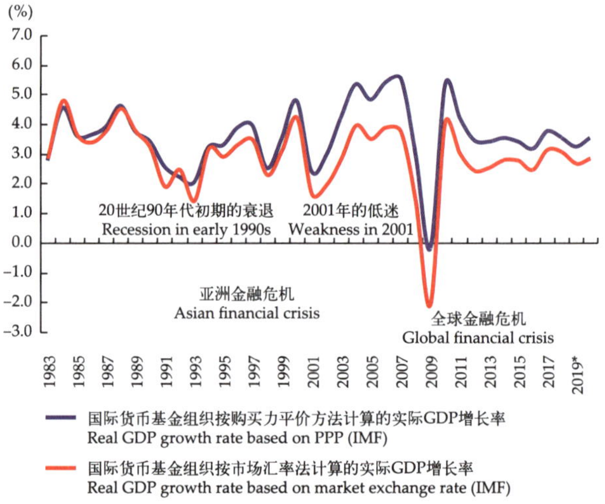

注：*为预测数。
Note: *Projection.

GDP年度增长率
Annual growth rate of GDP

单位：%　Unit: %

年 Year	美国 U.S.	日本 Japan	欧元区 Euro Area	英国 U.K.
2003	2.5	1.4	0.8	2.8
2004	3.6	2.7	2.1	3.3
2005	2.9	1.9	1.6	1.8
2006	2.8	2.4	2.8	2.8
2007	1.8	1.7	3.0	2.4
2008	−0.3	−1.1	0.4	−0.5
2009	−2.8	−5.4	−4.5	−4.2
2010	2.5	4.2	2.1	1.7
2011	1.6	−0.1	1.6	1.5
2012	2.2	1.5	−0.9	1.5
2013	1.7	2.0	−0.2	2.1
2014	2.6	0.4	1.3	3.1
2015	2.9	1.4	2.1	2.3
2016	1.5	1.0	1.8	1.8
2017	2.2	1.9	2.4	1.8
2018	2.9	0.8	1.8	1.4
2019*	2.3	1.0	1.3	1.2
2020*	1.9	0.5	1.5	1.4

注：*为预测数。日本当局于2016年12月对历史国民账户数据进行了修订，将国民经济账户体系由1993年版调整至2008年版，基准年度由2005年调整至2011年。本表中日本2015年以后的数据体现了这一变化。
Note: *Projection. Japan's historical national accounts figures reflect a comprehensive revision by the national authorities, released in December 2016.The main revisions are the switch from the System of National Accounts 1993 to the System of National Accounts 2008 and the updating of the benchmark year from 2005 to 2011. The data of Japan in this table reflect this revision since 2015.

GDP季度同比增长率
Year-on-year growth rate of GDP

单位：%　Unit: %

年/季度 Year/Quarter	美国 U.S.	日本 Japan	欧元区 Euro Area	英国 U.K.
2015Q2	3.3	2.2	1.6	2.4
2015Q3	1.0	1.9	1.6	2.1
2015Q4	0.4	0.9	1.7	2.2
2016Q1	1.5	0.4	1.7	2.1
2016Q2	2.3	0.3	1.7	1.7
2016Q3	1.9	0.5	1.8	1.7
2016Q4	1.8	1.2	1.9	1.7
2017Q1	1.8	1.5	2.1	1.8
2017Q2	3.0	1.7	2.4	1.9
2017Q3	2.8	2.1	2.8	2.0
2017Q4	2.3	2.4	2.8	1.6
2018Q1	2.2	1.3	2.4	1.2
2018Q2	4.2	1.5	2.2	1.4
2018Q3	3.4	0.1	1.6	1.6
2018Q4	2.2	0.3	1.2	1.4
2019Q1	3.1	0.9	1.2	1.8

GDP年度增长率
Annual growth rate of GDP

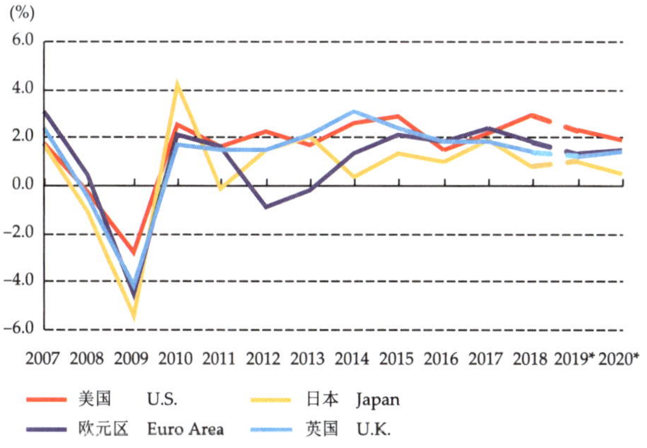

注：*为预测数。
数据来源：国际货币基金组织《世界经济展望》（2019年4月）。
Note: *Projection.
Source: *World Economic Outlook*, IMF, April, 2019.

GDP季度同比增长率
Year-on-year growth rate of GDP

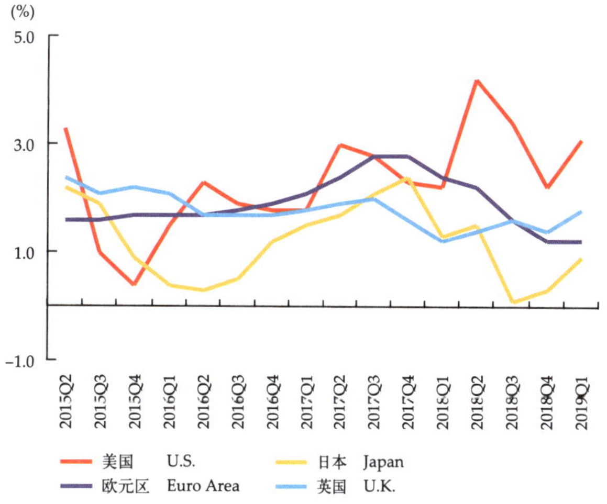

注：美国GDP增长率为环比折年率季节调整后的数据，折年率方法为$[(GDP_1/GDP_0)^4-1]\times 100$。
数据来源：各经济体官方统计网站。
Note: The U.S. GDP growth rate is an annualized rate after a seasonal adjustment. It can be written as $[(GDP_1/GDP_0)^4-1]\times 100$.
Source: Official statistical websites of the economies.

二、消费价格指数
2. CPI

消费价格当月同比指数
Monthly CPI (YOY)

单位：% Unit: %

年 / 月 Year/Month	美国 U.S.	日本 Japan	欧元区 Euro Area	英国 U.K.
2018.01	2.1	1.4	1.3	2.7
2018.02	2.2	1.5	1.1	2.5
2018.03	2.4	1.1	1.3	2.3
2018.04	2.5	0.6	1.3	2.2
2018.05	2.8	0.7	1.9	2.3
2018.06	2.9	0.7	2.0	2.3
2018.07	2.9	0.9	2.1	2.3
2018.08	2.7	1.3	2.0	2.4
2018.09	2.3	1.2	2.1	2.2
2018.10	2.5	1.4	2.2	2.4
2018.11	2.2	0.8	2.0	2.3
2018.12	1.9	0.3	1.6	2.1
2019.01	1.6	0.2	1.4	1.8
2019.02	1.5	0.2	1.5	1.9
2019.03	1.9	0.5	1.4	1.9

数据来源：各经济体官方统计网站。
Source: Official statistical websites of the economies.

消费价格当月同比指数
Monthly CPI (YOY)

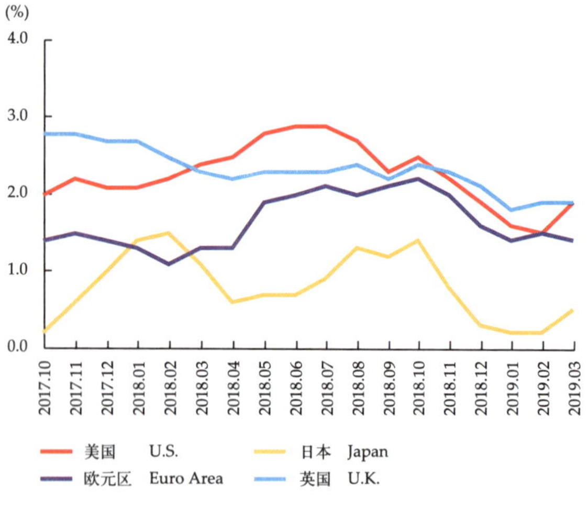

数据来源：各经济体官方统计网站。
Source: Official statistical websites of the economies.

三、失业率
3. Unemployment Rate

失业率（季节调整后）
Unemployment rate (after seasonal adjustment)

单位：% Unit: %

年 / 月 Year/Month	美国 U.S.	日本 Japan	欧元区 Euro Area	英国 U.K.
2018.01	4.1	2.4	8.6	4.3
2018.02	4.1	2.5	8.5	4.2
2018.03	4.1	2.5	8.4	4.2
2018.04	3.9	2.6	8.4	4.2
2018.05	3.8	2.3	8.2	4.2
2018.06	4.0	2.5	8.2	4.0
2018.07	3.9	2.5	8.1	4.0
2018.08	3.9	2.5	8.1	4.1
2018.09	3.7	2.4	8.1	4.1
2018.10	3.8	2.4	8.0	4.1
2018.11	3.7	2.4	7.9	4.0
2018.12	3.9	2.3	7.8	4.0
2019.01	4.0	2.5	7.8	3.9
2019.02	3.8	2.3	7.8	3.9
2019.03	3.8	2.5	7.7	3.8

数据来源：各经济体官方统计网站。
Source: Official statistical websites of the economies.

失业率（季节调整后）
Unemployment rate
(after seasonal adjustment)

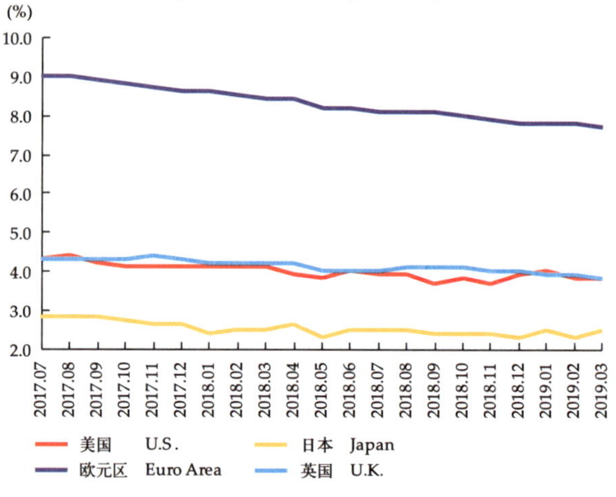

数据来源：各经济体官方统计网站。
Source: Official statistical websites of the economies.

四、国际收支①
4. BOP[1]

经常项目差额
Current account balance

单位：10亿美元
Unit: USD 1 billion

年 / 季度 Year/Quarter	美国 U.S.	日本 Japan	欧元区 Euro Area	英国 U.K.
2014Q1	−73.16	−8.44	43.51	−33.15
2014Q2	−99.33	8.67	56.31	−27.78
2014Q3	−115.33	18.79	102.64	−49.61
2014Q4	−107.07	13.14	125.36	−36.34
2015Q1	−92.14	36.73	62.18	−29.96
2015Q2	−119.19	30.66	75.03	−23.29
2015Q3	−129.21	40.16	110.78	−34.38
2015Q4	−104.81	25.89	130.13	−43.95
2016Q1	−98.89	51.35	72.62	−45.48
2016Q2	−114.89	45.24	103.40	−39.49
2016Q3	−124.33	59.29	113.45	−48.18
2016Q4	−106.00	36.97	114.42	−16.94
2017Q1	−84.84	56.02	67.29	−23.46
2017Q2	−133.92	42.85	62.67	−26.80
2017Q3	−114.19	64.88	139.73	−30.50
2017Q4	−116.19	37.89	145.56	−17.62
2018Q1	−93.79	54.82	91.53	−25.44
2018Q2	−118.29	45.77	87.11	−24.73
2018Q3	−137.99	51.08	96.35	—
2018Q4	−138.40	23.04	118.98	—

资本项目差额
Capital account balance

单位：10亿美元
Unit: USD 1 billion

年 / 季度 Year/Quarter	美国 U.S.	日本 Japan	欧元区 Euro Area	英国 U.K.
2014Q1	−0.04	−0.59	7.79	−0.30
2014Q2	0.00	−0.38	5.36	−0.36
2014Q3	0.00	−0.65	5.01	−0.45
2014Q4	0.00	−0.28	6.95	−0.51
2015Q1	−0.02	−1.11	1.10	0.11
2015Q2	−0.02	−0.22	−30.17	−0.43
2015Q3	0.00	−0.53	5.53	−0.41
2015Q4	0.00	−0.39	10.33	−1.14
2016Q1	−0.06	−4.86	−1.52	0.45
2016Q2	0.00	0.03	−0.22	−0.45
2016Q3	0.00	−0.84	1.18	−1.25
2016Q4	0.00	−0.91	2.89	−0.93
2017Q1	0.00	−0.59	−12.60	−0.03
2017Q2	0.00	−1.22	−8.17	−1.00
2017Q3	24.79	−0.18	−5.09	−0.48
2017Q4	−0.04	−0.51	2.57	−0.73
2018Q1	0.00	−0.90	7.71	0.02
2018Q2	−0.01	−0.58	−0.69	−0.76
2018Q3	0.56	−0.19	3.46	
2018Q4	8.86	−0.26	−13.40	

经常项目差额
Current account balance

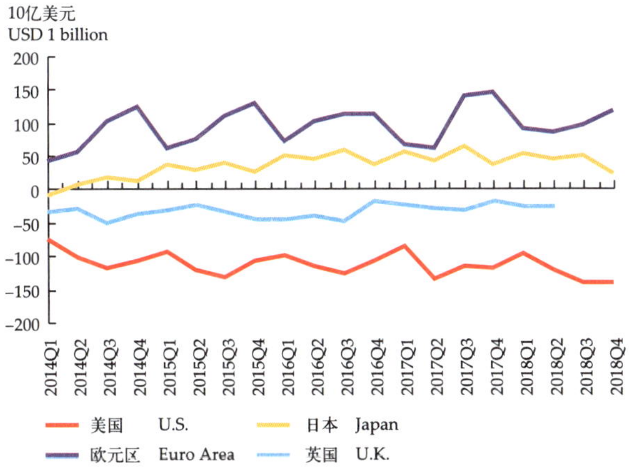

数据来源：国际货币基金组织《国际金融统计》(2019年6月)。
Source: *International Financial Statistics*, IMF, June, 2019.

资本项目差额
Capital account balance

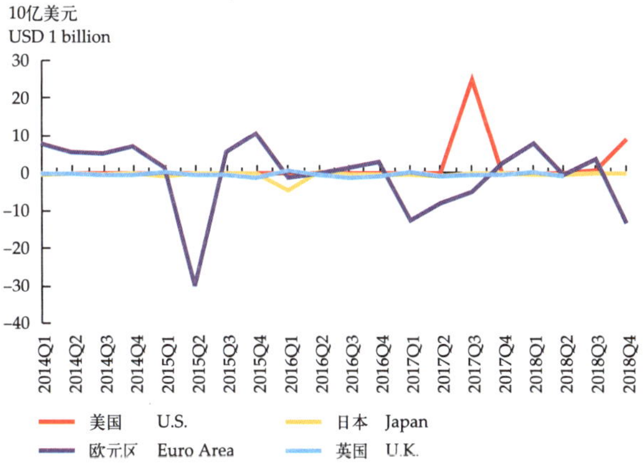

数据来源：国际货币基金组织《国际金融统计》(2019年6月)。
Source: *International Financial Statistics*, IMF, June, 2019.

① 国际货币基金组织《国际金融统计》自2012年8月起，将国际收支统计规则由BPM5调整至BPM6。数据从2005年起调整。根据BMP6，金融账户由"贷方和借方"改为"金融资产净获得和负债净产生"，金融账户的总差额为净贷款/净借款。净贷款表示，考虑了金融资产的取得和处置以及负债的发生和偿还后，一个经济体向世界其他地方提供资金。

1. The IMF's *International Financial Statistics* (IFS) is publishing balance of payments data on BPM6 presentational basis instead of BPM5 since August 2012. The data series starts in 2005. In BPM6, the headings of the financial account have been changed from "credits and debits" to "net acquisition of financial assets" and "net incurrence of liabilities". The overall balance on the financial account is called net lending/net borrowing. Net lending means the economy supplies funds to the rest of the world, taking into account acquisition and disposal of financial assets and incurrence and repayment of liabilities.

金融项目差额
Financial account balance

单位：10亿美元
Unit: USD 1 billion

年 / 季度 Year/Quarter	美国 U.S.	日本 Japan	欧元区 Euro Area	英国 U.K.
2014Q1	-108.47	-19.98	98.12	-33.14
2014Q2	-45.61	22.08	108.28	-43.75
2014Q3	-15.90	29.61	135.71	-57.32
2014Q4	-43.81	15.80	116.82	-55.55
2015Q1	-20.20	53.02	-68.52	-63.60
2015Q2	-96.39	34.47	92.49	-15.66
2015Q3	-27.03	43.76	102.77	-22.40
2015Q4	-46.03	34.83	154.23	-32.65
2016Q1	-73.52	77.87	15.19	-34.63
2016Q2	-35.43	67.28	81.26	-61.16
2016Q3	-190.33	107.69	113.17	-47.09
2016Q4	-100.03	13.04	94.12	-13.99
2017Q1	-54.16	38.59	102.35	-28.78
2017Q2	-115.33	39.27	48.45	-27.24
2017Q3	-101.68	37.95	128.11	-26.55
2017Q4	-59.00	26.83	132.72	-10.78
2018Q1	-144.65	62.88	109.73	-9.57
2018Q2	-148.50	40.09	43.19	-22.35
2018Q3	-30.09	29.02	99.21	
2018Q4	-201.31	25.93	85.00	

金融项目差额
Financial account balance

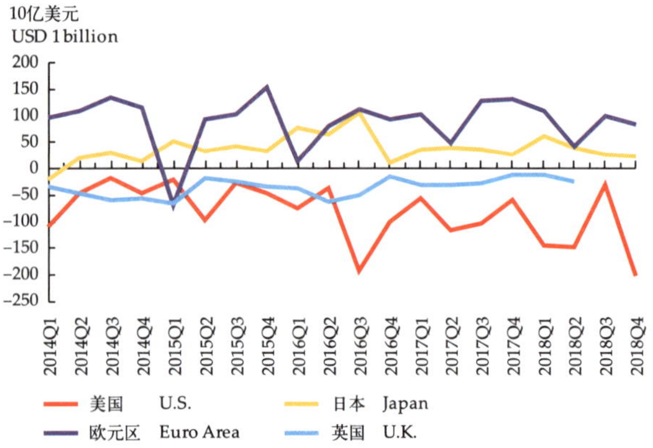

数据来源：国际货币基金组织《国际金融统计》(2019年6月)。
Source: *International Financial Statistics*, IMF, June, 2019.

五、利率

5. Interest Rates

1. 中央银行目标利率

(1) Central bank base rates

中央银行目标利率
Central bank base rates

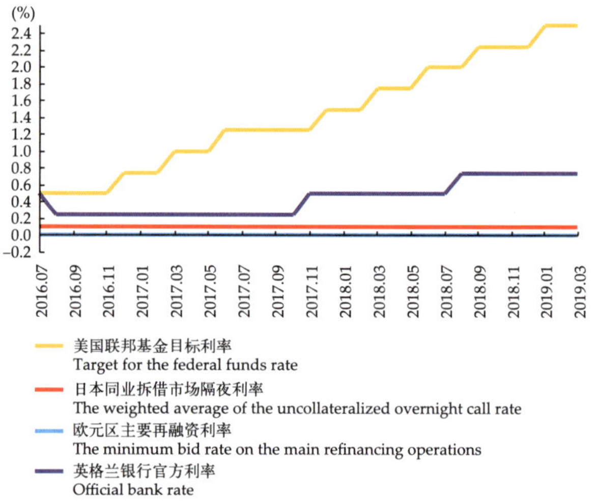

注：2016年1月29日，日本央行宣布实施负利率政策，商业银行存放在日本央行的超额准备金存款利率降至-0.1%，目前仍维持在-0.1%的水平。
数据来源：各经济体中央银行网站。
Note: On January 29, 2016, Bank of Japan decided to introduce negative interest rate of minus 0.1 percent to current accounts that financial institutions hold at the Bank. Up to now it has remained unchanged.
Source: Central bank websites of the economies.

2.短期利率
(2) Short-term interest rates

3个月期银行间市场拆借利率（年率，月平均）
3-month inter-bank rate (annualized, monthly average)

单位：%　Unit: %

年 / 月 Year/Month	美元 USD	日元 JPY	欧元 EUR	英镑 GBP
2018.01	1.73	−0.03	−0.38	0.52
2018.02	1.87	−0.06	−0.38	0.55
2018.03	2.17	−0.05	−0.38	0.62
2018.04	2.35	−0.04	−0.36	0.76
2018.05	2.34	−0.03	−0.35	0.64
2018.06	2.33	−0.04	−0.36	0.64
2018.07	2.34	−0.04	−0.36	0.75
2018.08	2.32	−0.04	−0.36	0.81
2018.09	2.35	−0.04	−0.35	0.80
2018.10	2.46	−0.08	−0.35	0.81
2018.11	2.65	−0.10	−0.36	0.87
2018.12	2.74	−0.07	−0.35	0.90
2019.01	2.77	−0.08	−0.34	0.92
2019.02	2.68	−0.08	−0.34	0.88
2019.03	2.61	−0.07	−0.34	0.84

3个月期银行间市场拆借利率（年率，月平均）
3-month inter-bank rate (annualized, monthly average)

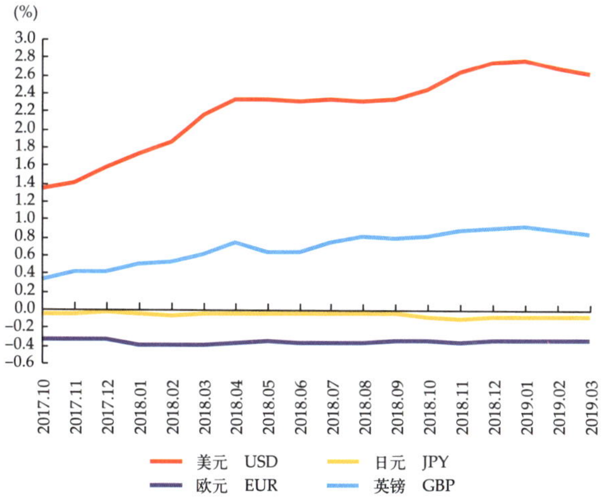

数据来源：《欧洲中央银行经济公报》及CEIC。
Source: *Economic Bulletin of ECB*, CEIC.

3.长期利率
(3) Long-term interest rates

10年期国债收益率（年率，月平均）
10-year government bond yield (annualized, monthly average)

单位：%　Unit: %

年 / 月 Year/Month	美元 USD	日元 JPY	欧元 EUR	英镑 GBP
2018.01	2.57	0.08	0.55	1.33
2018.02	2.86	0.07	0.72	1.57
2018.03	2.84	0.04	0.58	1.45
2018.04	2.87	0.04	0.60	1.51
2018.05	2.98	0.05	0.58	1.50
2018.06	2.91	0.05	0.47	1.42
2018.07	2.89	0.05	0.39	1.37
2018.08	2.89	0.11	0.39	1.40
2018.09	3.00	0.13	0.48	1.50
2018.10	3.15	0.14	0.51	1.55
2018.11	3.12	0.11	0.44	1.44
2018.12	2.83	0.05	0.32	1.31
2019.01	2.71	0.01	0.25	1.32
2019.02	2.68	−0.02	0.17	1.24
2019.03	2.57	−0.03	0.11	1.19

10年期国债收益率（年率，月平均）
10-year government bond yield (annualized, monthly average)

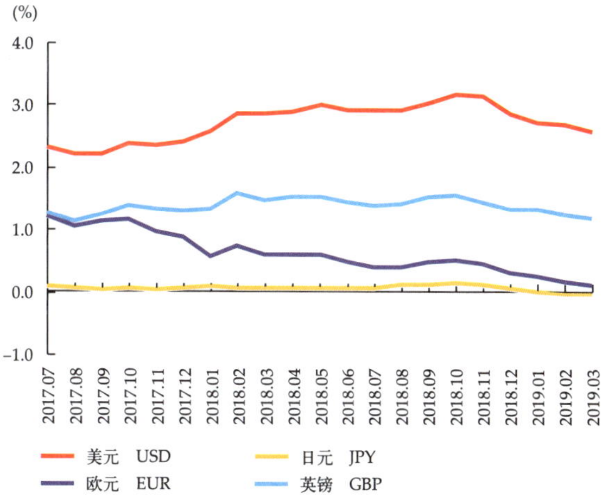

数据来源：CEIC。
Source: CEIC.

六、汇率
6. Exchange Rates

汇率（月平均）
Exchange rates (monthly average)

年 / 月 Year/Month	美元 / 欧元 USD/EUR	美元 / 英镑 USD/GBP	日元 / 美元 JPY/USD
2017.11	1.1723	1.3210	113.00
2017.12	1.1834	1.3405	112.95
2018.01	1.2195	1.3812	110.77
2018.02	1.2346	1.3947	107.90
2018.03	1.2330	1.3966	106.00
2018.04	1.2270	1.4065	107.52
2018.05	1.1820	1.3477	109.70
2018.06	1.1682	1.3298	110.03
2018.07	1.1682	1.3175	111.42
2018.08	1.1547	1.2870	111.06
2018.09	1.1655	1.3055	111.95
2018.10	1.1481	1.3004	112.78
2018.11	1.1364	1.2903	113.38
2018.12	1.1377	1.2674	112.57
2019.01	1.1416	1.2887	108.92

实际有效汇率（月平均，2010年=100）
Real effective exchange rates (monthly average, year 2010=100)

年 / 月 Year/Month	美元 USD	欧元 EUR	日元 JPY	英镑 GBP
2017.11	115.5	96.1	73.9	99.4
2017.12	115.0	96.3	73.6	100.2
2018.01	112.5	96.9	73.6	100.8
2018.02	111.6	97.2	75.0	100.7
2018.03	112.0	97.4	76.0	101.0
2018.04	111.9	97.4	74.5	102.4
2018.05	115.2	96.1	74.1	101.0
2018.06*	113.8	93.8	74.1	98.8
2018.07	114.3	94.8	74.4	98.5
2018.08	114.9	95.0	75.5	97.7
2018.09	115.0	96.1	74.9	98.7
2018.10	115.7	94.5	74.7	99.0
2018.11	117.0	93.7	74.4	98.9
2018.12	116.9	93.9	74.8	97.1
2019.01	115.0	93.3	76.7	98.1

注：*2019年3月，IMF对IFS实际有效汇率计算权重及方法进行了调整，本表中2018年6月以后的数据体现了这一影响。
Note: *In March 2019, IMF published revised indices of effective exchange rates (EER),reflect an update of the underlying trade-based weights and other methodological refinements.The data reflect the revision in this table since June 2018.

汇率（月平均）
Exchange rates (monthly average)

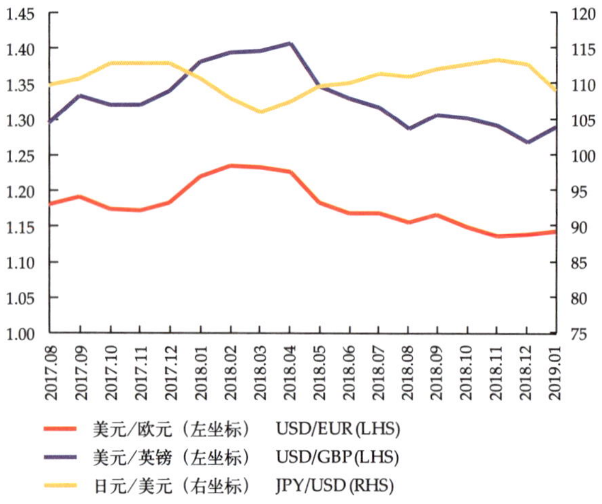

数据来源：国际货币基金组织《国际金融统计》(2019年6月)。
Source: *International Finance Statistics*, IMF, June, 2019.

实际有效汇率（月平均，2010年=100）
Real effective exchange rates (monthly average, year 2010=100)

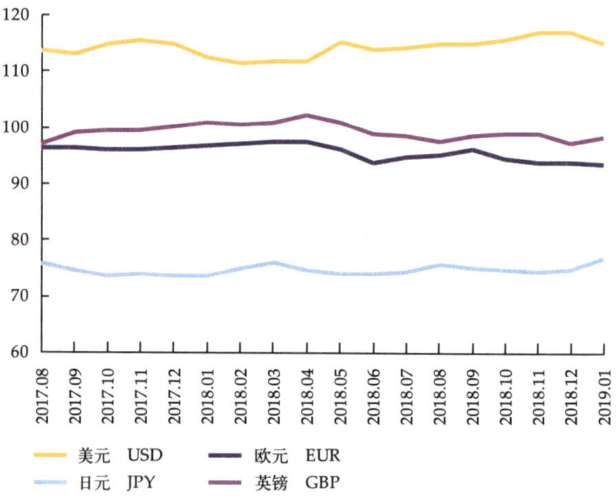

数据来源：国际货币基金组织《国际金融统计》(2019年6月)。
Source: *International Finance Statistics*, IMF, June, 2019.

七、股票市场指数
7. Stock Market Indices

主要股票市场指数（期末）
Major stock market indices (end-period)

年 / 月 Year/Month	美国道琼斯 30 种股票平均价格指数 Dow Jones 30	纳斯达克综合指数 NASDAQ	日本日经 225 种股票平均价格指数 Nikkei 225	道琼斯欧元区 STOXX50 股票指数 Dow Jones EURO STOXX 50
2018.01	26 149	7 411	23 098	3 609
2018.02	25 029	7 273	22 068	3 439
2018.03	24 103	7 063	21 454	3 362
2018.04	24 163	7 066	22 468	3 537
2018.05	24 416	7 442	22 202	3 407
2018.06	24 271	7 510	22 305	3 396
2018.07	25 415	7 672	22 554	3 525
2018.08	25 965	8 110	22 865	3 393
2018.09	26 458	8 046	24 120	3 399
2018.10	25 116	7 306	21 920	3 198
2018.11	25 538	7 331	22 351	3 173
2018.12	23 327	6 635	20 014	3 001
2019.01	25 000	7 282	20 773	3 159
2019.02	25 916	7 533	21 385	3 298
2019.03	25 929	7 729	21 206	3 352

主要股票市场指数（期末）
Major stock market indices (end-period)

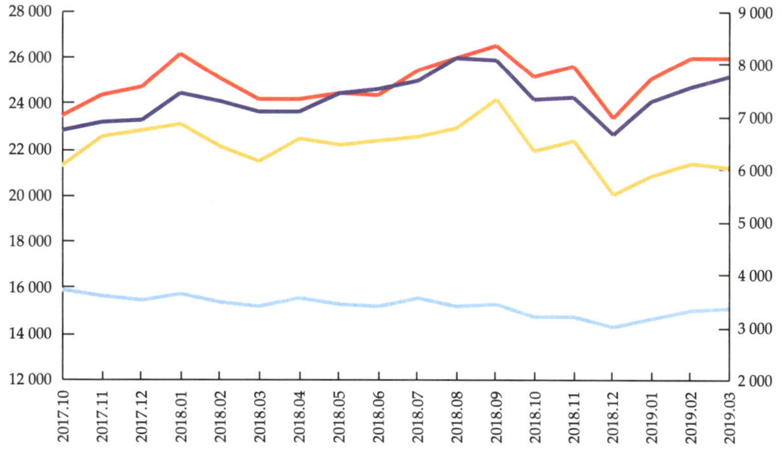